《列国志》编辑委员会

主　任　陈佳贵
副主任　黄浩涛　武　寅
委　员　（以姓氏笔画为序）
　　　　于　沛　王立强　王延中　王缉思
　　　　邢广程　江时学　孙士海　李正乐
　　　　李向阳　李静杰　杨　光　张　森
　　　　张蕴岭　周　弘　赵国忠　蒋立峰
　　　　温伯友　谢寿光
秘书长　王延中（兼）　谢寿光（兼）

中国社会科学院重大课题
国家"十五"重点出版项目

列国志

GUIDE TO THE WORLD STATES

中国社会科学院《列国志》编辑委员会

阿曼

仝 菲　韩志斌　编著

社会科学文献出版社
SOCIAL SCIENCES ACADEMIC PRESS (CHINA)

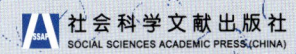

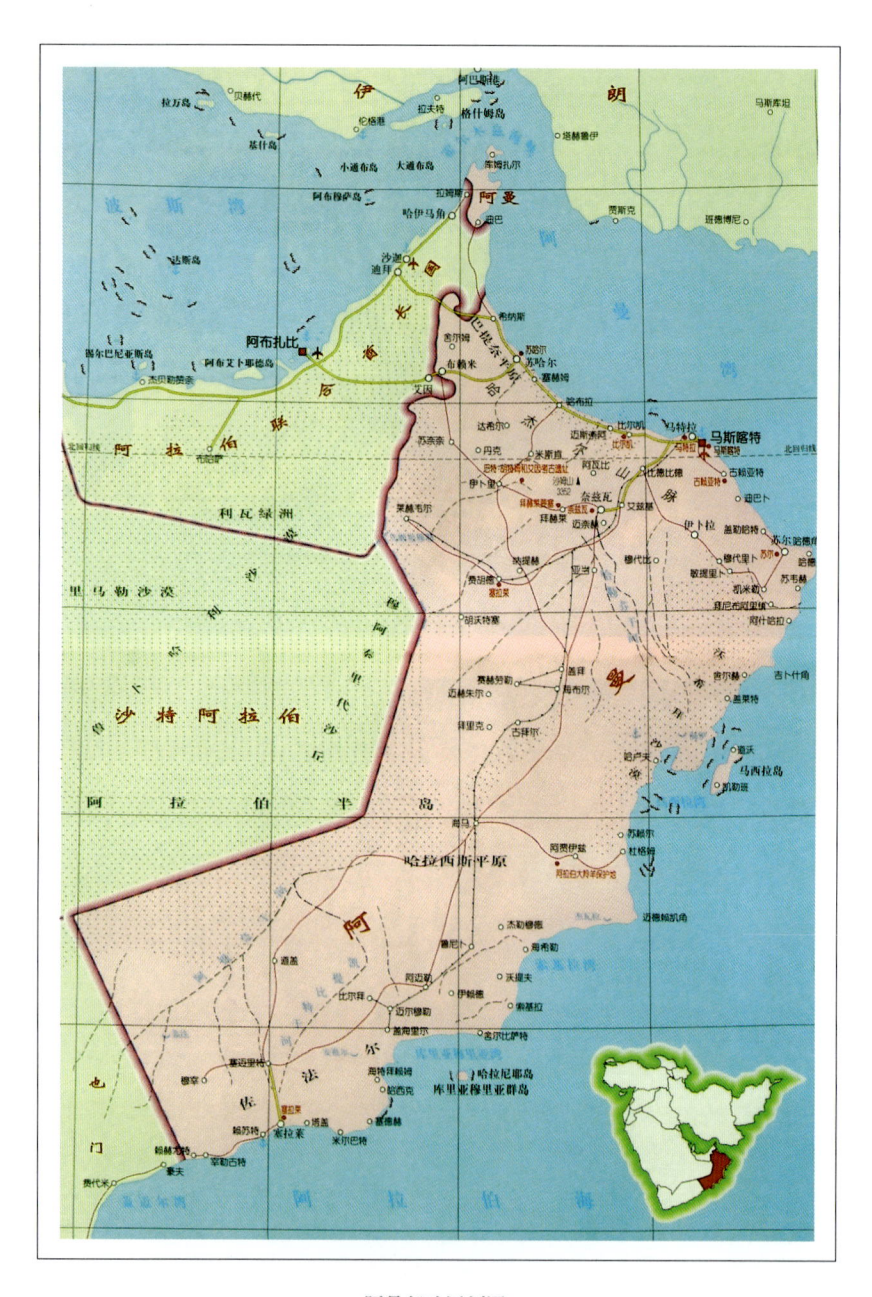

阿曼行政区划图

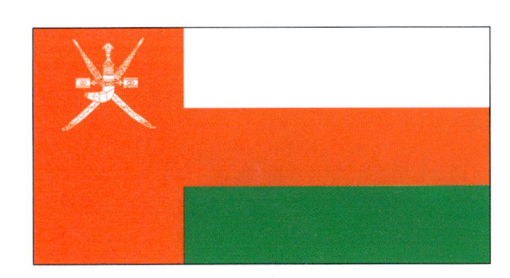

阿曼国旗

阿曼国徽

首都马斯喀特一景

2000年10月14日卡布斯苏丹陛下
出席苏尔液化天然气工程开幕式

2000年11月4日卡布斯苏丹陛下
出席第二届阿曼委员会开幕式

国务委员会会场

纳克尔州古堡

苏尔州的
一个液化天然气项目

苏尔州的一个液化天然气项目

马尔穆尔石油工程

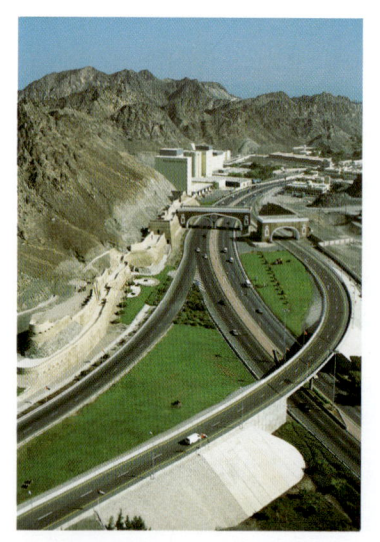

苏尔州的传统造船业

马斯喀特省的现代化公路网

协商委员会投票　　　　　　　　　　　　　　　　　　　　　　　　　　　协商委员会投票

阿曼妇女在私营企业

男子小学

佐法尔省卖乳香的妇女

延古勒州的瓦格白谷地

阿曼南部佐法尔省风光

阿曼南部佐法尔省风光

阿曼南部佐法尔省风光

前　言

　　自 1840 年前后中国被迫开关、步入世界以来，对外国舆地政情的了解即应时而起。还在第一次鸦片战争期间，受林则徐之托，1842 年魏源编辑刊刻了近代中国首部介绍当时世界主要国家舆地政情的大型志书《海国图志》。林、魏之目的是为长期生活在闭关锁国之中、对外部世界知之甚少的国人"睁眼看世界"，提供一部基本的参考资料，尤其是让当时中国的各级统治者知道"天朝上国"之外的天地，学习西方的科学技术，"师夷之长技以制夷"。这部著作，在当时乃至其后相当长一段时间内，产生过巨大影响，对国人了解外部世界起到了积极的作用。

　　自那时起中国认识世界、融入世界的步伐就再也没有停止过。中华人民共和国成立以后，尤其是 1978 年改革开放以来，中国更以主动的自信自强的积极姿态，加速融入世界的步伐。与之相适应，不同时期先后出版过相当数量的不同层次的有关国际问题、列国政情、异域风俗等方面的著作，数量之多，可谓汗牛充栋。它们

对时人了解外部世界起到了积极的作用。

当今世界，资本与现代科技正以前所未有的速度与广度在国际间流动和传播，"全球化"浪潮席卷世界各地，极大地影响着世界历史进程，对中国的发展也产生极其深刻的影响。面临不同以往的"大变局"，中国已经并将继续以更开放的姿态、更快的步伐全面步入世界，迎接时代的挑战。不同的是，我们所面临的已不是林则徐、魏源时代要不要"睁眼看世界"、要不要"开放"问题，而是在新的历史条件下，在新的世界发展大势下，如何更好地步入世界，如何在融入世界的进程中更好地维护民族国家的主权与独立，积极参与国际事务，为维护世界和平，促进世界与人类共同发展做出贡献。这就要求我们对外部世界有比以往更深切、全面的了解，我们只有更全面、更深入地了解世界，才能在更高的层次上融入世界，也才能在融入世界的进程中不迷失方向，保持自我。

与此时代要求相比，已有的种种有关介绍、论述各国史地政情的著述，无论就规模还是内容来看，已远远不能适应我们了解外部世界的要求。人们期盼有更新、更系统、更权威的著作问世。

中国社会科学院作为国家哲学社会科学的最高研究机构和国际问题综合研究中心，有11个专门研究国际问题和外国问题的研究所，学科门类齐全，研究力量雄

前言

厚，有能力也有责任担当这一重任。早在20世纪90年代初，中国社会科学院的领导和中国社会科学出版社就提出编撰"简明国际百科全书"的设想。1993年3月11日，时任中国社会科学院院长的胡绳先生在科研局的一份报告上批示："我想，国际片各所可考虑出一套列国志，体例类似几年前出的《简明中国百科全书》，以一国（美、日、英、法等）或几个国家（北欧各国、印支各国）为一册，请考虑可行否。"

中国社会科学院科研局根据胡绳院长的批示，在调查研究的基础上，于1994年2月28日发出《关于编纂〈简明国际百科全书〉和〈列国志〉立项的通报》。《列国志》和《简明国际百科全书》一起被列为中国社会科学院重点项目。按照当时的计划，首先编写《简明国际百科全书》，待这一项目完成后，再着手编写《列国志》。

1998年，率先完成《简明国际百科全书》有关卷编写任务的研究所开始了《列国志》的编写工作。随后，其他研究所也陆续启动这一项目。为了保证《列国志》这套大型丛书的高质量，科研局和社会科学文献出版社于1999年1月27日召开国际学科片各研究所及世界历史研究所负责人会议，讨论了这套大型丛书的编写大纲及基本要求。根据会议精神，科研局随后印发了《关于〈列国志〉编写工作有关事项的通知》，陆续为启动项目

拨付研究经费。

为了加强对《列国志》项目编撰出版工作的组织协调，根据时任中国社会科学院院长的李铁映同志的提议，2002年8月，成立了由分管国际学科片的陈佳贵副院长为主任的《列国志》编辑委员会。编委会成员包括国际片各研究所、科研局、研究生院及社会科学文献出版社等部门的主要领导及有关同志。科研局和社会科学文献出版社组成《列国志》项目工作组，社会科学文献出版社成立了《列国志》工作室。同年，《列国志》项目被批准为中国社会科学院重大课题，国家新闻出版总署将《列国志》项目列入国家重点图书出版计划。

在《列国志》编辑委员会的领导下，《列国志》各承担单位尤其是各位学者加快了编撰进度。作为一项大型研究项目和大型丛书，编委会对《列国志》提出的基本要求是：资料翔实、准确、最新，文笔流畅，学术性和可读性兼备。《列国志》之所以强调学术性，是因为这套丛书不是一般的"手册"、"概览"，而是在尽可能吸收前人成果的基础上，体现专家学者们的研究所得和个人见解。正因为如此，《列国志》在强调基本要求的同时，本着文责自负的原则，没有对各卷的具体内容及学术观点强行统一。应当指出，参加这一浩繁工程的，除了中国社会科学院的专业科研人员以外，还有院外的一些在该领域颇有研究的专家学者。

前言

　　现在凝聚着数百位专家学者心血、约计200卷的《列国志》丛书，将陆续出版与广大读者见面。我们希望这样一套大型丛书，能为各级干部了解、认识当代世界各国及主要国际组织的情况，了解世界发展趋势，把握时代发展脉络，提供有益的帮助；希望它能成为我国外交外事工作者、国际经贸企业及日渐增多的广大出国公民和旅游者走向世界的忠实"向导"，引领其步入更广阔的世界；希望它在帮助中国人民认识世界的同时，也能够架起世界各国人民认识中国的一座"桥梁"，一座中国走向世界、世界走向中国的"桥梁"。

《列国志》编辑委员会

2003年6月

CONTENTS
目 录

序言　多维视野中的阿曼 / 1

第一章　国土与人民 / 1

第一节　自然地理 / 2
　　一　地理位置 / 2
　　二　行政区划 / 2
　　三　地形特点 / 8
　　四　水资源 / 8
　　五　气候 / 10

第二节　自然资源 / 11
　　一　矿物 / 11
　　二　植物 / 14
　　三　动物 / 16

第三节　居民与宗教 / 19
　　一　人口 / 19
　　二　民族 / 22
　　三　语言 / 23
　　四　宗教 / 24

第四节　民俗与节日 / 26

CONTENTS 目 录

  一　民俗／26

  二　节日／32

第二章　历　史／33

第一节　上古简史（公元前3000年以前~公元7世纪）／33

  一　原始社会时期（公元前3000年以前）／33

  二　"黑暗时期"（公元前3000~前563年）／35

  三　波斯统治下的阿曼（公元前563年~公元7世纪）／36

第二节　中古简史（7世纪~16世纪初）／38

  一　伊斯兰教产生前后的阿曼／38

  二　伊玛目国统治时期（751~1154年）／42

第三节　近代简史（16世纪~20世纪初）／49

  一　葡萄牙入侵阿曼（1507~1649年）／49

  二　亚里巴王朝的统治（1624~1744年）／50

  三　赛义德王朝的近代统治（1743~1932年）／52

第四节　现代简史（20世纪初~70年代）／57

  一　赛义德统治与现代阿曼国家的

    开端（1932~1952年）／57

  二　赛义德统治的中期（1952~1958年）／58

CONTENTS
目 录

  三 赛义德政权的结束（1958～1970年）/ 61

  四 卡布斯苏丹政权（1970～ ）/ 65

 第五节 历史人物 / 69

  一 赛义德大帝（1791～1856年）/ 69

  二 赛义德·本·泰穆尔（1910～1972年）/ 70

第三章 政　治 / 73

 第一节 国体与政体 / 73

  一 《国家基本法》/ 73

  二 国家元首 / 75

  三 协商会议 / 79

  四 国务委员会 / 83

  五 国防委员会 / 84

 第二节 国家行政机构 / 84

  一 内阁 / 84

  二 内阁行政体系 / 86

  三 地方政府机构 / 88

  四 阿曼化战略 / 90

 第三节 司法机构 / 91

CONTENTS 目录

一 司法部 / 92

二 沙里亚法院 / 92

三 刑事法院 / 93

四 国家安全法院 / 93

五 皇家内阁法院 / 93

六 行政法院 / 94

第四节 社会团体 / 94

第四章 经济 / 96

第一节 概述 / 96

一 历史概况 / 96

二 卡布斯苏丹执政后的阿曼经济 / 98

第二节 农、牧、渔业 / 109

一 发展概况 / 109

二 农业 / 111

三 渔业 / 115

四 畜牧业 / 119

第三节 工业 / 122

一 石油工业 / 124

CONTENTS

目　录

　　二　天然气工业／128

　　三　石油天然气工业的国际合作／131

　　四　其他工业／134

　　五　工业园区／138

　　六　合资项目／141

第四节　交通与通信／142

　　一　交通／142

　　二　邮电与通信／145

第五节　财政与金融／148

　　一　财政收支／148

　　二　货币与金融／150

第六节　对外经济关系／156

　　一　古代对外贸易概况／157

　　二　对外贸易的政策和现状／158

　　三　外国资本与外国援助／165

第七节　旅游业／168

　　一　旅游资源／168

　　二　旅游业的发展／169

　　三　旅游配套设施／171

CONTENTS 目 录

四 著名旅游城市和景点 / 172

第八节 国民生活 / 176

　一 物价 / 176

　二 就业 / 177

　三 工资 / 178

　四 住房 / 179

　五 福利 / 179

　六 税收 / 180

第五章 军 事 / 182

第一节 概述 / 182

　一 国防体制 / 182

　二 国防服务机构 / 183

　三 国防预算 / 185

第二节 军种与兵种 / 186

　一 陆军 / 186

　二 海军 / 187

　三 空军 / 188

CONTENTS

目　录

　　四　皇家卫队 / 190

　　五　准军事部队 / 191

第三节　军事训练 / 193

　　一　军事人员阿曼化 / 193

　　二　军事院校 / 195

　　三　军事体育和军乐队 / 195

第四节　对外军事关系 / 196

　　一　军火贸易 / 196

　　二　与英国的军事关系 /197

　　三　与美国的军事关系 / 198

　　四　与法国的军事关系 / 200

第六章　**教育、科学、文艺、卫生** / 201

第一节　教育 / 201

　　一　教育方针 / 201

　　二　教育发展简史 / 202

　　三　教育体制改革 / 204

　　四　高等教育 / 205

CONTENTS

目 录

  五 特殊教育 / 208

  六 成人教育 / 208

  七 师资培训 / 209

第二节 人文科学 / 210

第三节 文学艺术 / 212

  一 文化政策 / 212

  二 文学 / 213

  三 戏剧电影 / 214

  四 音乐舞蹈 / 215

  五 美术 / 216

  六 文化设施 / 217

第四节 医疗卫生 / 218

  一 概况 / 218

  二 医疗卫生服务 / 219

第五节 体育 / 220

  一 传统体育 / 220

  二 现代体育 / 221

  三 体育成绩 / 221

第六节 新闻出版 / 222

CONTENTS
目 录

一　概况 / 222

二　通讯社 / 222

三　报刊 / 223

四　广播电视 / 225

五　互联网 / 226

第七章　外　交 / 227

第一节　外交政策 / 227

一　外交原则 / 227

二　外交目标与形成因素 / 229

三　外交成就 / 230

四　对有关国际事件的立场 / 231

第二节　同地区组织和联合国的关系 / 233

一　加入阿拉伯国家联盟和联合国 / 233

二　与海湾合作委员会的关系 / 234

第三节　周边外交 / 237

一　与也门的关系 / 237

二　与伊朗的关系 / 238

CONTENTS
目 录

  三 与沙特阿拉伯的关系 / 240

  四 与阿联酋的关系 / 242

  五 与科威特、巴林、卡塔尔的关系 / 243

第四节 与中东其他国家的关系 / 244

  一 与埃及的关系 / 244

  二 与约旦的关系 / 245

  三 与叙利亚的关系 / 246

  四 与伊拉克的关系 / 246

  五 与巴勒斯坦解放组织的关系 / 248

  六 与以色列的关系 / 249

  七 与利比亚、阿尔及利亚、摩洛哥、
    突尼斯的关系 / 249

第五节 与印度洋周边国家的关系 / 250

  一 与环印度洋区域合作联盟的关系 / 250

  二 与印度的关系 / 251

  三 与巴基斯坦的关系 / 251

  四 与东非国家的关系 / 252

第六节 与西方国家的关系 / 253

  一 与英国的关系 / 253

CONTENTS

目　录

　　二　与美国的关系 / 254

　　三　与日本的关系 / 256

　　四　与法国、联邦德国的关系 / 256

第七节　与中国的关系 / 257

　　一　中国与阿曼的关系源远流长 / 257

　　二　中国与阿曼建立外交关系 / 259

　　三　中国与阿曼多层次友好交往 / 260

主要参考文献 / 266

　　一　英文文献 / 266

　　二　阿拉伯文文献 / 268

　　三　中文文献 / 268

后　记 / 270

序　言
多维视野中的阿曼

阿曼自独立以来的变迁历程和轨迹表明，其对历史发展道路的选择，特别是对政治体制的设置，是受历史与现实、内部与外部、主观与客观等综合条件和因素制约而成，是上述条件和因素的相互作用的结果。阿曼的历史发展具有如下特点。

一　参与型政治发展

阿曼政治制度的最大特征是卡布斯苏丹试图最大限度地吸纳国民参与国家事务。曾主管阿曼事务的美国大使查尔斯（Cecil O. Charles）称阿曼政治为"参与型政治"（Participatory Government）[1]。这种"参与型政治"主要表现在阿曼卡布斯苏丹的"亲民之旅"和相关机构和制度的构建，包括：《国家基本法》确保法律面前人人平等、宗教信仰自由、言论自由和出版自由；完善与健全的协商会议；行政系统的阿曼化；重视妇女对国家发展的作用；公共服务系统的完善。卡布斯苏丹实施这一政策的目的，在于通过逐渐扩大国民的政治参与，巩固其

---

[1] Cecil O. Charles, "Oman's Progress toward participatory government", *Middle East Policy*, spring 2006, pp. 60 - 68.

统治基础。"参与型政治"模式表明,阿曼政治发展正沿着逐渐成熟的路径和趋势迈进,显示了卡布斯苏丹的远见卓识。正如美国大使查尔斯所说:"阿曼30多年的参与型政治构建,表现了卡布斯苏丹是一位具有深谋远虑的统治者"。[1] 但是,阿曼的"参与型政治"并不等于西方的民主化,它是卡布斯苏丹根据现实国情与阿拉伯地区文化传统基因有机结合所产生的政治统治机制。

二 多元化经济格局

为打破国家单一依赖石油产业的经济格局,阿曼实行以油气资源开发为主导,推动经济多元化发展的战略。阿曼经济发展的基本原则有三:一是将建立开放型、多元化、易调节的经济体系,作为经济发展战略的根本目标;二是推进私有化和市场经济,孕育具有竞争力的市场环境;三是提高阿曼国民的文化素质,培养适应经济发展的高技能人才。为实现上述任务,阿曼政府采取的具体措施是:调整产业结构,吸引外资;增加收入,促进就业;加速推进产业多元化,重点发展农业、渔业;培养中小企业和开发矿产资源;经济私有化;就业阿曼化;等等。阿曼的经济发展战略分为以下阶段:第一阶段(1970~1985):阿曼经济发展的重点为基础设施建设。第二阶段(1986~1995):阿曼开始改变发展石油经济的单一模式,重点发展工业、农业和渔业,着力推进经济结构的多元化趋势。第三阶段(1996~2005):阿曼经济发展的战略方针是收入多样化、产业多元化、就业阿曼化。2006年是阿曼实施第七个五年计划的第一年,其国家经济发展的具体目标是:到2020年,原

---

[1] Cecil O. Charles, "Oman's Progress toward participatory government", *Middle East Policy*, spring 2006, p. 60.

油产值在国内生产总值中的比重下降为9%；天然气产值在国内生产总值的比重增加到10%；非石油生产部门的产值在国内生产总值中的比重增加到29%。

三　全方位外交结构

卡布斯苏丹早在1984年就提出"广交友，少树敌"的口号，坚持在友好、互信的基础上与世界各国建立外交关系。2002年11月4日，卡布斯苏丹在阿曼委员会年度会议上说："我们对任何一个国家都是友好的。我们始终站在正义、和平和公平的一边。我们呼吁世界各民族和睦相处，各种文化相互交往，根除那些产生仇恨的不公平、非正义的根源。这是人类的共同利益所在。"在对外交往中，卡布斯苏丹坚持以下原则：首先，奉行睦邻友好、不干涉他国内政、相互尊重国家主权的原则；其次，遵循联合国宪章和国际法准则，支持区域性组织和国际组织的活动；再次，加强同阿拉伯各国的关系，支持阿拉伯国家联盟，鼓励阿拉伯国家为解决分歧进行建设性对话，努力实现本地区公正、全面的和平。根据上述原则和目标，阿曼开展全方位外交。1970年与阿曼建交的国家只有3个，2003年已发展到140个。此外，阿曼还参加了105个区域性和国际性组织。阿曼成为联合国儿童基金会的执行理事和联合国教育科学与文化组织的执行理事。2002年3月，阿曼签署了伊斯兰会议组织的协议，反对国际恐怖主义。

四　巨变式教育战略

阿曼的教育起步较晚。1969~1970年间，阿曼全国只有3所学校，教师不超过30名。卡布斯苏丹执政后

非常重视教育，一直把教育事业作为国家优先发展的领域。在卡布斯苏丹的号召下，阿曼教育事业发展迅速。阿曼政府将大量石油收入投向教育领域，国民从学前教育到大学就读一律享受免费教育。政府还鼓励私人投资办学，作为对公立学校的补充。私立学校包括学龄前教育、英阿双语教学和英语课程等。阿曼政府还选派留学生到其他阿拉伯国家和西方国家深造。阿曼出国留学人员人数呈上升态势：1973～1974年，阿曼出国留学的学生为273人；1976～1977年，留学生为509人；1980～1981年，留学生增加到939人，增长84%。近年来，阿曼教育事业发展的速度更快。阿曼官方数据显示，2004/2005学年，阿曼有公立学校1038所、私立学校142所、普通教育学校608所、特殊教育学校3所，在校学生人数共计597534名。2003年，教育经费占政府财政经费支出的1/3左右。2005年，阿曼政府投入的教育经费为5.46亿里亚尔。

美国学者亨廷顿指出："从政治学的角度看，世界各国之间的最重大差别不是它们政府的形式，而是它们各自政府实行有效统治的程度。"[1] 阿曼作为君主制国家，自从成为中东民族国家体系中的一员以来，其国内政治繁荣、民生幸福、社会有序。经过30多年的治理，阿曼国民参与国家管理取得了很大的进步，在国家政治结构中正起着重要作用。阿曼的政治、经济、外交与文化发展表明，植根于伊斯兰传统的阿曼可以孕育政治多元化、经济平稳发展和文明和谐交往的现代社会。

---

[1]〔美〕塞缪尔·P. 亨廷顿：《变化社会中的政治秩序》，王冠华等译，上海人民出版社，2008，第3页。

第一章

国土与人民

阿曼苏丹国（Sultanate of Oman）简称阿曼，是阿拉伯半岛最古老的国家之一，其古代文明史至少可以追溯到5000年以前。阿曼在阿拉伯语中的意思是"宁静的土地"。阿曼的国家名称在历史上几经变化，曾有"马甘"（Magan）、"马遵"（Mazun）和"欧曼"等名。"马甘"之名源自古代苏美尔人在泥板刻写的楔形文字提到的一个国家名，位置大致在目前的苏哈尔（Sohar）附近。根据苏美尔语的记载，那里的造船业和炼铜业很发达，它与古代苏美尔之间的贸易和海上联系很频繁。从苏哈尔发掘出来的遗物证明，公元前2000年阿曼铜矿开采及冶炼业已经相当发达。"马遵"之名一说是因为历史上阿曼比相邻的阿拉伯国家水资源丰富。"欧曼"之名是由于阿曼原来位于也门控制下的来哈姆干谷地，那时它被称作"欧曼"。① 18世纪中叶，赛义德王朝建立，国名改为"马斯喀特苏丹国"。1920年分裂为"马斯喀特苏丹国"和"阿曼伊斯兰教长国"。1967年统一后国名为"马斯喀特和阿曼苏丹国"。1970年现任苏丹卡布斯执政后，宣布改国名为"阿曼苏丹国"，并沿用至今。

---

① 《富裕之路》（阿拉伯语版），阿曼新闻部，2001，第10页。

阿曼

第一节 自然地理

一 地理位置

阿曼位于阿拉伯半岛的东南角，领土面积为30.95万平方公里，是阿拉伯半岛上的第三大国家。其国土介于北纬16°40′至26°20′、东经51°50′至59°40′之间，北回归线横穿该国。整个阿拉伯半岛的形状像似一只靴子，阿曼就是这只靴子的靴尖，扼守着霍尔木兹海峡的穆桑达姆半岛则位于靴尖的最前端。阿曼东部和东北濒临阿曼湾、海湾和阿拉伯海，海岸线北起霍尔木兹海峡、南到也门共和国与阿曼的边界，长1700公里。阿曼西南部同也门共和国接壤，西邻沙特阿拉伯，西北与阿拉伯联合酋长国接壤。

阿曼位于海湾、印度洋和非洲东部之间的交通要道，扼守着海湾的咽喉，战略位置十分重要。霍尔木兹海峡是从海湾通往印度洋的门户，从海湾经过霍尔木兹海峡到西欧、日本和美国的石油运输线被称为西方的"生命线"。出入霍尔木兹海峡的通道都在阿曼的领海内，海湾各国丰富的石油产品约90%主要经过这条航线输送到世界各地。

由于阿曼优越的地理位置，阿曼人很早就活跃于航海和区域贸易活动。据历史记载，公元7~15世纪，阿曼商人的足迹向东已经到达中国，向西到达非洲。19世纪上半叶，阿曼的船队已在印度洋领域声名远扬。如今的阿曼仍然是东西方海上交通的要冲，其现代化的港口依然是繁忙的国际贸易集散地。

二 行政区划

在历史上，阿曼行政区划与现在不同，全国曾分为3个省、9个区和43个州。由于原来的行政区划较为分散，1991年2月，现任苏丹卡布斯颁布诏令，修改行政区划。阿曼现行行政区划保留了原来的3个省级行政区，设行政长官，即省长。2006年10月，卡布斯苏丹下令增设布赖米省。各省下设州级行政区，每州由地方长官——州长负责治理，各省所设州的数目不等。与省平级的行政单位是区，基本按照自然地理区域划分为5个区，各区也下设若干个州。全国9个省、区下设62个州。4个省分别是：首都所在地马斯喀特省（Muscat）、南部的佐法尔省（Dhofar）、北部的穆桑达姆省（Musandam）和西北部的布赖米省（Al Burayami）；5个区是：巴提纳区（Batinah）、扎希拉区（Dhahirah）、内地区（Dakhiliya）、中部区（Al Wusta）和东部区（Sharqiyah）。2006年阿曼人口数量为257.7万人，人口增长率为2%。其中，阿曼公民为188.4万人，占全国人口总数的73%；外籍人口69.3万人，占全国人口总数的27%。[1]

马斯喀特省

马斯喀特在阿拉伯语中的意思是"东西降落的地方"。马斯喀特城是阿曼首都，坐落在东哈贾尔（Hajar）山脉的阿曼海湾平原上，连接着海湾、阿拉伯海和印度洋，地理位置非常优越。马斯喀特城是著名的"世界热城"，它被世界上最大的沙漠之一——鲁卜哈利沙漠包围，最热时气温高达摄氏60度。它还被认为是世界上最小的首都之一，全城长1.5公里、宽0.6公里。马斯喀特省下设6个州：马斯喀特、马特拉（Mutrah）、西卜（Seeb，又译锡卜）、布什尔（Bausher）、阿米拉特（Alamerat）和古里亚特（Quriyyat又译古赖亚特）。2006年该省人口为71.9万人，是全国人口最多的省份。[2]

---

[1] 《2008年阿曼国家概况》，英国经济学家情报社，第12页。
[2] 《2008年阿曼国家概况》，英国经济学家情报社，第3页。

佐法尔省

位于阿曼最南部，面积占国土面积的1/3，被阿拉伯海和群山环绕。省会萨拉拉（Salalah，又译塞拉莱）是个滨海城市。该省下辖10个州：萨拉拉、萨姆赖特（Thumrayt，又译塞迈里特）、塔盖（Taqah）、米尔巴特（Mirbat）、萨达（Sadah，又译塞得赫）、拉赫尤特（Rakhyut，又译赖苏特）、达勒库特（Dalkut，又译宰勒古特）、穆克新（Mughshin）和哈拉尼耶岛（Shalim wa Juzor al Halaaniyaat）。2006年3月，阿曼设立米兹尤奈州，位于佐法尔省。2006年该省总人口是24.1万人。[①]

由于每年印度洋季风带来降雨的滋润，佐法尔省沿海平原盛产蔬菜、香蕉和椰子，故有"苏丹国食品库"的美称。佐法尔省的气候非常舒适宜人，公路、电力、水利设施、国际机场和通信服务都现代化，是有名的旅游胜地。随着旅游业的发展，服务行业、旅游景点、休闲设施在该省都得到建设或扩建，历史文化古迹也受到重点保护。《古兰经》中提到的艾赫嘎夫先知、胡德先知、艾尤布先知和萨利赫先知的墓地，布赖德城遗址和塞木海莱木港遗址，都是佐法尔省著名的旅游胜地。其他的旅游景点还有乌拔城遗址、穆厄希勒地区的大批文物和萨拉拉的罕姆兰堡等。

穆桑达姆省

位于阿曼的最北端，面积约3000平方公里，阿拉伯联合酋长国的东海岸将它与阿曼的其余领土隔开，形成穆桑达姆半岛，战略位置非常重要。2006年穆桑达姆省共有人口3.1万人，[②] 人口密度最大的是省府哈萨卜（Khasab，又译海塞卜）。全省分4个州，分别是穆桑达姆、达巴（Daba，又译迪巴Diba）、布卡（Bukha）和马德哈（Madha）。马德哈州被阿拉伯联合酋长国的

---

① 《2008年阿曼国家概况》，英国经济学家情报社，第3页。
② 《2008年阿曼国家概况》，英国经济学家情报社，第3页。

领土包围，是全国最北端的和最小的一个州，也是霍尔木兹（Hormuz）海峡的入海口。霍尔木兹海峡宽仅55公里，是连接海湾和阿曼湾的咽喉地带，是世界上最繁忙的海上航线之一。

省内的哈贾尔（Hajar，又译哈杰尔）山脉有阿曼的"脊梁"之称，是伊朗扎格罗斯山脉的延伸。哈贾尔在阿拉伯语中的意思是"岩石"。该山脉从穆桑达姆半岛的山区延伸到阿拉伯半岛最东端的哈德角（Ras al-Hadd），延绵640公里，最后与大海融为一体，其主峰鲁斯加巴尔峰（Ruus al Jibal）也在该省，高耸入云的群山曲折耸立在海天之间，构成一幅美轮美奂的画面，据说可以和挪威的峡湾相媲美，有"赤道挪威"之称。该省发展旅游业潜力巨大，一些旅游项目正在建设之中。

布赖米省

原是扎西拉区的一个州，2006年成为新增省份，下辖3个州。[1] 位于阿曼西北部的布赖米（Al-Buraymi）省与阿拉伯联合酋长国阿布扎比的艾因市接壤，那里设有一个工业区，是阿曼与阿联酋两国边境贸易和货物流通的重要口岸之一。布赖米省农业发达，主要生产椰枣、酸橙和芒果。该省的巴特胡特姆和艾因的古代墓葬群已经得到联合国教科文组织的认证。

巴提纳区

巴提纳（又译巴提奈）在阿拉伯语中的意思是"腹地"。巴提纳区位于哈贾尔山脉和阿曼湾之间的沿海地带，平均宽约25公里、长约300公里，是一方由山区泥沙冲积形成的狭长的滨海平原，仅占国土面积的3%。巴提纳平原土地肥沃，地下水较为充足，传统上以渔业和农业著称，是阿曼主要的农业区和人口最密集的地区。该地区现已发展成阿曼工业化、都市化程度最高的地区之一。2006年该地区总人口为70.4万人，是全国第二人口

---

[1] 行政区划网 http://www.xzqh.org/waiguo/asia/1027.htm。

大区。①

巴提纳区下设 12 个州，分别是：苏哈尔（Sohar）、鲁斯塔格（Rustaq）、希纳斯（Shinas）、利瓦（Liwa）、萨哈姆（Saham，又译塞赫姆）、卡博拉（Khaburah）、苏韦格（Suwayq）、纳克尔（Nakhal）、马维尔干谷（Wadi al Maawil）、阿瓦比（Awabi）、穆萨纳（Musanaah）和巴尔卡（Barka，又译拜尔卡）。

在生活和饮用水较为缺乏的情况下，为改善和提高当地人民的生活质量，2005 年巴提纳区供水管网建设全面展开。供水管网已在该区的苏韦格、卡博拉、萨哈姆、利瓦和希纳斯 5 个州进行建设。2006 年底供水管网竣工后，苏哈尔发电和海水淡化厂提供的饮用水可以满足 5 个州 30 万人民的生活需求，到 2030 年可为当地 50 万人提供生活和饮用水。

扎希拉区

位于阿曼西北部，是一片宽广的半沙质平原，从哈贾尔山脉丘陵地带一直延伸到阿曼的无人区。鲁卜哈利沙漠从扎希拉区向西边的沙特阿拉伯边界延伸 1000 多公里。扎希拉在阿拉伯语中的意思是"脊背"。因为位处西哈贾尔山脉的西南侧，该区还被称作"山后"地区。该区下设 4 个州：伊卜里（Ibli）、马赫达（Mahadah，又译迈赫代）、延古勒（Yanqul）和丹克（Dank）。2006 年该区人口总数为 14.2 万人。②

内地区

位于阿曼中部高原，是与其他各区联系的中心。哈贾尔山脉高达 3352 米的最高峰绿山（Jebel Al Akhdar，又称沙姆山）就位于该区。这里的夏季气候宜人，每年都吸引了众多摄影爱好者和徒步旅行者。该区下设 8 个州，分别是尼兹瓦（Nizwa，又译

---

① 《2008 年阿曼国家概况》，英国经济学家情报社，第 3 页。
② 《2008 年阿曼国家概况》，英国经济学家情报社，第 3 页。

奈兹瓦)、萨马耶勒(Samail,又译塞马伊勒)、巴哈拉(Bahla,又译拜赫莱)、马纳赫(Manah,又译迈奈赫)、哈姆拉(Al Hamra)、阿达姆(Adam,又译亚当)、伊兹基(Izki,又译艾兹基)和比德比德(Bidbid)。2006年该区人口有28.7万人。① 巴哈拉州是阿曼最古老的地区之一,在古代一度是阿曼的首都。这里手工业发达,有制陶、制刀、炼铜、纺织和金银器制造业等。

中部区

该区北面是扎希拉区,东临阿拉伯海,西临鲁卜哈里沙漠,南接佐法尔省界,由海马(Hayma)、马呼特(Mahawt)、杜格姆(Duqm)和贾济尔(Al Jazir)4个州组成。2006年人口总数为2.6万人。② 海马州地处沙漠,有不少阿拉伯羚羊、野牛和瞪羚等野生动物。该州居民多从事农业和畜牧业。其他3个州都濒临海洋,居民多以渔业为生。历史上这一地区人迹罕至,但蕴藏了大量石油、天然气资源和其他矿藏。在20世纪60年代发现石油资源后,该地区的重要性日益突显。

中部区自然环境优越,由于阿拉伯羚羊再次引入该区方圆34000公里的哈拉西斯平原(Jiddat Al Harasis)自然保护区,1994年被联合国教科文组织列为世界自然文化遗产。中部区的沿海有众多的海豚和海龟,海礁是成千上万候鸟的栖息地。

东部区

该区东濒阿拉伯海,西接内陆地区,南临阿拉伯海和中部区。东哈贾尔山横贯全区,把东部区分成了两部分。一部分在东哈贾尔山内侧,是一片有干河谷交织的沙质平原,阿曼著名的瓦希巴(Wahiba)沙漠就在这里,是世界上最大的岩化沙丘,历

---

① 《2008年阿曼国家概况》,英国经济学家情报社,第3页。
② 《2008年阿曼国家概况》,英国经济学家情报社,第3页。

阿曼

史上是贝都因人的家园；另一部分是东哈贾尔山脉以北的沿海地区，以及马西拉岛，该岛是阿曼重要的军事基地。

东部区的 11 个州分别是：苏尔（Sur）、伊卜拉（Ibra）、比迪亚（Bidiyah）、艾尔·卡比尔（Al Qabil）、穆代比（Mudaybi）、达玛·瓦·艾尔·塔伊安（Dama wa al Taiyyin）、凯米勒·艾尔·瓦菲（Al Kamil al Wafi）、巴尼布阿里镇（Jaalan Bani Bu Ali）、巴尼布哈桑镇（Jaalan Bani Bu Hasan）、瓦迪·巴尼·哈利德（Wadi Bani Khalid）、马西拉岛（Jazirat Masirah）。2006 年东部区总人口为 33.8 万人，是阿曼第三大人口密集地区。

东部区海洋资源丰富，海岸线上生存着许多野生动物，海龟和海豚是常见的海洋动物。海里有很长的珊瑚链，丰富的鱼类资源是当地渔民的生活来源。

三 地形特点

阿曼地形复杂，地貌主要由河谷、山区、沙漠和海岸组成，境内大部分是海拔 200~500 米的高原。其中沿海平原地区约占全国陆地面积的 3%，山地约占 15%，其余 82% 的领土是被沙砾覆盖的广袤沙漠。

阿曼地势总体呈马鞍状起伏，东北部是哈贾尔山脉，海拔最高处达 3352 米，是全国海拔最高的地区。阿曼西南部是由佐法尔山脉组成的佐法尔高原。佐法尔山脉最高峰海拔 2500 米，东段为锡姆汉山，中段为古拉山，西段为月亮山。佐法尔山脉从东到西绵延 400 多公里，直抵也门共和国边境。阿曼中部地区为平原地貌，沙漠分布广泛，从北部的扎希拉区一直延伸到南部的佐法尔省。

四 水资源

阿曼属于干旱地区，境内无常流河与湖泊，主要水资源来自雨水和地下水，水资源紧缺。年均降水量约为

130毫米，其中80%被蒸发，5%流向大海，剩余的15%渗入地下。在古代，阿曼是被海洋和沙漠包围的绿洲。由于群山环绕阻止了周边的沙漠向阿曼蔓延，并带来丰富的水资源，阿曼传统的农业才得以保持和发展。

水资源是民族财富和农业发展的基本条件。1978年阿曼成立水电部，任命原农业、石油和矿产部法律顾问哈穆德·阿卜杜拉·哈利夫为水电大臣。1989年又单独成立了水资源部。水资源部的职能是开发和保护水源，提出总的政策，制定同国家经济、社会发展计划协调一致的长期用水计划，进行研究和探测，以期开发和保护水资源。该部还制定了一系列法规和政策，保护水资源和指导水消耗。例如，对阿曼全境的水井进行统计并记录在案；打井须经水资源部批准，除满足人、畜饮用和浇灌树木所需之外，不得将水井加深；对全国的地下水补给坝进行经济和技术效益的研究等。雨水对阿曼人的意义重大，水坝对于储存雨水和补充地下水有着非常重要的作用。2001年阿曼全国共有水坝57座，有17座用于补充地下水，40座用于储存地表水。

水是发展农业的命脉，古代阿曼人在水资源下游地下数米深的地方修建暗渠，再把地下水通过水渠引入庄稼地，这种灌溉系统叫做"法拉吉系统"。有些灌渠是在地下几十米深的地方挖掘的，这在当时没有使用任何机械的条件下建成灌渠是个奇迹，充分显示了古代阿曼人的聪明才智。另有一种说法是，"法拉吉系统"是由伊朗人传入阿曼的，并非阿曼人发明创造。现在一些修建于1500年前的"法拉吉系统"仍在使用。"法拉吉系统"大致分为三种类型："达吾迪"是指深达几十米、长达几公里的灌渠；"安尼"是指从泉水中取水的灌渠；"嘎儿"是指从绿洲水源上游取水的灌渠。为了维护这一宝贵的水资源系统，20世纪70年代，阿曼政府通过挖辅助井等措施重新修建了这些灌渠。全国现存的"法拉吉系统"仍有4000多个。现代的灌溉

方式是从水库抽水进行灌溉,逐渐代替了"法拉吉系统"。据估计,农业灌溉用水消耗国家水资源的90%。农产品产量相对较低和用水量大的状况是阿曼政府关注的难题。1997年4月,卡布斯苏丹大学组织了一个委员会,敦促海湾合作委员会成员国减少农业用水量,保护珍贵的水资源。

全国各地的饮用水从佐法尔省和巴提纳区的苏哈尔州输送。饮用水水源主要是地下水,在没有地下水或地下水不足的情况下采取海水淡化措施,以确保阿曼居民的饮用水安全。政府按照居民用水量多少,在全国各地建立中、小型海水淡化水站,全国的海水淡化水使用范围迅速扩大,最大的海水淡化水站是埃布拉海水淡化水站。阿曼淡水供应不足的部分由雨水补充。由于地下水过度抽取引起海水倒灌沿海含水层问题,在阿曼的一些沿海城市已经相当严重。

泉水也是阿曼的重要水源之一,全国共有68处泉眼,其中23处为温泉,大部分泉水可饮用。阿曼的温泉和冷泉非常有名,其中以鲁斯塔格(Rustaq)温泉和纳克尔(Nakhl)温泉最为著名。其他主要的泉眼有萨瓦拉泉、凯斯法泉和佐法尔省的艾尔札特泉和哈姆兰泉等。慕名而来的访问者通常都会带走一些马斯喀特温泉的矿泉水。清澈透明的泉水一年四季都吸引着纷至沓来的旅游者。

五 气候

受热带大陆气团影响,除东北部山地外,阿曼境内其他地区均属热带沙漠气候。全年分为两季:4~9月为热季,平均气温高达摄氏40度;10月至次年3月为温季,平均气温约摄氏24度。由于地形差异大,各地的气候条件不同。一般来讲,沿海地区温暖湿润;内陆沙漠地区炎热干燥;高山地区,如国内最高的哈贾尔山脉,终年温和舒适。每年5~9月佐法尔省有来自印度洋的季风，这时该省各地都有大雨降临，成为阿拉伯国家旅游者避暑的绿色天堂。

阿曼是世界上干旱地区之一，降雨量较小且不均匀，各地的年均降雨量也不同。降水主要集中在温季的12月和次年的1月，东北部的山地和高原降水较多，一些山区偶尔还会遭到暴雨和雷阵雨的袭击，引起山洪暴发。在阿曼，几个小时连续降雨可能将干河床变成水流湍急的激流，会把树木、牲畜甚至人和汽车冲走。

绿山地区有些年份降水量可达400~500毫米。佐法尔省因有印度洋季风时节的季风雨，降水量年均100~200毫米。其他地区的年均降水量在100毫米左右。

第二节 自然资源

阿曼在地质构造上是一个由10亿多年前的前寒武纪岩层为核心的各时代岩系所组成的隆褶。后因火山活动频繁，形成以火山排出物——石灰岩为主的沉积层不规则地覆盖在隆褶上。阿曼的矿产资源较为丰富，早在5000多年前，阿曼人就对金、银、铜矿进行采掘、加工和出售，并把铜制品出口到美索不达米亚。经勘探，现在阿曼主要的金属矿产有铜、铬、锌、镍、铅、镁、铁、金、银等。矿产对阿曼经济发展意义重大，自古以来当权者就十分重视矿业的发展。从20世纪60年代开始生产石油以来，阿曼国民经济严重依赖石油收入。

一　矿物

1. 石油和天然气

阿曼在海湾地区是个石油资源不算很丰富的国家，2008年1月已探明石油储量为55亿桶，且阿曼地质构造

复杂，油层埋藏深，开发成本相对较高。20世纪90年代初，阿曼每桶原油的开发成本为8～9美元，引进国外先进采油技术和经验后，近年来每桶原油开采成本下降到3.5美元左右。而沙特阿拉伯、科威特等国的每桶原油开发成本均低于1美元。但阿曼的原油质量好，含硫、磷成分少，可提炼多种成品油，在国际石油市场上很受欢迎。

阿曼天然气资源储量大，发展前景好。2003年阿曼已探明天然气储量为24.2万亿立方英尺（约合6857亿立方米），预计储量为33.8万亿立方英尺（包括伴生气和非伴生气）。[①] 据英国石油公司BP统计，2006年底阿曼天然气储量估计为34.6万亿立方英尺。大力开发天然气资源，是阿曼政府为减少国民经济对石油的严重依赖，实现国民收入来源多元化的重要手段。

2. 铜矿

早在公元前1000年的铁器时代，苏哈尔附近就发现了铜矿。阿曼的铜矿藏量约为2500万吨，分青铜和黄铜两种，矿石含铜率2.1%。1983年，阿曼矿业公司重新开采苏哈尔铜矿区，建成炼铜厂，并于当年向荷兰的鹿特丹出口了第一批铜产品（500吨），此后炼铜厂的产量和出口量不断增加，成为阿曼经济多元化的重要环节。1994年苏哈尔地区铜矿采尽，后经过勘探，1997年在巴提纳海岸发现重要铜矿床，在炼铜厂附近的马西拉岛也发现了铜矿。据估计，这些铜矿储量约为2000万吨。

3. 铬铁矿

阿曼的铬铁矿总储量约为200万吨，主要分布在马斯喀特西南的萨马耶勒、伊兹基和萨马德（又译赛麦德）之间的三角地

---

① 《阿曼 2005～2006》，阿曼新闻部，第148页。

带和尼兹瓦的南部、纳赫勒的西部等。1991年投资300万里亚尔建成阿曼铬铁矿公司，铬铁矿产品全部出口。

表1-1 阿曼铬铁矿产量

单位：万吨

年份	1997	1998	1999	2000	2001	2002	2003	2004	2005
产量	1.8	3	2.6	1.51	3.01	2.74	2.43	1.38	3.4

资料来源：《2007年阿曼国家概况》，英国经济学家情报社，第51页。

4. 石棉

阿曼石棉储量约1000万吨，主要分布在北部的萨哈姆和苏哈尔附近地区，矿层长460公里，宽30~60公里，厚约3公里。阿曼石棉质量上乘，最长纤维可达6~10毫米，最富矿含石棉4.5%，最贫矿含石棉不低于1%。[①]

5. 金矿

阿曼有金、铜混合矿石矿藏，金矿储量约1182万吨，每吨矿石可出产黄金5克。1994年建成一个提炼黄金的加工厂，1995年投产。2006年阿曼的黄金储备价值40万美元。

表1-2 阿曼黄金产量

单位：公斤

年份	2001	2002	2003	2004	2005
产量	885	301	126	314	123

资料来源：《2007年阿曼国家概况》，英国经济学家情报社，第51页。

---

① 参见黄培昭、苏丽雅《当代阿曼苏丹国社会与文化》，上海外语教育出版社，2003，第55页。

6. 煤矿

阿曼煤矿储量约 3600 万吨，主要分布在萨拉拉西北的恩萨里地区和东部的马萨瓦谷地。阿曼政府鼓励私营部门开发煤矿。

7. 大理石

阿曼天然大理石矿较丰富，储量为 5000 万吨，质量上乘，主要分布在马斯喀特、尼兹瓦、比德比德和纳赫勒等地区，所产大理石产品畅销国内外市场。

8. 硅

阿曼硅储量丰富，约 1500 万吨，且埋藏浅、品质高、质地好，可开采 200 余年，主要分布在阿曼中部区、马斯喀特省和佐法尔省及其他两个地区。马斯喀特省的萨利勒矿储量约 1000 万吨，可从中提取硅、二氧化硅、硅铁等制造玻璃、工业洗涤剂、马赛克和其他生活用品的原料。阿曼和俄罗斯之间有硅合作项目。

9. 其他矿产资源及其分布情况

主要非金属矿藏有：石膏储量 7 亿吨，主要分布在萨拉拉和萨姆里之间地区；白云石储量 1500 万吨；石灰石储量 2 亿多吨；高岭土储量 400 多万吨。

二　植物

阿曼大部分地区均为热带沙漠气候，十分炎热，降水量稀少且不规律。受气候影响，阿曼植物数量和种类有限，主要以灌木和一些特色植物为主。南部的佐法尔省在季风来临时降雨量可达 100~200 毫米。在热季，受季风带来降雨的滋润，佐法尔省平原地带灌木丛生，绿树成荫，乳香树生长茂盛，在山区甚至可出现涌泉和瀑布；在温季降水稀少，树木枯黄。阿曼有特色的树木为乳香树和椰枣树。

1. 乳香树

又称"波斯维利尔·撒卡尔"，是佐法尔省的特色植物。它不喜热，耐寒，适合在干旱少风少雨的地方生长，主要生长在低矮的斜坡和陡峭的山地上，可长至5米高。

从乳香树上采集的乳香点燃后芳香四溢，素有"软黄金"的美称。乳香可以作为制造香料、油、香粉、香水、药品、蜡烛和树脂球的原料。由于乳香点燃后能散发出浓郁而独特的香味，几乎所有的阿曼家庭都熏烧乳香。世界许多宗教仪式上使用的蜡烛也以乳香作为配料。由于阿曼的乳香质量上乘，在国际市场上一直有很高的需求量。乳香的采集工艺非常讲究，大致分三道工序，分别叫做"第一、二、三切"。在每年3月底气温回升时，采集者开始第一道工序，即用一种特殊的工具除去树枝和树干的表皮，乳白色的香树脂就会顺着切口流淌出来。经过14天左右，这些树脂凝固在树上，这时收获的是质量较差的乳香，这就是第二道工序采割。第三道工序才是真正的收获过程，等切口处流出金黄色的乳香，将它刮下来，直接拿到市场上去出售。乳香树的采集时间长达3个月，每棵树平均产乳香10公斤。佐法尔省年均采收7000吨乳香。

2. 椰枣树

阿拉伯人把椰枣树称为"树中之王"，是早期阿拉伯人的生命之树。阿曼椰枣树主要生长在北部的绿洲和平原地区，种植面积约为12万公顷，占全国耕地面积的49%。海滨地区的椰枣树喜高温，耐潮湿，内陆地区的椰枣树则需要高温干旱的气候。阿曼境内有60多种椰枣树，每个地区都有不同的品种，椰枣成熟的季节也不相同。其中最好的品种是黄色的卡拉和扎比，红色的昆紫和卡撒。一种叫做玛萨丽的椰枣很少直接食用，多数在没成熟时摘下放在大锅里煮，主要用它制作甜点。椰枣树不仅是阿曼人重要的食物来源，还成为许多传统工艺品的原料，椰枣树皮经加工后可制成绳子，树干可用于建造房屋。

三 动物

阿曼境内多样的气候为各种动物的生存创造了良好的条件。

1. 鸟类

生活在阿曼的鸟类有85种，候鸟的种类更多。全球已知的一万种鸟类有450多种可以在阿曼找到。绿色的食蜂鸟、黄色的夜莺、紫色的太阳鸟、草原鹰长年生活在马斯喀特省。穆桑达姆省海拔高达2000米以上的地区，十分适宜鹌鹑生长。在阿曼中部和东部地区，有从北欧的大西洋沿岸和西伯利亚长途迁徙来的各种滨海鸟类，如苍鹭、涉禽、矶鹬、鹬等。在巴提纳平原，猎鹰于夏天在海中的斯瓦第岛繁殖。阿曼湾中的丹马尼亚岛，冬天有鱼鹰，夏天有成千上万的燕鸥，为保护这些珍贵的鸟类，该岛每年5~10月禁止游人参观。另有30多种鸟类仅见于阿曼南部地区，如织巢鸟、杜鹃和非洲猫头鹰等。

2. 野生动物

阿拉伯羚羊是阿曼最有名的野生动物，适合在沙漠等恶劣和干旱少雨的地区生活，它们得以在沙漠生存具备一个非常重要的功能，就是能从风中辨别是否会下雨。一般情况下，羚羊群由5头羊组成，通常是领头的母羊带领羊群寻找雨后生长的嫩草，成年公羊一般留下保卫羊群的领地，不随羊群走动，公羊之间经常为保护母羊和领地发生争斗。阿拉伯羚羊的寿命约为20年，一胎小羊的妊娠期8个半月。

1972年，由于肆意捕杀，阿拉伯羚羊几乎灭绝。1976年卡布斯苏丹颁布法令重新引进阿拉伯羚羊。1980年3月，从美国凤凰动物园引进一群阿拉伯羚羊。到1996年，野生羚羊的数目超过450只，其中有19只在沙漠出生。1994年，放生阿拉伯羚羊的吉达特地区被辟为阿拉伯羚羊保护区，这是阿曼的第一个野生动物保护区。同年，联合国教科文组织将这一地区列入世界自然遗产名录。也在同年，阿曼签署了生物多样性条约，向世界承诺要保护野生动物。不幸的是，在1996~1999年间，偷猎阿拉伯羚羊的活动再次猖獗，使保护区内羚羊的数目锐减。当地政府制定了各种措施，严禁偷猎和进行羚羊贸易，如成立羚羊保护委员会，在保护区内开展环保教育，成立新的旅游中心，环保旅游的收入归当地人民等。

阿拉伯豹主要生活在佐法尔省的贾贝尔萨班区，它们的主要食物是努比亚野山羊和岩兔。1996年该地区被批准为自然保护区，是阿曼唯一的阿拉伯豹自然保护区。

努比亚野山羊主要生活在阿拉伯羚羊保护区和贾贝尔阿穆罕自然保护区，大部分时间过着小群体生活，公羊每年按照惯例争夺繁衍权利。

阿拉伯瞪羚喜欢在灌木丛中食草，它们在阿拉伯羚羊保护区内数量最多，超过一万头。阿拉伯瞪羚一胎生一只。沙瞪羚相对不太常见，喜沙土地带，耐力好，可长途跋涉寻找鲜草，沙瞪羚一胎生两只。

阿拉伯塔尔羊长得像山羊，喜欢小群体活动，主要生活在马斯喀特省海拔1000米以上的萨琳地区，少数生活在阿曼与阿联酋的交界地区，喜喝地下流出的泉水。它们和努比亚野山羊一样，每年公羊之间至少有一次争夺母羊的"战争"。在萨琳保护区有一支专门保护塔尔羊的巡逻队。

阿曼还有沙狐、红狐狸、狞獾、猞猁、野猫、狼、印度豪猪、香猫、阿拉伯狼、斑纹土狼及无数啮齿类动物等野生动物。

骆驼是贝都因人的好朋友。巴提纳地区的骆驼是阿拉伯半岛最好的骆驼品种。这种骆驼前额宽阔，耳朵大，个小体轻，灵活敏捷，以速度快、耐力强著称，吸引了海湾邻国许多赛骆驼手的青睐。

马在阿拉伯半岛是高贵的动物。阿曼马作为交通工具，曾经

是阿曼出口到罗马、中国和印度的最好商品。如今，阿曼马的数量渐少，全国仅存2000多匹，其中纯种马有1500匹，另外500匹为杂交马。

3. 海洋动物

漫长的海岸线为海洋生物的生存提供了良好的条件。世界7种海龟中有5种是阿曼本土物种，其中有4种在阿曼海域产卵。阿曼是红海龟最重要的产卵地，其他的海龟为绿海龟（濒危动物）、橄榄鳞龟（最小的海龟）、玳瑁龟和棱皮龟（最大的海龟，只在沿海水域出现）。阿曼沿海海滩北起穆桑达姆省，南至佐法尔省，全年都是海龟觅食和迁徙的重要海域。哈德角（阿曼最东端）因绿海龟的产卵数量多而著名。马西拉岛有数量众多的红海龟。阿曼海域吸引了大量在热带海域栖息迁徙到极地寒冷海域觅食的驼背龟。阿曼海域受夏季风影响，有丰富的海洋生物，驼背龟在这里既可以觅食又可以栖息。阿曼非常重视对海龟的保护，哈德角地区的所有海滩都对旅游者关闭。阿曼海域还是21种鲸鱼和海豚的家园。这里的鱼类资源十分丰富，世界上共有25000种鱼类，多种鱼类都可以在这里生长，如：鲶科鱼、鳗鲡、蓝箱鱼、梭鱼、狮子鱼、蛙鱼、小丑鱼和鹦鹉鱼等。阿曼的龙虾资源也相当丰富，用龙虾制作的菜肴成为阿曼人宴会上的主菜。

4. 国家制定保护动植物政策

环境和自然资源保护是阿曼实施发展战略的重要方面。阿曼政府为保护环境建设了包括6个部分的环境数据库，涉及海洋污染、环境规划、空气和噪声污染、化工污染、水土污染和浪费控制以及危险浪费等。地方城镇政府、国家环境和水资源部是阿曼负责环保和维护自然环境的主要权力机构。隶属皇家法院的"迪万"设有环境保护顾问办公室，主要负责环保工作。2003年1月8日公布皇家第6/2003号谕令，实施了《自然资源和野生动物保护法》。正是由于政府不遗余力地保护环境和自然资源，

第一章　国土与人民

才使阿曼这样一个热带气候国家拥有丰富的动植物资源。

阿曼现在已有7个野生动植物保护区。在阿曼禁止捕杀野生动物，违法者将受到5年监禁，并处以5000里亚尔（合13000美元）的罚款。

第三节　居民与宗教

一　人口

1. 人口的发展变化

阿曼第一次全国人口普查是在1993年，普查数据显示：截至1993年底，阿曼全国人口总数为201.8万人，其中阿曼本国人约为148.3万人，占人口总数的73.5%；外籍人口53.5万人（外籍人口多为印度人、巴基斯坦人和孟加拉国人，主要集中在首都地区，占马斯喀特省人口的46%）。1993年男女人口比例为104∶100，人口增长率3.5%左右。[①] 根据2002年8月阿曼官方公布的数字，1998年底阿曼全国人口为228.7万；1999年为232.5万；截至2000年，阿曼全国人口为240.1万。[②] 2001年全国人口总数约248万人，其中本国人口183万，外籍人口65万；年人口增长率3.2%，其中本国人口增长率2.7%，外籍人口增长率4.5%。阿曼2003年12月8~17日进行的人口普查结果显示，阿曼人口数量为2331391人，人口增长率为2%。其中本国人口为1779318人，占人口总数的76.3%；外籍人口552073人，占人口总数的23.7%，外籍

---

① 《阿曼　1999》，阿曼新闻部，第94页。
② 黄培昭、苏丽雅：《当代阿曼苏丹国社会与文化》，上海外语教育出版社，2003，第122页。

19

阿曼

人口占人口总数比例从 1993 年的 26.5% 降为 10 年后的 23.7%。2003 年，阿曼男女人口比例为 100∶102，女性人口仅比男性人口多 1.7 万人。① 2006 年阿曼人口数量为 257.7 万人，人口年增长率为 2%。其中本国人口为 188.4 万人，占人口总数的 73%；外籍人口 69.3 万人，占人口总数的 27%。② 根据美国中央情报局网站 2009 年 3 月 5 日更新的数据统计，截至 2008 年 7 月，阿曼人口总数为 331.16 万人，其中外籍人口 57.73 万人。2008 年人口增长率为 3.19%，出生率为 35.26‰，死亡率为 3.68‰。

自卡布斯苏丹执政以来，由于国家经济发展和人民生活水平改善，到 1990 年全国人口比 1970 年翻了一番。从 1994 年起，政府执行生育间隔安排计划，随着妇女素质和文化水平的提高，育龄妇女自动减少生育数量的情况越来越多。1988 年每个阿曼育龄妇女平均生育 7.8 个孩子，到 1998 年下降到生育 4.8 个孩子。2008 年，每个阿曼妇女平均生育 5.62 个孩子。在 20 世纪 90 年代末，由于石油价格走低，外籍人口减少，阿曼人口总数和人口增长率都呈下降趋势。1998~1999 年，阿曼年人口增长率低于 2%，其中阿曼籍人口的增长率为 2.7%。到 2000~2002 年，情况发生了逆转，外籍人口的增加速度超过了阿曼籍人，主要原因是经济的快速增长需要大量的外籍劳动力，总人口增长率达到 3% 左右。

2. 劳动力人口的构成

1993 年人口普查数据显示：阿曼 52% 的人口年龄低于 15 岁，3% 的人口在 64 岁以上。2003 年普查情况显示：阿曼人口年龄的构成依然非常年轻，年龄在 20 岁以下的人口占 55%，

---

① 资料来源：中国驻阿曼使馆经济商务参赞处网站。
② 《2008 年阿曼国家概况》，英国经济学家情报社，第 12 页。

80%的人口年龄在35岁以下。2003年,阿曼妇女占人口总数的49%,其中大多数在18岁以下。2006年,阿曼籍人口在10岁以下的约有44.58万人,占人口总数的23.7%;10～20岁的约有53.58万人,占人口总数的28.4%;20～34岁的约有56.73万人,占人口总数的30.1%;34～49岁的约有19.7万人,占人口总数的10.5%;50岁以上人数约有13.76万人,占人口总数的7.3%。[1] 2008年,阿曼1～14岁的人口约有141.45万,占人口总数的42.7%;15～64岁的人口约有180.6万,占人口总数的54.5%;65岁以上的人口91143人,占人口总数的2.8%。阿曼人均寿命为73.91岁,其中男性为71.64岁,女性为76.29岁。[2]

以上数据表明,近些年来,随着医疗水平的提高,阿曼人的寿命在不断延长。

3. 居民分布

阿曼的社会结构过去以大大小小的部落为主,部落和家族对阿曼人有很强的约束性。随着经济的发展,社会结构发生了巨大变化。城市的就业机会吸引了大多数阿曼年轻人涌向城市。2003年人口统计显示,70%多的人口居住在城市,更有50%多的人口居住在首都地区,[3] 分布在从马斯喀特省到西卜和巴提纳北部沿海地区。

渔民主要分布在沿海地区,以捕鱼为业;贝都因人居住在阿曼南部和西部的沙漠地区,在绿洲中逐水草而居;农民居住在适宜发展农业的巴提纳沿海平原地区和内陆法拉吉水利工程发达的地区;从事商业的人,主要居住在城市等交通便利的地区;生活在穆桑达姆半岛的山民称希胡人。

---

[1] 《2008年阿曼国家概况》,英国经济学家情报社,第13页。
[2] 美国中央情报局网站 https://www.cia.gov/library/publications/the-world-factbook/geos/mu.html。
[3] 《2005年阿曼国家概况》,英国经济学家情报社,第15页。

4. 人口结构存在的问题

阿曼城市化程度高，人口分布不均衡，人口结构年轻化，阿曼籍人中高素质的劳动者缺乏，是阿曼人口结构存在的主要问题。在阿曼，75%的政府机关职务由阿曼人担任，就职于私人部门的本国人很少。多数阿曼人看不起私营部门的工作，而且比起外籍劳动力来他们的生产技能差，追求高工资，这使得阿曼在很多行业仍依靠外籍劳工。2000年阿曼加入世界贸易组织，根据相关市场准入时间表，本世纪大批优秀人才将进入阿曼，因此阿曼人的就业压力将变得更大，届时大量即将就业的年轻人可能会面临失业。外籍人口较多，而且不同国籍的劳工团体之间的纠纷和利益之争在不断发展，在某种程度上给阿曼的社会治安带来隐患。

二 民族

阿曼居民绝大部分是阿拉伯人，属于闪米特人（Semite），是高加索人种地中海人的一支。在历史上，阿曼的奴隶贩子曾经把东非埃塞俄比亚等地区的黑人贩卖到阿拉伯半岛的许多地方。在阿曼的沿海地区，阿拉伯居民曾与非洲奴隶杂居在一起，与非洲黑人通婚，所以阿曼人中混杂了黑人血统，肤色较黑。至今仍有许多村庄居住着讲阿拉伯语的黑人，这些人就是东非地区黑人的后裔。阿曼的外籍人口数量很多，特别是沿海城市中有许多来自印度、巴基斯坦和伊朗等国的移民。印度移民由巴尼亚和哈瓦吉两个部落组成，前者主要来自印度西部沿海城市，后者来自印度的古吉拉特邦，他们主要居住在马特拉市。在阿曼的英国人通常在国家政治、经济领域担任要职。在侨民众多的马斯喀特省和马特拉等城市，阿拉伯人数量不足一半，所以阿曼沿海地区居民的种族较为复杂，居住在内地的阿拉伯人则保持着欧罗巴人种地中海类型的特征。

一般认为，阿曼人（亦称阿曼阿拉伯人）的祖先来自公元前 2 世纪的两次移民浪潮，第一次是从阿拉伯半岛西南部直接迁徙来的也门人；第二次是从阿拉伯半岛腹地内志来的努扎尔部落。公元 120 年马里卜大坝坍塌时，阿拉伯部落的居民纷纷来到阿曼。首批移民是由马里克·本·法赫姆·阿兹德率领的阿兹德部落，他们后来繁衍成当政的艾布·赛义德家族。阿曼人，尤其是在农村地区阿曼人仍保留部落界限。阿曼全国约有 100 个部落，其中较大的有：布阿利、布哈桑、哈里斯、哈贾里亚、瓦希巴、贾伊巴等部落。按照各个部落所处的地区又大致分为两个集团：东北部的称希纳维（或纯血统阿拉伯人），西南部的称加费利（或混血阿拉伯人）。前者来自也门，是最早定居阿曼的阿拉伯人；后者来自阿拉伯半岛腹地的内志地区，时间较晚。

在与也门接壤的佐法尔地区居住的马赫拉人、卡西利人和卡拉人，与其周围的居民有较大的不同。他们肤色暗，头型较圆，鼻子较宽，头发卷曲。他们的语言更接近埃塞俄比亚的闪米特语。穆桑达姆半岛上的阿拉伯人属于希胡部落。

19 世纪末，从阿曼湾对岸迁徙来的俾路支人（人数约 2.5 万）和波斯人（人数约 1.5 万），在阿曼经济生活中起着重要作用。俾路支人还是阿曼军队中的骨干力量。

阿曼还有约 1 万非洲人，主要居住在农村地区从事农牧业。

三　语言

阿曼苏丹国的官方语言是阿拉伯语，通用英语。阿拉伯语属于闪语系，由 26 个字母组成。阿拉伯语语法非常复杂，动词、名词有多种变格和变位，是世界上最难学的语言之一。但是阿拉伯语发音抑扬顿挫，韵律非常优美，也是世界上最优美的语言之一。它最初主要在阿拉伯半岛地区使用，随着伊斯兰教的传播和阿拉伯人的对外征服，逐渐传播开来，最终成为整个阿拉伯民族的语言。由于葡萄牙、英国等的殖民统治，英语

也逐渐在阿曼传播开来。

阿曼各部落的方言各不相同,有些部落的方言受伊拉克土语影响,有些受波斯语和印地语影响。来自桑给巴尔的阿曼侨民通用斯瓦希里语。北部沿海地区的商人、水手和大量来自南亚次大陆的外籍人也讲乌尔都语。①

四 宗教

1. **伊斯兰教的传入和发展**

阿曼是最早接受伊斯兰教先知穆罕默德教谕的国家之一。在伊斯兰史前,阿曼普遍存在自然崇拜现象,早期部落民还有对动物崇拜的倾向。7世纪初,在阿曼的土地上流行着好几种宗教:某些部落信仰基督教,在阿拉伯海沿岸城市还住着一些印度教徒和拜火教徒,内陆地区的大部分部落信仰当地的部落神和原始宗教。大约在公元630年,先知穆罕默德派使者阿慕尔·本·阿斯来到阿曼。统治阿曼的珠兰达的两个儿子札法尔和阿布德皈依了伊斯兰教,从此伊斯兰教开始传入阿曼,阿曼没有经过任何战争就进入了伊斯兰时代。

在阿曼,伊斯兰教不断得到发展。除了逊尼派和什叶派,8世纪初,伊斯兰教哈瓦利吉派的支派——伊巴德派(又译艾巴德派)逐步盛行。伊巴德派就是以7世纪的学者阿卜杜拉·本·伊巴德(Abdu ben Ibad,公元650~705年)的名字命名的。阿拉伯哈里发国家上层领导人一直企图消灭这个教派,多个世纪以来伊巴德派的信徒与他们进行了顽强的斗争,在15世纪曾经建立起强大的伊巴德派的阿曼国家。此后,在政教合一的教长领导下,伊巴德派教徒和葡萄牙、土耳其、波斯和英国等入侵者进行了长期的

---

① 参见黄培昭、苏丽雅《当代阿曼苏丹国社会与文化》,上海外语教育出版社,2003,第122页。

斗争，捍卫了国家的独立和自由。1913年阿曼山区的部落在穆斯林教长领导下举行起义，成立了阿曼伊斯兰教长国。阿曼成为伊巴德派的活动中心，并为该派培养了众多著名的伊斯兰教学者，其学说传播到西亚的也门，北非的阿尔及利亚、突尼斯和利比亚，以及东非的桑给巴尔。

阿曼全国大多数居民信奉伊斯兰教，其中约3/4信徒属于伊巴德派，1/4信徒属于逊尼派。根据伊巴德派的教义，伊玛目（教长）不是世袭的，而由各部落的谢赫选举产生，伊玛目不仅是宗教领袖，也是世俗政权的首脑。伊斯兰教伊巴德派的教义千余年来一直在阿曼占据主导地位，实际上是阿曼苏丹国的国教。目前，宗教事务由政府宗教基金部与伊斯兰事务部掌管。

2. 清真寺

在阿曼共有1.3万多座建筑风格不同的清真寺。许多清真寺建于现代，由政府和私人共同出资修建。最具代表性的是由卡布斯苏丹个人出资建造位于马斯喀特的卡布斯苏丹大清真寺。该寺内有5座宣礼塔，代表着伊斯兰教的五大支柱，主塔高90米。寺内还建有卡布斯苏丹伊斯兰文化中心和图书馆。整个寺院造型优美，气势辉煌，规模宏大，一次可容纳1.6万名朝拜者。2001年5月对外开放后，前来参观和礼拜的人群络绎不绝。

3. 宗教事务和宗教资金

宗教事务的资金来源主要是贝特·艾尔·马尔（阿拉伯语意为基金会）和宗教捐赠，这些资金由政府管理。札卡特基金（即天课）也是宗教资金，是穆斯林必须交纳的所得税，是伊斯兰教五大功课之一。这些资金主要用于支付《古兰经》的印刷费和给宗教人士发放工资等。

阿曼政府设立了伊法塔办公室负责解答与宗教事务相关的问题，进行宗教宣传活动，并为信徒提供帮助。该组织还负责向新皈依的穆斯林教授最基本的教义，提供多种文字的宗教指南，帮

助他们履行宗教义务。前往麦加朝圣也是穆斯林的五大功课之一，阿曼政府组织穆斯林朝觐团，鼓励信徒在有生之年前往沙特阿拉伯的麦加和麦地那至少朝觐一次。

4. 其他宗教

阿曼对于居民的宗教信仰采取宽容和忍让的态度。国家法律规定："只要不影响公共秩序或公共场所的严肃性，一切与现有习俗相一致的宗教信仰活动都是自由的。"信仰其他宗教的阿曼居民可以在专门的场所自由地举行各自的宗教仪式。根据《阿曼个人身份法》规定，在不违反阿曼传统的前提下，可以为他们的宗教活动提供必要的设施。

1994年的统计数据显示，28%的阿曼居民来自印度，他们中的一部分人是伊斯兰什叶派教徒，一部分人是印度教徒。

在阿曼信仰基督教的主要是英国人和美国人。1885年美国新教传教会首次进入阿曼，它的活动范围长期以来局限在沿海大城市，无法深入内地进行传教活动。新教传教会主要在其主办的医疗点从事医疗服务等慈善活动。据1994年的统计，阿曼全国14.7%的居民是基督徒，他们大部分属于新教各教会，少数人是天主教徒。

阿曼还有少数犹太人，他们信仰犹太教，主要从事商业和手工业。大部分犹太人是1828年由伊拉克的巴士拉城移居阿曼的，他们以会社形式居住在马斯喀特和苏哈尔等城市。

第四节　民俗与节日

一　民俗

阿曼是一个古老的国家，它的文明史至少可以追溯到5000年前。作为一个古老的阿拉伯民族，阿曼人有许多独有的特征。

1. 姓名

按习惯，阿曼人的姓名从祖辈继承，因此他们的姓名很长，起码要有三组：通常第一组是自己的名字，第二组是父亲的名字，第三组是祖父的名字，最后加上家族和部落的姓氏。因此从他们的全名可以看出他们的父名和族名。

在阿曼，也有不用自己的姓名，只用家族的姓氏或父亲、祖父的名字来称呼某人的情况。这既是习惯叫法，还表示对长辈的亲近和尊重。

2. 音乐和舞蹈

丰富的民族音乐和舞蹈是阿曼人的一大特色。热情的阿曼人十分喜爱本民族的歌舞，并已成为阿曼人传统生活的一个重要组成部分。在阿曼，数以千计的民歌被一代又一代的人们传唱，这些民歌记载着当时的政治、经济、社会、文化、历史、地理和宗教情况，成为研究阿曼史的重要依据。阿曼传统的歌舞超过了130种，每一种都是阿曼文化的宝藏。

阿曼的传统歌舞在不断发展，受其地理环境和风俗的影响，大海和各地的风土人情在阿曼歌舞中出现的频率很高。传统歌舞有与海湾诸国类似的剑舞和女子的甩头发舞，还有根据渔民生活创作的打渔歌和航海舞等，这些歌舞迄今依然深受人们的喜爱。1984年在卡布斯苏丹的指示下，阿曼传统音乐中心（OCTM）成立。现代音乐也是阿曼人生活中所不可缺少的，1985年根据卡布斯苏丹的指示，组建了阿曼皇家交响乐团（ROSO）。

3. 服饰

阿曼人的服饰与其他海湾国家不同，有其独特的民族风格。阿曼男人的服饰很别致。内地典型的男子装束是：蓄长须，头戴一块洁白的棉布头巾，穿长袍（Dishdashas），腰间围条银线织成的腰带，上面挂着腰刀。他们身上还带一个小银瓶，里面装着

阿曼

一种阿曼男女通用的化妆品，用来涂黑眼圈；还携带一个银制管状容器，里面装着拔刺用的镊子，因为当地树上时常会掉刺。长袍没有领子，在领口右边有一个小缨穗用来蘸香水。长袍都很宽松，长及脚踝，大多是雪白的，也有混色的，穿着起来清爽舒适，十分适合阿曼炎热的气候。在隆重的场合，一般在白长袍外面罩"比什特"（一种用金线镶边的黑色、浅黄褐色、浅咖啡色或白色的大氅）。男子的内衣叫"瓦扎拉"或"仑吉"（Lunghi），是裹在腰上的一块布，阿曼男人在烈日下劳动时只裹它。

男子的头饰有很多种，有的戴帽子，有的缠头巾，根据部落、地区、季节和场合的不同而变化。沿海居民在非正式场合通常戴一种线织的绣花小圆帽，随和、方便。帽子的总体基调是白色，上面有金丝线和各种彩线绣成的优美的花纹。有些内地人和沿海人根据身份和用途的不同，戴各种质量的羊绒或羊毛头巾。一般来说，身份较高的人或人们参加重要活动时都戴头巾。头巾要紧紧地盘绕在头上，缠好后，必须留一个巾角垂在左耳边。现在人们为了省事，将头巾改为帽子，戴上之后，看起来如同戴头巾，免去了缠头巾的麻烦。贝都因人也时常戴颜色鲜艳的头巾，有橙色、紫色、黄色和绿色等，这与他们地处的大漠成鲜明对照。

阿曼男子喜欢佩一种弯刀，称"罕贾尔"（Khanjar），佩在腰的右侧。它原来是在沙漠中用来防身的武器，现在演变成一种装饰品，象征阿曼人勇敢强悍的风格。罕贾尔是阿曼人身份和地位的象征，有的刀柄用犀牛角、象牙和黄金制成，上面镶着名贵的宝石，其价格相当昂贵，质量普通的需付 400～500 里亚尔（约合 1040～1300 美元），高档些的价格可达数千里亚尔。一名成年男子在正式场合如果不佩戴弯刀则会被认为是"衣冠不整"而遭到奚落。

阿曼不同地区的女子服饰各不相同。在巴提纳和佐法尔部分地区的妇女外出时必须戴面具，遮住鼻子，只露眼睛。一些贝都因部落的妇女外出时也要戴面具，有的妇女穿黑色长袍，戴黑面纱，只在眼睛处露出一条窄缝。城市妇女和一些年轻的农村妇女喜欢穿着鲜艳的印花长袍，戴艳丽的头巾，许多妇女已不戴面纱。妇女服装的款式主要是长袖的直筒长衫，长度一般达膝盖以下，里面穿条在脚踝处有紧口的裤子。沿海的巴提纳地区妇女喜爱穿紫色和黑色的服装；内地妇女的服装色彩艳丽，主要是橙色、黄色、绿色等，衣衫外还披上用两大块棉布缝制的外罩，叫"来苏"。无论家庭贫富，妇女都喜欢佩戴金银首饰，几乎每人都有几件。阿拉伯妇女佩戴的金银首饰一般都选体积和重量较大的，因此有金银首饰是阿拉伯妇女体重一部分的说法。

阿曼无论男女都喜欢赤脚穿拖鞋，即便是在正式场合，男子也常穿拖鞋出席。

4. 饮食

阿曼没有独具特色的烹饪技术，印度风味的咖喱菜几乎是它的国菜。阿曼人的主要食物有大米、小麦面、鱼、牛羊肉；水果有香蕉、橙子、芒果等。"哈尔瓦"（Halwa）是一种甜食，是把印度酥油、淀粉、红糖、小豆蔻和蜂蜜等一起放在大锅里熬制而成，是阿曼人饮食中必不可少的部分。阿曼是伊斯兰国家，禁止穆斯林吃猪肉和饮酒，但酒类饮料在大饭店和高档餐馆仍有供应，政府对各种酒类收取100%的进口关税。伊斯兰历9月是斋月，白天在日落之前不准进食和喝水。非穆斯林和不需斋戒的人白天也不准在公共场合吃喝，以示对穆斯林的尊重。阿曼人用餐时禁用左手。

5. 礼仪

热情好客是阿曼人的重要特征，以茶和咖啡待客是阿曼人的习惯。不论你到哪家做客，主人总是先敬上一杯红茶，有时也用阿拉伯茶或阿拉伯咖啡待客。客人喝完一杯咖啡后，如果不想继续喝就把空杯子在手中晃一下，否则主人就会不停地把咖啡倒

满。阿曼人一般待客的食品有茶、水果、饮料、小麦面饼、牛羊肉、饼干等，对尊贵的客人还以羊肉抓饭、炖菜、牛羊肉和蔬菜等招待。到阿曼人家里做客，主人会在门口迎接，男女宾客被带领到不同的房间。有时客人一进门，主人就捧出香炉，点燃香料为客人熏香。送客时更要行熏香、洒香水等整套礼仪，主人还会拉起客人的手一直送到大门外，目送客人离去。

　　阿曼人同非阿拉伯国家的同性外籍人行握手礼，对阿拉伯国家的人行拥抱和亲吻礼。卡布斯苏丹接见臣民时，臣民可以拥抱和亲吻苏丹，一般人吻他的左肩以示尊敬和崇拜；王室家族成员可以吻他的鼻子，表示亲近和热爱。阿曼长辈对未成年人都行吻礼，一般长辈只吻孩子的额头，有时为表示热情，也吻孩子的双颊。

　　阿曼对妇女给予多方便利，在街上、商店或办事机构都对妇女优先照顾。男子不可斜视妇女；不可对妇女行握手礼，只可点头示意；不可和女性交谈、亲近女性或拍摄女性照片。

6. 婚姻

　　阿曼人的婚姻多由父母包办或受人委托办理。从前，女子在11～12岁之间订婚、结婚是常有的事，现代由于阿曼女子普遍接受教育，结婚年龄一般推迟到20岁左右。男女婚姻虽由双方亲属包办，但须征得女方的同意。男子如果想和寡妇或离婚女子结婚，可以直接向女方的男性亲属提亲。

　　阿曼人婚姻的第一步是"问亲"，这一步通常由双方父母或姐妹代行办理。双方同意后，下一步是"承诺"，这时双方要确定男方向女方送聘礼的数目。聘礼是男方送给女方的结婚礼物，婚后属于妻子的财产，完全由她支配。聘礼的形式多样，可以是结婚用品，也可以是现金，通常要送一些黄金以供新娘保存，将来万一离婚时可使用。聘礼的多少根据地区不同，有的地区高达几千里亚尔。第三步就是双方在宗教法官面前签署婚约，完成法律上的程序。最后就是举行婚礼。

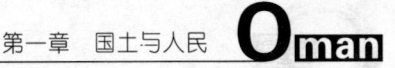

阿曼男青年多半娶堂妹为第一个妻子。阿曼人这样说："谁要娶陌生女子为妻就好比喝了一壶不知为何物的饮料一样；而娶堂妹为妻，就如喝了看得见并知为何种饮料那样痛快。"由于近亲结婚产生了很多先天畸形的后代，于是阿曼人逐渐扩大了择偶的范围。新娘在新婚之夜要穿绿色礼服，绿色象征着丰饶，意味着新娘将为新郎养育很多孩子。在内地，新娘的手、脚和脸都要用棕红色的颜料画上精美的图案。旧时，阿曼的新婚夫妇第一次见面是在婚礼上，然后被护送到他们的房间或帐篷里；现在，随着社会的进步，年轻人可以相互认识的场合增多了。结婚第二天新婚夫妇要去看望新娘的父母，第三天就可开始蜜月旅行。

虽然根据伊斯兰教法一个男子可以娶四个妻子，但在阿曼实际生活中并不多见，只是在偏远山区和农村地区存在一夫多妻的现象，城市里多为一夫一妻。按伊斯兰教法，阿曼男人对妻子只要说三次"我休了你"就可以休妻，终止合法婚姻，但是休妻的男子必须付给她赡养费。阿曼妇女只有在丈夫不供养她、与他人通奸或不能生育的情况下，可以向法官请求离婚裁决。离婚后的女子必须等一段时间才能再婚，以便确定她是否怀有前夫的孩子。离婚的女子回娘家时，通常要带上5岁以下的孩子。孩子超过5岁，父亲一方就有权留下。阿曼沿海地区的离婚率比内地高得多。

与其他阿拉伯国家不同的是，阿曼妇女在家庭中有一定地位。男人对妻子温顺亲切。妇女可以不戴面纱，更可以骑在驴背上在前面行走，其夫跟在后面。妇女见陌生人也不必回避，而是可以有礼貌地与之交谈。在贝都因人的互希巴部落，女人"一手遮天"主宰一切，她们在这个部落拥有的权力和地位，在阿拉伯地区其他部落中都是没有的。这个部落里，结了婚的男人往往与妻子分居，住在自己父母的家里。

7. 葬礼

穆斯林的葬礼庄重肃穆。在阿曼，人死后尸体马上被仔细清

洗，这是一项非常重要的宗教仪式。接着人们给尸体涂上香油，在身上、手指、脚趾间洒上香料和有浓郁香味的白粉"卡富尔"。最后用一块崭新的白色平纹细布把尸体包裹起来，放入木匣，在亲属护送下抬到墓地，埋葬到一米多深的墓穴内。死者侧卧，面朝麦加的方向，由其最亲近的人填埋第一锹土。墓前竖一块石碑，用石子表明头和脚的位置。下葬只在白天进行，而且要在24小时内完成。

丧偶的寡妇有四个月零十天的哀悼期。在这期间，她不能见任何男子，以确认可能存在的遗腹子的父亲的身份，消除对孩子继承权方面的疑虑。她必须穿着旧衣服，不一定是黑色的，只能洗自己的衣物，不能化妆和佩戴首饰。结束哀悼期之前，她要按照宗教仪式进行沐浴。

二 节 日

阿曼的节日活动丰富多样，其中宗教节日有：斋月，时间为伊斯兰历的9月，阿拉伯语称为拉玛丹月，时间持续一个月；开斋节，伊斯兰历10月1日，斋月第29日傍晚如见新月，次日即为开斋节，如不见新月，则再封斋1日，共为30日，第二天为开斋节；古尔邦节，时间为伊斯兰历12月10日，汉译为宰牲节；圣纪节，时间是伊斯兰历3月12日，是伊斯兰教新年；阿术拉节，伊斯兰历1月10日。

国家节日和庆典：每年11月18日是国庆节，也是卡布斯苏丹的生日；7月23日，卡布斯苏丹登基日；12月11日，武装部队日；1月25日，阿曼儿童节；2月24日，阿曼教师节；3月4日，阿曼妇女节；3月21日，阿曼母亲节（家庭节）；等等。

传统节日和庆典：赛骆驼，赛马，阿曼民歌节，马斯喀特电影节，等等。

第二章

历 史

第一节 上古简史（公元前3000年以前~公元7世纪）

阿曼是一个具有悠久历史的国度，它经历了史前阶段、古典伊斯兰化阶段、殖民主义边缘化和现代民族国家形成等阶段。在阿曼悠久的历史长河中，两种主体力量互动交往主导着阿曼的历史篇章，那就是以伊巴德派为首的宗教力量和依靠民族主义为政治支撑并逐渐主导阿曼政治结构的世俗力量。

一 原始社会时期（公元前3000年以前）

阿曼所处的阿拉伯半岛地区属于世界历史上赫赫有名的文明起源地之一。早在1.2万年前这里就出现了最早的居民，当时的阿曼人已经大体掌握了农耕技术，他们种植小麦、大麦等农作物，并开始利用地下水资源浇灌农田，还会兴修灌溉工程。畜牧业也有了初步发展，在高原地带和草原地区，阿曼人开始驯养山羊、驴和骆驼。阿曼人的手工业相对来说位于该地区前列，他们掌握了纺织、染色和制陶等技术。阿曼人已经进

阿曼

入新石器时代,可以制造石刀、石斧、石钻,用石制武器狩猎羚羊、野山羊、鸵鸟和其他的野生动物,不过阿曼人的食物主要以野果为主,过着饥一顿饱一顿的生活。[①] 当时佐法尔的希苏尔是一个燧石工具加工地,考古专家在巴哈拉、伊卜里、伊兹基、阿曼北部海岸和其他地方发掘出石器时代的工具。

据公元前2300年的苏美尔的楔形文字记载,阿曼在古代被称为马甘(magan)。在苏美尔语中,"马甘"意为"船的骨架",地理位置大概在苏哈尔(sohar)地区,此处以产铜而闻名。公元前4000年,阿曼人掌握了炼铜技术。在两河流域出土的泥板铭文中,一些楔形文字提到马甘和苏美尔是贸易伙伴,双方交易的物品主要是铜和闪长岩,这是苏美尔国王和阿卡德国王用来制作雕像的精美材料。马甘也向苏美尔国家出口大量的优质木料,用以制造家具。[②] 马甘地区的造船业和航海业在阿拉伯半岛声名远扬。阿曼人不仅擅长造船,还能乘自制船只进行贸易活动。精明的阿曼人曾经远涉印度洋,直达印度尼西亚和中国的南部海岸。印度学者纳菲斯·艾哈迈德指出:阿曼人是"阿拉伯民族的航海家、旅行家和商人,是能够在印度洋上扬帆远航的独特民族"。[③]

阿曼位于美索不达米亚南端,濒临印度洋,这种优越的地理位置是阿曼对外经济交往的天然优势。苏美尔和阿卡德出土的泥板文书记载,阿曼的海上贸易始于公元前4000年。这里的海上贸易地区指的是迪尔蒙(dilmum)、马甘和马路哈(malukhkha),[④] 位

---

① Carol J. Riphenburg, *Oman: Political Development in a Changing World*, London: Praeger Publishers, 1998, p. 21.
② Isam Al-Rawas, *Oman in Early Islamic History*, Ithaca Press, 2000, p. 26.
③ 〔苏〕安·瓦·施瓦柯夫:《战斗的阿曼》,北京人民出版社,1973,第11页。
④ G. f. Hourani, *Arab Seafaring Nation in the Seminar for Arabian Studies*, London: 1972, p. 6.

第二章 历 史

于贸易线路边缘的巴提纳（Batinah）海岸将两河流域与印度洋浑然连成一体，成为阿曼人对外贸易的基地和中转站。

二 "黑暗时期"（公元前3000~前563年）

公元前3000年之后，阿曼文明史出现了一段漫长的空白，史称"黑暗时期"。现仅存的资料是在阿曼境内发现的公元前3000年的古墓，墓葬内容包括各种工艺品。公元前2000年，两河流域的城市同马甘的直接贸易中断，商品只好通过迪尔蒙中转，这时双方交易的主要商品是铜和闪长岩。公元前1800年，迪尔蒙商业中心地位丧失。公元前14~前13世纪，阿曼与伊拉克之间仅存在稀疏的联系。

阿拉伯半岛的东南沿海是一片十分富饶的地区，曾经不止一次遭到外来征服者的入侵，阿曼社会由于苏美尔人、亚述人、巴比伦人、波斯人、希腊人的侵袭不断遭到破坏。但是阿曼还是捍卫了自己的独立，其前提之一是有一支能征善战的庞大船队。然而，连年不断的战争影响了阿曼社会经济的良性运转，农业灌溉系统被破坏，商船队被彻底摧毁。

公元前700年，阿曼同印度进行贸易。公元前326年，马其顿国王亚历山大大帝的海军将领尼查斯率1500艘船舰组成的大军浩浩荡荡到达阿曼的穆桑达姆。但是，亚历山大大帝征服阿曼的活动由于他的突然去世而停止。在希腊化时期，佐法尔（Jufar）的乳香贸易兴盛起来，据称位于希苏尔附近的一个贸易中心就是乳香的交易中心之一，被称为"乌拔城"。这一城市在《古兰经》和《一千零一夜》中都有所提及，但是关于这一城市的真实性考古界仍存在争议。[①] 随着骆

---

① Lee Siegel, "This Oasis in Southern Oman is No Mirage", *Washington Post*, February 10, 1992.

驼游牧业的出现，定居农业的消失，阿曼古代早期文明也随之消失。

三 波斯统治下的阿曼（公元前563年~公元7世纪）

公元前563年，波斯帝国居鲁士大帝征服了阿曼。公元前248年到公元前224年，波斯的帕提亚人（Parthia）成为阿曼政治、经济和社会的实际治理者。公元前224年，萨珊王朝的阿尔达希尔（Ardahir）一世推翻了帕提亚王朝，并远征阿曼，阿曼国王被杀，波斯占领阿曼。萨珊王朝统治扩展到苏哈尔和马甘（波斯人称之为"马遵"，Mazun）周围地区，并卷入阿曼的地方贸易中，这种情况一直持续到阿拉伯部落移民扩散和伊斯兰教影响的到来。① 萨珊王朝利用季风活动的自然规律控制了从海湾到印度和斯里兰卡的贸易活动，世界贸易重心从红海转移到海湾。阿曼南部的佐法尔地区以出产乳香而闻名于世，埃及、耶路撒冷和古罗马是乳香的主要销售场所。公元2世纪，每年大约有3000吨乳香通过海路从佐法尔地区销往希腊、罗马等地，阿曼的香梨、乳香和丝绸成为波斯统治者难以割舍的奢侈品，是两者贸易交往的主要商品。②

公元2世纪左右，马里卜（Marib）地区暴雨不断，大坝由于洪水泛滥而崩溃，阿拉伯半岛西部的阿兹德部落开始移民阿曼。③ 据史料记载，第一批移民阿曼的阿拉伯人包括两部分：一部分由纳斯尔（Nasr）带领，他是马里克·本·法赫姆

---

① Carol J. Riphenburg, *Oman, Political Development in a Changing World*, London: Praeger Publishers, 1998, p. 19.
② Carol J. Riphenburg, *Oman, Political Development in a Changing World*, London: Praeger Publishers, 1998, p. 23.
③ John Townsend, *Oman, The Making of a Modern State*, London: Croom Helm, 1977, pp. 24-25.

（Malik ibn Fahm）的儿子；另一部分属于阿兹德部落（Azd）中的奎达（Quda）家族，来自也门萨拉赫（Sarah）山区的马里卜（Marib）地区。阿兹德人移民主要向以下地区扩展：北部地区居民走向萨姆（sham）和伊拉克；东部居民通过阿拉伯中部地区进入巴林；东南部居民穿越阿拉伯半岛南部地区到达阿曼。

公元 2~3 世纪，马里克·本·法赫姆带领阿兹德人到达阿曼，波斯国王达拉派马祖尔班带兵阻止阿兹德人的移民。马里克率领 6000 人的队伍，准备与波斯人决战。但波斯军队力量强大，马里克恐难以取胜，转向东海岸的卡哈特（Qalhat）地区，在此建立了在阿曼的第一个基地，并在焦夫（Jawf，沙特阿拉伯西北部）地区安营。波斯人惧怕阿兹德人在阿曼长期定居，双方军队在尼兹瓦（Nizwa）附近的撒鲁特（Salut）沙漠鏖战。阿兹德人以骑兵出击，而波斯人靠大象迎战，战争持续了 3 天，波斯军队大败，退守阿曼海岸地区，并在一年之内离开阿曼西部。[①]

马里克建立了阿曼历史上的第一个阿拉伯王国，成为阿曼国王，随后阿兹德部落和其他部落源源不断地涌向阿曼。据有关资料，阿兹德部落是当时阿曼最大、最有势力的一支。有的历史学家将阿曼称为"阿兹德人的家园"[②]。阿兹德人散居在中东各地区，如阿曼阿兹德人、山纳赫（shanah）阿兹德人和萨姆阿兹德人等。[③]

阿曼各部落以结盟方式抵御并摆脱了波斯帝国的统治，后来由于气候的变化导致居住环境的恶化，许多部落离开定居点流散

[①] J. C. Wilkinson, *Water and Tribal Settlement in South-East Arabia: A Study of the Aflaj of Oman*, Oxford: Clarendon Press, 1977, pp. 126 – 127.

[②] J. C. Wilkinson, "The Julanda of Oman", *Journal of Omani Studies*, Vol. 3, p. 368.

[③] Isam Al-Rawas, *Oman in Early Islamic History*, Ithaca Press, 2000, p. 28.

到中东各地。部落居民的不断漂移,很难追寻其踪迹,所以在前伊斯兰时代,很难对"谁是阿曼人"这一概念做出确切的界定,也很难对阿曼人进行人口统计。

第二节 中古简史(7世纪~16世纪初)

一 伊斯兰教产生前后的阿曼

伊斯兰教兴起以前,阿拉伯半岛并不是一个统一的政治、经济和文化实体,部落在社会生活中占据主导地位。阿曼的部落主要有来自也门的卡赫塔尼(Qahtani)部落,来自阿拉伯半岛中北部的阿德南(Adnani)部落等。阿曼当时正处于阿巴德(abd)和贾法尔(Jayfar)两位国王的共同统治之下,它们同属阿兹德部落的珠兰达(Julanda)家族。由于波斯在阿曼的影响力极强,阿曼国王只好妥协,同波斯国王克斯拉(Kisra)签订了一个条约,规定珠兰达家族控制阿曼地区,但是波斯萨珊王朝可以派遣4000人的军队驻扎在阿曼海岸和苏哈尔地区。这一条约等于波斯萨珊王朝有条件地承认珠兰达家族在阿曼统治的合法性。在伊斯兰教出现前夕,珠兰达家族也试图将力量扩展到苏哈尔和阿曼海岸周围地区,以遏制波斯的力量,但收效甚微。

阿曼人的宗教信仰表现出多元化的文化形态,民众信仰和流行的宗教有拜火教、犹太教和原始图腾崇拜。拜火教来源于波斯、印度,流行于苏哈尔地区;犹太教主要盛行在阿曼、也门、汉志和巴林地区。此外,在阿拉伯半岛中部的外来移民中,各部落民众普遍信仰以动植物为认同主体的原始图腾崇拜。

随着伊斯兰教的兴起和壮大,阿曼突出的地缘位置、诱人的商业优势和优越的战略地位引起先知穆罕默德的关注。公元628

年，穆罕默德派遣一能言善辩的特使到阿曼地区游说，号召阿曼人皈依伊斯兰教。据资料记载，塔伊（Tayyi）部落的玛兹尼（Mazin）在麦地那遇见先知后，立即折服于穆罕默德的魅力，奇迹般地皈依伊斯兰教。玛兹尼从麦地那回到阿曼以后，立刻用刀具毁坏了他们崇拜的雕像。[1] 阿曼人接受伊斯兰教的原因有三：第一，已经取得稳固政治地位的阿曼贵族需要一种新的宗教认同来确定当时各部落的政治、经济地位，伊斯兰教成为维系各部落统一的一条重要的宗教认同纽带；第二，伊斯兰教所主张的一神教适合阿曼贵族团结御敌的需要；第三，穆罕默德所在的部落与阿曼的部落十分友好，作为部落盟友的伊斯兰教，对阿曼的部落有一种天然亲近感。

公元 630 年，先知派阿慕尔（Amr）为阿曼地区特使，并给阿曼联合执政者阿布德和札法尔带去先知的一封信，信中阐述了劝服之情。阿慕尔雄才善辩，两位首领听来使宣讲教义后，立即决定皈依伊斯兰教，随后在首府苏哈尔建立了阿曼最大的一座清真寺。波斯人对阿曼国王的决定十分震惊，拒绝承认阿曼的伊斯兰属性。双方兵戎相见，阿曼大军袭击了驻扎在鲁斯塔格（Rustaq）的波斯军队，波斯总督被杀。波斯人在得到安全保证后，撤退回国。后来苏哈尔和阿曼海岸周围地区的波斯居民、马甘人、犹太人也相继皈依伊斯兰教。

公元 632 年，穆罕默德逝世，伊斯兰教进入四大哈里发时期。经过各方讨论，艾卜·伯克尔被推选为先知的继承者，成为第一任哈里发。艾卜·伯克尔面临的第一个难题就是平定叛乱、巩固统一政权，维护穆罕默德开拓的伟业，避免叛教事件的发生。当时，阿拉伯半岛的许多部落认为穆罕默德逝世后，他们和麦地那的关系就寿终正寝，认为没有必要忠诚于艾卜·伯克尔。

---

[1] Isam Al-Rawas, *Oman in Early Islamic History*, Ithaca Press, 2000, p. 36.

阿曼

正如一位阿曼人所说："我们服从真主最初的传道者，辅助安拉的使者！艾卜·伯克尔与我们有什么关系？"[①] 于是，许多部落脱离麦地那的统治，恢复自由状态，甚至兴兵作乱。

在阿曼，一位名叫莱基特·本·马立克·艾兹迪（简称莱基特，Laqit,？~633年）自称为先知，率领迪巴（Diba）地区的民众反对麦地那哈里发政权。阿曼的统治者侯宰法（Hudhaifah）给艾卜·伯克尔写信，告知阿曼局势危急，请求援助。艾卜·伯克尔命令哈瓦津（Hawazin）部落的首领伊克里玛（Ikrimah）派兵平叛。莱基特（Laqit）大败而归，莱基特及其亲信被处死，俘虏被遣送到麦地那。

四大哈里发统治后期，伊斯兰帝国发生分裂，并引起内战。以穆阿维叶为首的什叶派贵族自成一派同第四任哈里发阿里争夺领导权。阿里遭暗杀后，穆阿维叶在大马士革建立了伍麦叶王朝。穆阿维叶上台预示着阿曼独立的开始。根据目前的资料，历史学界关于阿曼和伍麦叶王朝的关系有三种说法：第一种认为，阿曼和伍麦叶王朝没有任何联系。阿曼统治者阿巴德（Abbad）并没有公开反对伍麦叶王朝，穆阿维叶也没有视阿曼为潜在的威胁对手。第二种认为，穆阿维叶王朝还没有势力和时间来管理阿曼，这说明阿曼政权也没有认同伍麦叶王朝的统治。阿曼和其他阿拉伯省的统治者一样，保持某种程度的独立状态，拒绝穆阿维叶的统治和纳税，否认伍麦叶王朝的合法性。第三种认为，阿曼在穆阿维叶统治时期完全接受了伍麦叶王朝的统治地位，穆阿维叶派遣的地方长官齐亚德（Ziyad）将管辖阿曼的行政地点由汉志迁转到巴士拉。不论何种说法都暗示阿曼与穆阿维叶统治下的阿拉伯国家的关系十分松散。

在叶齐德一世（Yazid I）统治期间（680~683年），巴士拉

[①] Isam Al-Rawas, *Oman in Early Islamic History*, Ithaca Press, 2000, p. 42.

第二章 历 史

地区的阿兹德部落实力大增。公元 683 年,叶齐德一世逝世,巴士拉附近的部落之间为争夺水源、领地和部落头领展开内战。马尔旺(Marwan,684~705 年)统治期间(684~685 年),他试图让伊拉克总督管理阿曼,但困难重重。从地理位置来说,阿曼地处边远偏僻的山区,很难控制。伍麦叶王朝面临着诸多危机,内部争权夺利,地方起义不断爆发,王朝处于风雨飘摇之中,无暇顾及阿曼。

伍麦叶王朝的阿卜杜·马立克(685~705 年在位)于 692 年在平定内部叛乱以后,将注意力转向阿曼。其原因有三:一是阿曼力量壮大,日益威胁伍麦叶王朝的统治;二是自从巴士拉成为贸易中心以后,路经海湾水路的贸易变得越来越重要,而阿曼控制着海湾水路贸易的出海口,地理位置日益重要;三是阿曼成为伍麦叶王朝敌人的避难所,许多反对伍麦叶王朝力量都跑到阿曼寻求庇护。

伍麦叶王朝的伊拉克总督哈查只(Hajjaj)以残暴著称,他命令阿曼交付巨额税金,并要派特使管理阿曼,遭到阿曼统治者萨迪(Sadi)和苏莱曼(Sulayman)的严词拒绝。哈查只任命卡西姆(Qasim)为军队指挥官,征服阿曼。大军通过海路到达阿曼,双方的战争十分激烈,伍麦叶王朝军队被击败,卡西姆在战争中被杀。伍麦叶王朝军队被击败的消息迅速传到伊拉克,哈查只十分恼怒,决定再次出征。他派兵 4 万,任命卡西姆的兄长穆贾(Muja)为军队指挥官,水陆并进。伍麦叶王朝海军沿海湾顺流南下,2 万人的陆军队伍(包括 3000 人的马军、3500 人的骆驼军)长驱直入抵达阿曼地区。在随后的战争中,阿曼军队在战斗中大获全胜。哈查只再一次调兵遣将,派遣 5000 叙利亚人组成的军队毫不费力地击败了阿曼军队。阿曼的统治者随同家人以及其他部落成员逃往东非的桑给巴尔地区。[1]

---

[1] Carol J. Riphenburg, *Oman: Political Development in a Changing World*, London: Praeger Publishers, 1998, p. 24.

伊拉克总督哈查只任命哈亚尔（Khayyar）统治阿曼。他对待阿兹德部落冷酷无情，以严刑峻法统治而著称。不久，伊拉克总督哈查只被叶齐德·本·穆斯林（Yazid b. Muslim）替换。后者任命赛义德·哈尼·哈马达尼（Sa'id Hani Hamadani）为阿曼统治者。随后伊拉克又一新总督叶齐德·本·穆哈拉卜（Yazid b. Muhallab）任命其弟齐亚德·本·穆哈拉卜为阿曼地方长官。穆哈拉卜在到达阿曼后将哈亚尔处死。

二　伊玛目国统治时期（751~1154年）

伍麦叶王朝统治后期，国家陷入困境，内外局势十分混乱。王朝的南部和北部分别发生了卡斯（Qays）和卡比（Kalb）部落起义。[1] 伍麦叶总督的卫戍部队在京城地区鱼肉百姓、飞扬跋扈，俨然成为老百姓的太上皇，造成民怨沸腾，叛乱频仍。哈瓦利吉派、什叶派等其他派别也趁机起事，穆斯林社区内部由于经济上的贫富悬殊而产生了深刻的分歧，再加上伍麦叶王朝内部的贪污腐败削弱了穆斯林的团结，这一切似乎预示着伍麦叶王朝将寿终正寝。

伍麦叶王朝末期，伊巴德派在哈德拉毛（Hadramawt）建立了哈德拉毛伊巴德国家（745~748年），伊玛目为阿卜杜拉·本·叶海亚·艾尔·肯迪（Abdullah b. Yahya al Kindi），得到了也门、阿曼和北非等遥远省份的支持。公元746年，哈德拉毛伊巴德国家在阿曼军队的帮助下，进入汉志，占领麦加和麦地那。据史料记载，许多阿曼人都在哈德拉毛伊巴德国家军队中担任要职。[2] 但是，伍麦叶王朝并不想让哈德拉毛伊巴德国家坐大，马尔旺二世（744~750年在位）派军队击败了哈德拉毛伊

---

[1] B. Lewis, *The Arabs in History*, London: 1970, p.74.
[2] Isam Al-Rawas, *Oman in Early Islamic History*, Ithaca Press, 2000, p.111.

巴德国家,残留部队从也门取道佐法尔流散到阿曼。

伍麦叶王朝新哈里发的总督奥马尔·本·阿卜杜·阿齐兹（Umar b. Abd al-Aziz）对伊巴德教派采取了安抚的政策,赢得了穆斯林的尊重。他任命奥马尔·本·阿卜杜拉·安萨里（Umar b. Abdullah al-Ansari）统治阿曼,后者赞同与伊巴德派进行协商谈判。奥马尔·本·阿卜杜拉·安萨里死后,奥马尔·本·阿卜杜·阿齐兹总督将阿曼的统治权归还齐亚德·本·穆哈拉卜（Ziyad b. Muhallab）。齐亚德一直待在阿曼,直到阿拔斯王朝掌权。

公元750年,阿拔斯王朝对什叶派和哈瓦利吉派继续前朝的镇压政策。从这里可以看出,伊巴德派和阿拔斯王朝的分歧并不在于谁应统治,而是宗教原则和信仰的分歧。在这种背景下,阿曼伊巴德派宣布建立伊玛目国家。

在阿拔斯王朝崛起中东政坛之时,哈瓦利吉派的势力和影响力逐渐衰弱,起义和暴乱事件逐渐减少。阿曼的伊巴德教徒利用伍麦叶王朝和阿拔斯王朝角逐权力和王位争夺的历史机遇,于公元751年建立了第一个阿曼伊玛目国家。珠兰达·本·马苏德（Al-julanda b. Masud）当选为第一任伊玛目。

珠兰达·本·马苏德伊玛目属于珠兰达部落的札法尔（Jayfer）家族,这一家族一直统治阿曼。在先知穆罕默德时期,札法尔家族宣布接受伊斯兰教,其家族的赛义德（Said）和苏来曼（Sulayman）被任命为阿曼总督,直到伍麦叶家族夺权。在马尔旺统治期间,珠兰达家族被入侵的哈查只军队推翻,赛义德和苏来曼被迫携妻带子逃往非洲,这标志着家族统治在阿曼的结束。珠兰达·本·马苏德是札法尔的孙子,藏匿在阿曼伊巴德人中间,他忠诚于阿卜杜拉·本·叶海亚·艾尔·肯迪伊玛目,后者派遣马苏德（Mas'ud）到阿曼发展和壮大伊巴德派的势力。马苏德到阿曼以后,秘密宣传伊巴德派教义,反对哈里发统治,

阿曼

主张建立一个强大的伊巴德国家。在他的大力宣传下，阿曼的部落和大城市的商人都皈依伊巴德派。

伊巴德派选举马苏德为伊玛目，标志着阿曼伊巴德派伊玛目国的正式成立。伊玛目选举程序分为两个步骤，第一步是由伊巴德派中的德高望重者推荐伊玛目候选人；第二步是伊玛目得到阿曼民众的普遍效忠和认可。

马苏德是阿曼第一任伊玛目，他在传播伊巴德学说方面作出很大的贡献，在老百姓中口碑极佳，人们称他为公正的、慷慨的、虔诚的和尽责的伊玛目。在短短的统治期间，他已经显示出领导天才的特有魅力。执政初期，家族内部的分歧是马苏德所面临的最大挑战，据称他的两个儿子就拒绝承认他为伊玛目。马苏德组建了一支组织严密、纪律严明的军队，军队的组织原则主要是依据伊斯兰教和伊巴德学说。他把军队划分为许多营，每个营由 $200\sim400$ 人组成。每个营都有一个指挥官，指挥官必须拥有军事技能和军事知识，通晓伊斯兰教基本教义，都有传授伊巴德学说的义务。加入军队的士兵收入很低，每月仅有 7 迪尔汗（银币名）的费用，低报酬的目的一方面在于制止他们结婚，另一方面也是由于当时严峻的经济形势使然。伊巴德国家的财政收入主要是战利品、地产、礼物和税收。由于马苏德伊玛目对阿曼国家控制的松散，不忍对民众追缴，税收很难收取，阿曼军事等方面的财政支出只能依靠巴士拉富商的捐赠。

随着伊巴德国家势力的壮大，阿拔斯王朝的哈里发阿布·阿拔斯·阿卜杜拉·赛法赫（Abu Abbas Abudullah al-Saffah，750~754 年在位）决定远征阿曼，其目标是多重的：推翻伊巴德国家；剪除海湾地区的各种敌对力量；消灭伍麦叶王朝的支持者和后裔。哈里发阿布任命哈兹姆·本·古西马（Khazim b. Khuzaymah）为远征军的领袖。哈兹姆和马苏德的大军在沙

第二章 历 史

漠之中列阵面对，前者要求后者承认巴格达总督的权威，接受阿拔斯王朝的统治。如果马苏德接受这些要求，他们将撤军回师，握手言和。马苏德召开伊巴德酋长战前会议，各部落拒绝哈兹姆的要求，坚持以战定输赢。双方在佐法尔决战三次：第一次以马苏德伊玛目的胜利而告终；第二次是阿拔斯军队获胜；第三次是双方修整几日以后，进行最后决战。据资料显示，阿拔斯王朝军队重金收买了伊巴德领导层中的两个教徒，他们向哈兹姆提出了火攻的策略，马苏德及其军队在佐法尔地区的木头房子被毁之一炬。这一招果然奏效，伊巴德士兵无心恋战，回师救火。阿拔斯王朝军队乘胜追击，伊巴德军队死伤大半。马苏德伊玛目战死（有的资料认为是被哈兹姆擒获后处死）。[①] 这样，阿曼历史上的第一任伊玛目当政不久就被杀害了，阿曼进入混乱状态。

阿拔斯王朝军队占领阿曼后，马苏德的两个儿子穆罕默德·本·扎达赫（Muhammad b. Za'idah）和拉希德·本·纳兹尔（Rashid b. al-Nazr）被推举为阿曼总督。两人在阿曼实行高压政策，镇压伊巴德派的残余力量。

伊巴德教徒并没有停止抵抗运动，巴士拉的伊巴德教徒在伊玛目阿布·育比达·穆斯林·本·阿比·克里麦（Abu Ubaydah Muslim b. Abi Karimah）的带领下，试图在阿曼重建伊巴德国家。伊巴德派得到了阿曼亚哈姆德（Yahamd）部落的支持，并向阿拔斯王朝挑战。公元793年，双方军队会战于斋月，阿拔斯王朝军队被击溃，胜利的伊巴德军队进入了尼兹瓦。

公元793年，伊巴德教派在尼兹瓦附近的曼赫（Manh）地区召开会议。穆萨·本·阿比·加比尔由于个人能力以及对伊巴

[①] Carol J. Riphenburg, *Oman: Political Development in a Changing World*, London: Praeger Publishers, 1998, p. 26.

德派的巨大贡献而受到推崇,大家建议他担任伊玛目,但他本人拒绝接受。公元793年,穆罕默德·本·阿比·阿凡被选举为伊玛目。795年,阿凡被驱逐。801年瓦里斯·卡布(Warith b. Ka'b)继任伊玛目。

瓦里斯·卡布伊玛目采取的第一项措施就是恢复阿曼国家的稳定,重新建立司法制度,改变由于法律制度的缺失而导致判决不公正和社会压抑情愫。当时就有人这样评价说:"瓦里斯·卡布恢复了穆斯林的美德,阿曼恢复了正常的社会秩序。他镇压了叛教者,使被镇压者一蹶不振。"[1] 瓦里斯·卡布治国有方,办事公正,对人一视同仁,对待亲戚也从不袒护。据说,瓦里斯·卡布曾给予伊巴德教徒一些奖赏,但他的外甥因为对伊巴德教徒持反对态度而被排除在奖赏之外。

瓦里斯·卡布在阿曼统治期间是伊巴德国家历史上的黄金时期,他实现了国家统一。807年,瓦里斯·卡布在解救落水犯人时溺水而亡。[2]

公元807年,加萨尼·阿卜杜拉·亚赫马迪(Ghassan b. 'Abdullah al-Yahmadi)被推举为新的伊玛目。阿曼当时海上防御力量十分薄弱,海盗频繁出没,阿曼海岸到处停放海盗船只,威胁着阿曼人民的生命和财产安全。为了保护人民的安全和阿曼在印度洋地区的贸易,加萨尼伊玛目采取了两大措施:一是将首都从尼兹瓦迁到苏哈尔;二是扩大了国家战舰的规模,增强海军的作战力量。通过这些措施,他成功地制止了海盗在阿曼沿海的骚扰和袭击,苏哈尔重新成为从巴士拉到东南亚和东非的贸易中心港口。海盗侵扰被平息以后,公元821年,加萨尼伊玛目

---

[1] Isam Al-Rawas, *Oman in Early Islamic History*, Ithaca Press, 2000, p.145.
[2] Carol J. Riphenburg, *Oman: Political Development in a Changing World*, London: Praeger Publishers, 1998, p.27.

将首都迁回尼兹瓦。在加萨尼伊玛目统治期间，阿曼出现了农业繁荣的局面。他还将伊斯兰教法付诸实践，在苏哈尔，一个小偷被抓并被押送到他面前，他下令将小偷的手砍了下来。加萨尼鼓励使用奴隶，但反对使奴隶劳动过于劳累。他说，如果你让奴隶白天干活，那么晚上应该让他好好休息。在他统治期间，苏哈尔地区奴隶的数目急剧增加，农场、商贸和造船等行业普遍使用奴隶劳动。

公元822年，加萨尼伊玛目病重去世，继位者为阿卜杜·马利克·本·胡玛德（Abd al-Malik b. Humayd）伊玛目，继位时间是822年（一说是823年）。胡玛德当选为伊玛目时，年事已高。在他统治期间，阿曼国家繁荣、民生幸福。正如史料所言："在这段日子，阿曼民众享受着繁荣昌盛"[1]。

公元840年，胡玛德逝世，穆哈纳·本·贾法尔（Muhanna b. Jayfar）被选为新伊玛目（840~851年在位）。穆哈纳脾气暴躁"非常严厉，他不允许任何人在会议上发表观点，也从不偏爱任何人"。他扩大海军规模，集中精力进行军队建设，全国的船舰超过300艘。此外，他还训练了1万精兵驻扎在尼兹瓦。穆哈纳死于851年，继位者为萨特·本·马利克（Salt b. Malik）。

萨特·本·马利克伊玛目（851~885年在位）上台后做的第一件事就是裁减官员，将自己的亲信派往苏哈尔。他还加强中央集权，采取强硬手段来对付非伊巴德派。到萨特伊玛目统治末期，反对者力量日益强大，其中包括伊巴德教徒和酋长。885年，拉希德·本·纳兹尔（Rashid b. al-Nazr）在法尔克（Farq）自立为新伊玛目，但他没有实权，国家大事都掌握在穆萨·本·穆萨（Musa b. Musa）手中。不久，拉希德·本·纳

---

[1] Isam Al-Rawas, *Oman in Early Islamic History*, Ithaca Press, 2000, p. 158.

兹尔和他的支持者离开法尔克（Farq），前往伊巴德政府所在地尼兹瓦。新伊玛目并没有采取改变前政府行政结构的任何措施，且任用了前一届伊玛目的官员，萨特的儿子和密友都被委以重任。很明显，拉希德在拉拢人心，使自己的统治合法化，说明他的性格中具有远见卓识、胸怀宽广的一面。

拉希德伊玛目的劲敌是亚赫马德部落的卡尔卜（B. kalb）家族，后者在阿曼各部落中享有较高威望。卡尔卜家族呼吁民众推翻拉希德伊玛目的统治，各部落群起呼应，双方最后在尼兹瓦决战。拉希德伊玛目采用夜间突袭战略，击败叛军。尽管赢得这次胜利，但是亚赫马德和阿兹德部落的成员成为拉希德的对抗力量。公元890年，拉希德伊玛目被他们投入监狱。

890年，阿赞·本·塔米姆·哈鲁斯（Azzan b. Tamim al-Kharusi）在众多部落的支持下成为伊玛目（890~893年在位）。上台后的阿赞立即解除拉希德亲信的要职，以自己的亲信取而代之。他不满穆萨·本·穆萨的大权独揽局面，逐渐剥夺穆萨的特权，后者被迫逃亡。此后穆萨组织军队反攻，兵败身死。穆萨的部下尼查尔向其他部落求援，公元891年，尼查尔和阿赞战于卡（Qa）。失败后的尼查尔向阿拔斯王朝求援，阿拔斯王朝派出了2.5万人的远征军，其中包括3500人的铁甲骑兵。[①] 在强大的阿拔斯王朝军队面前，阿曼军队溃不成军，阿赞被杀。

阿拔斯王朝大军在占领阿曼以后，对当地伊巴德派进行了残酷镇压。卡尔马特是什叶派伊斯玛仪派分支派别之一，创始人为哈姆丹·卡尔马特（Hamdan Qarmat, ? ~约899年）。公元899年，其助手阿布·赛义德·詹纳比在巴林地区建立"卡尔马特国"。903年，卡尔马特大军入侵阿曼。930年，阿布·赛义德·詹纳比的儿子阿布·塔希尔（Abu Tahir）率领大军远征，

---

① Wendell Phillips, *Oman: A History*, Longman Group Ltd., 1971, p. 12.

一路烧杀掠夺，蹂躏了叙利亚，掠夺了伊拉克，洗劫了麦加圣城，3万人在洗劫中丧生。[1] 但是在攻占阿曼时却并不是一帆风顺，阿曼民众用7年的时间将这支军队击败。

随后，阿曼历史陷入一片混沌，政局陷入极度混乱，伊玛目选举已经几乎成为儿戏。仅仅在公元996年一年中，先后有16个伊玛目被民众罢黜，此后阿曼的历史有一段空白。据史料记载，直到12世纪中期，卡赫塔尼（Qahtani）部落的巴尼·纳伯汉（Bani Nabhan）崛起于阿曼政坛，成为一代君王。[2] 但该人治国无方，不久由于其统治残暴被民众推翻。阿曼地区频繁易主，长达几个世纪一直处于混乱状态。

第三节　近代简史（16世纪~20世纪初）

一　葡萄牙入侵阿曼（1507~1649年）

15世纪末16世纪初，平静的阿曼海岸出现葡萄牙征服者的远洋舰队。葡萄牙是第一个挑战中东的欧洲强国，它的入侵预示了阿曼中世纪历史的终结。阿曼人曾长期控制着东西方贸易的通道，几乎垄断了欧洲人喜欢的进口食品。阿拉伯水手从航海和贸易中获取暴利，阿拉伯半岛沿海城镇也逐步富庶和繁荣，这一切使得葡萄牙人决定打破阿拉伯人对东西方的商贸垄断。1498年，达·迦马发现了非洲南端好望角，然后在一位阿曼航海家艾哈迈德·本·马吉德的领航下进入阿曼。16世纪初，葡萄牙成为海上贸易强国，试图通过削弱阿曼进而控制日

---

[1] Wendell Phillips, *Oman: A History*, Longman Group Ltd., 1971, p.13.

[2] Carol J. Riphenburg, *Oman: Political Development in a Changing World*, London: Praeger Publishers, 1998, p.28.

益繁荣的阿拉伯海以及印度洋贸易，扩大红海和海湾地区的贸易范围。

1507年8月，葡萄牙舰队入侵阿曼的马斯喀特、马特拉和苏哈尔等沿海城市，掠夺这里的大量财富，数以千计的居民被卖为奴隶。霍尔木兹（Hormuz）等地被葡萄牙人毁坏，丧失了历史上固有的商业中心地位。[①] 葡萄牙人以霍尔木兹为基地，在不到一个月的时间里就征服了阿曼的整个海岸。葡萄牙以阿曼为基地，向波斯、伊拉克和印度等地扩张，成为庞大的殖民帝国。1586年，葡萄牙人在马斯喀特建立了贾拉利（Jalali）城镇，次年又建立了米拉尼（Mirani）城堡。1623年，葡萄牙人在建立城堡的基础上，控制马斯喀特地区。但阿曼民众并不屈服，1521年，阿曼沿海地区爆发了反葡萄牙人的起义，遭到失败。1550～1581年间，奥斯曼帝国三度攻占马斯喀特，驱赶葡萄牙人，但后者不久又卷土重来。1649年，葡萄牙军队被苏尔坦·本·赛伊夫赶出阿曼领土，结束了葡萄牙对阿曼142年的殖民统治。

二　亚里巴王朝的统治（1624～1744年）

1624年，亚里巴部落的纳西尔·本·穆尔希德·亚里巴（Nasir ibn Murshid al-Ya'aribi）在鲁斯塔格（Rustaq）建立了亚里巴王朝。纳西尔在赢得阿曼民众的支持后，开始驱赶葡萄牙人在阿曼的殖民统治。马斯喀特和马特拉的葡萄牙人被迫与纳西尔达成一项协议，协议规定葡萄牙退出对苏哈尔的占领，每年向伊玛目纳贡，但可以在马斯喀特通行以及自由贸易。纳西尔统一了内地，收复了苏尔和古尔亚特等沿海城市。1645年，纳西尔给英国东印度公司写信，向它提供贸易设施。

[①] Carol J. Riphenburg, *Oman: Political Development in a Changing World*, London: Praeger Publishers, 1998, p. 29.

第二章 历 史

这也是英国和阿曼第一次达成非官方的协定,协定内容包括:(1)英国人在阿曼享有宗教信仰自由;(2)英国人保留司法权力。[1] 1833 年,美国获得了与英国相同的特权。1670 年,德国也拥有了给予英、美的特许权。1649 年,纳西尔逝世,其堂弟苏尔坦·本·赛伊夫·亚里巴(Sultan ibn Saif al-Ya'aribi,1649~1679 年在位)当选伊玛目。1650 年,新当选的伊玛目苏尔坦·本·赛伊夫·亚里巴将葡萄牙人逐出马斯喀特,残留的余部流窜到了印度和东非海岸。马斯喀特的重新收回标志着阿曼势力从海湾扩展到印度洋,苏尔坦在尼兹瓦历时 12 年修建了圆城堡,修复了从伊兹基(Izki,又译艾兹基)到尼兹瓦的引水渠。他鼓励贸易,特别是阿曼的马匹出口。他还通过向印度、波斯、也门、伊拉克等地派遣使者,扩大阿曼的对外交往。

苏尔坦的继承者巴拉拉卜·本·苏尔坦(Balarab ibn Sultan,1679~1692 年在位)、赛伊夫·本·苏尔坦(Saif ibn Sultan,1692~1711 年在位)继续前朝的扩张政策。巴拉拉卜·本·苏尔坦修建了吉布林大城堡,将首都从尼兹瓦迁到那里,并在吉布林创立学院,培养学者和经学家。后来,其弟赛伊夫·本·苏尔坦同他争夺王位,巴拉拉卜郁郁而终,赛伊夫成为伊玛目。

赛伊夫在位期间,阿曼成为西印度洋的海上强国,其海上舰队所向披靡,屡建奇功。阿曼海军向葡萄牙、德国、英国、法国商船发出挑战,势力范围辐射到波斯海岸、海湾和东非。[2] 他通过海上征伐,收敛了大量财富。1711 年,赛伊夫之子苏尔坦·本·赛伊夫接任伊玛目,他将首都从鲁斯塔格迁往哈泽姆(Hazim)。1718 年,苏尔坦·本·赛伊夫去世,阿曼国内陷入伊

---

[1] Ian Skeet, *Muscat and Oman: The End of an Era*, London: 1994, p. 65.
[2] Carol J. Riphenburg, *Oman: Political Development in a Changing World*, London: Praeger Publishers, 1998, p. 20.

玛目职位的争夺战，整个国家处于分裂的边缘，国力日衰。

苏尔坦之子赛伊夫·本·苏尔坦二世（Saif bin Sultan Ⅱ）为了争夺王位，向波斯人求助。1742年，双方签约，赛伊夫承认波斯的宗主国地位，后者帮助前者夺回王位。波斯以帮助赛伊夫光复王位为由，入侵阿曼，占领马斯喀特。1744年，亚里巴王朝灭亡。

三　赛义德王朝的近代统治（1743~1932年）

1743年，赛伊夫·本·苏尔坦二世去世。除了苏哈尔以外，阿曼其他地区都处于波斯的控制之下。赛义德家族的艾哈迈德·本·赛义德（Ahmed bin Said）担任苏哈尔州州长，控制着阿曼的沿海地区。在波斯人围困苏哈尔城、物质供应奇缺的困境中，他坚守城池，最终迫使波斯军队撤出苏哈尔地区，退守马斯喀特。艾哈迈德先在拜尔卡（Barka）建立贸易市场，将内地运往马斯喀特出口的货物吸引过来，以断绝退守在马斯喀特的波斯军队的财源，随后又在拜尔卡举行鸿门宴，一举消灭波斯军队。1749年9月或10月，他在尼兹瓦被拥戴为阿曼伊玛目。①

艾哈迈德伊玛目面临许多困难：国家饱受内战的煎熬；波斯时刻都有再次入侵的威胁；一些部落并不臣服他的统治，时刻准备起义；商贸业危机四伏，海外帝国势力范围丧失。艾哈迈德招募俾路支人和非洲奴隶，镇压反对他的部落。他派遣一名总督到桑给巴尔建立阿曼在东非的政权，马斯喀特的商业贸易重新复活。

艾哈迈德扩大海上贸易，建立了强大的海上舰队，恢复了亚

---

① H. Jr. Calvin Allen, *Oman: The Modernization of the Sultanate*, Boulder: Westview Press, 1987, pp. 39-40.

里巴王朝称雄印度洋的强国地位。1775 年，阿曼已有 34 艘战舰，每艘战舰配备有 4～44 门大炮；5 艘巡洋舰，各舰配备了 18～24 门火炮；还有 100 多艘货船，配备了 8～14 门火炮。①1776 年，他派遣一支舰队到巴士拉，解救了陷入重围的奥斯曼帝国军队。作为回报，奥斯曼帝国授权他垄断也门和伊拉克之间的咖啡贸易。② 艾哈迈德为了维护印度洋的航行安全，派遣阿曼舰队平定了在海边疯狂出没的海盗，印度还在马斯喀特设立了常驻代表团。在国内，艾哈迈德修复了国家的"法拉吉"（地下水渠）灌溉系统。

1783 年，艾哈迈德在鲁斯塔格去世，赛义德·本·艾哈迈德（尼兹瓦州长，艾哈迈德之子）继位。赛义德的统治并没有持续多长时间，一年后被其子哈迈德·本·赛义德夺权，迁都马斯喀特，自称"苏丹"（sultan，又译素丹），国名为"马斯喀特苏丹国"。但赛义德并未正式退位，仍以伊玛目的称号住在鲁斯塔格，从而形成了苏丹和伊玛目的双重统治。哈迈德改变了伊玛目选举制度，实行世袭君主制。他是一个勇敢的武士，被尊称为"赛义德"（Sayyid），即"幸福的人"。从此至今，凡是赛义德王室的直系亲属都在名字的前面冠以"赛义德"的尊称。

1792 年，哈迈德去世。其父赛义德为他在马斯喀特举行了盛大的葬礼之后又回到鲁斯塔格，但被其兄苏尔坦·本·艾哈迈德夺权，后者控制了马斯喀特与全国大部分地区。翌年，苏尔坦自封为苏丹，成为赛义德王室的第四任统治者。他在执政 11 年中，积极发展海上贸易，使马斯喀特成为北到伊拉克的巴士拉、

---

① 袁鲁林、萧泽贤：《赛义德王朝的兴衰与当代阿曼的复兴》，《西亚非洲》1992 年第 6 期，第 63 页。

② Carol J. Riphenburg, *Oman: Political Development in a Changing World*, London: Praeger Publishers, 1998, p. 33.

阿曼

东到印度、西到东非海岸的贸易中心，欧洲与阿拉伯的商船也经常往来于此，使阿曼经济获益甚大。1804 年，瓦哈比派和卡瓦希姆人入侵阿曼。苏尔坦乘船去巴士拉，谋求奥斯曼帝国援助，在回国途中遭到海盗袭击，头部受重伤而死。[1]

苏尔坦执政期间，英国在西亚地区的势力范围日益扩大。1798 年，在得知法国与阿曼进行奴隶贸易后，英国派遣使者到马斯喀特与阿曼签约。阿曼苏丹做出同英国友好的保证，并增加阿曼对英国东印度公司的食盐销售量。[2] 实际上，阿曼成为英国的保护国。1804 年，苏尔坦之子赛义德·本·苏尔坦继位，当时他不满 17 岁。在赛义德的统治下（1804～1856 年），阿曼帝国在 19 世纪中期达到了历史的顶峰。因此，赛义德在历史上被称为"赛义德大帝"。

1856 年，赛义德·本·苏尔坦病死。根据他的遗愿，其子马斯喀特州长苏维尼继承王位；另一个儿子是任桑给巴尔和东非总督的马吉德，仍管辖东非地区。但马吉德不服，要争当苏丹，双方争执不下，经英国政府出面调解，将一个强大的阿曼和东非帝国分成两个独立的国家，由苏维尼任阿曼苏丹，马吉德任桑给巴尔苏丹，桑给巴尔每年给阿曼 4 万英镑的贡金。[3] 1862 年，英国和法国在巴黎发表联合声明，尊重这两个苏丹国的独立主权。从此，这个亚非"第一海上大国"分成了两个国家。

1856 年，苏维尼·本·赛义德继任阿曼苏丹。1861 年，他的弟弟、苏哈尔州州长图尔基·伊本·赛义德（Turk ibn

---

[1] Patricia Risso, *Oman and Muscat: An Early Modern History*, New York: St. Martin's Press, 1986, pp. 179-180.

[2] Carol J. Riphenburg, *Oman: Political Development in a Changing World*, London: Praeger Publishers, 1998, p. 36.

[3] Carol J. Riphenburg, *Oman: Political Development in a Changing World*, London: Praeger Publishers, 1998, p. 39.

Sa'id)宣布独立。1866年苏维尼之子萨利姆为争夺王位,在鲁斯塔格城堡枪杀了父亲,宣布继承王位。萨利姆的堂哥阿赞·本·基斯起来反对,率兵从苏哈尔攻占了马斯喀特,被其部属推选为伊玛目。接着,萨利姆的叔父图尔基联合各部落的头领起兵反对阿赞,在进攻马斯喀特的战役中打死了阿赞。1871年11月,图尔基在英国人支持下正式登上苏丹宝座。1877年,阿曼内地各部落和宗教界领袖联合进攻马斯喀特。在英国军舰的护卫下,图尔基才保住王位。英国人曾经授予图尔基·赛义德许多高贵的称号,并保证让他的儿子费萨尔继承王位。1888年,图尔基·赛义德病死,其子费萨尔(1888~1913年在位)即位。

1891年3月,阿曼同英国签订了贸易和航海条约。条约规定:阿曼对英国进口货物免除关税,阿曼制定关税政策必须征得英国的同意,阿曼的航海事业也必须置于英国的监督之下。同年4月,费萨尔还向英国人保证,他本人和他的继任者及子孙们除向英国外,不出卖、不抵押、不出让阿曼苏丹国的任何部分。[①]1894年,法国为了同英国争夺在海湾和印度洋的霸权,派出了常驻马斯喀特的领事。费萨尔为了削弱英国人对他的控制,同意法国在马斯喀特港建立货栈,阿曼商船可悬挂法国国旗。英国得知这一消息后,强烈反对费萨尔的行为,命令费萨尔作出选择:要么上英国军舰接受英国保护,要么他的首都和王宫将遭到袭击,化为齑粉。费萨尔无奈,被迫取消与法国签订的在马斯喀特港建立货栈的协议。

1898年,英国又迫使费萨尔签订了第一个防御条约。条约规定:由英国人监督阿曼的对外关系,充当阿曼的外交代表,阿曼王室全面受制于英国。1913年,费萨尔·本·图尔基抑郁而

[①] Ian Skeeet, *Muscat and Oman: The End of an Era*, London: 1994, p. 51.

死,其子泰穆尔继位。泰穆尔在 1913 年 1 月 9 日登基时,发表了由英国人起草的保证英国人在阿曼利益的"登基公告"。

阿曼内地部落对泰穆尔王朝及亲英势力十分不满。1913 年,他们在塔努夫(Tanuf)推举萨利姆·本·拉希德·哈尔蒂(Salim ibn Rashid al-Harthi)为伊玛目。1915 年,他们在尼兹瓦正式成立"阿曼伊斯兰教长国",发兵马斯喀特。泰穆尔苏丹求助于英国,英国派遣印度军队支援,击退了"教长国"的进攻。1920 年 9 月 25 日,经英国人的调停,双方签订了《西卜条约》,条约规定:泰穆尔苏丹同意不干涉中部阿曼(即教长国)的内政,对内地通过马斯喀特的货物征税不得超过 5%,同意各部落的人自由出入马斯喀特和沿海城镇。[①] 从此,阿曼分为"马斯喀特苏丹国"和"阿曼伊斯兰教长国"两部分,王室和各部落之间关系暂时得到缓和。在未来的 35 年中,《西卜条约》成为规范双方关系的有效文件。

泰穆尔苏丹统治下的阿曼,深受内忧外患之苦,国家十分贫穷,财政非常拮据,只能靠英国和印度政府的津贴维持统治。英国还派了一些政治、军事和财经"顾问"来掌管权力,阿曼的财政大权由英国人伯特里恩·托马(Bertrean Thoma)担任。1920 年 11 月,泰穆尔苏丹正式访问印度,向印度总督提出让位的请求,但遭到拒绝,泰穆尔只好回到马斯喀特。1928 年,泰穆尔苏丹不顾英国人的胁迫,写了一份逊位书,提名由他的儿子赛义德继任王位。从此泰穆尔常居印度,经常到卡拉奇、加尔各答、新加坡、东京和神户等地度假,休闲度日,过着自由自在的生活。他还娶了一个日本女人做妻子,每天在花前月下吟诗作赋。1935 年,泰穆尔死于孟买。

---

① Francis Owtram, *A Modern History of Oman: Formation of the State since 1920*, London: I. B. Tauris, 2004, p. 50.

第四节 现代简史（20世纪初~70年代）

一 赛义德统治与现代阿曼国家的开端（1932~1952年）

1932年2月，泰穆尔的长子赛义德正式继位，他是赛义德家族的第14任统治者。赛义德继位时与他父亲一样发表了忠于英国的继位声明。英国的政治、军事和财政"顾问"控制着赛义德政权。

继位之初的赛义德苏丹面临诸多困难，最大难题是财政危机。

首先，战争使得阿曼国内的商品出口发生困难。阿曼农民收获大量的椰枣、香蕉等农产品，牧人养育了大量的牲畜，沿海渔业为当地居民的消费和商品出口提供了大量的产品。但是，世界经济危机和战争对经济的巨大破坏造成了贸易停滞，关税收入下降。与此同时，持续的战争导致物质需求增加和国内通货膨胀严重。赛义德只能通过向国民增加新税收，从英国接受援助，来缓和国内经济困境。阿曼国内持续的干旱又恶化了国内的经济形势，使得许多阿曼农民移居印度。

其次，阿曼国内缺乏现代意义上的金融体制。阿曼的银行与财政系统主要由传统的货币兑换者传承媒介功能，它们利用印度的银行系统进行交易。1944年，英国帝国银行（1952年以后为中东英国银行）派调查组到马斯喀特，它得出的结论是阿曼银行业前景暗淡。后来，英国帝国银行开始考虑在马斯喀特设立支行，并要求垄断阿曼的银行系统。1948年7月，阿曼苏丹与英国帝国银行签署了20年的垄断合同。

再次，阿曼石油开发前景暗淡。尽管早在1925年阿曼就开始出口石油，但石油权益都控制在英国公司手中，石油产量并没有大幅度增加。外国石油公司将资金大多投到科威特和沙特阿拉

伯等地的油田开发，忽视阿曼的石油开发。为改变阿曼石油业的被动局面，赛义德想与美国的加利福尼亚标准石油公司谈判，但英国引用与阿曼 1923 年签订的石油协议①，否决了赛义德与美国石油公司合作的企图。1937 年 7 月，伊拉克石油公司的附属公司——石油特许公司（Petroleum concession company）虽在阿曼境内勘探，但收效甚微。1947～1949 年，伊拉克石油特许公司想与阿曼地方酋长直接谈判，由于赛义德苏丹对地方酋长提出警告，双方停止了交易。1951 年，伊拉克石油特许公司撤出阿曼。

在赛义德统治的前 20 年，阿曼的基础设施有了初步改善。阿曼开始修建交通和通讯设施，马斯喀特可以看到汽车和摩托车行驶。马斯喀特与马特拉之间的公路平整，两城之间的交通畅通无阻，出租车成为海边城市交通的主要工具，马斯喀特和马特拉之间还可以通过电话联系。在海边的城镇和村庄里陆续修建了一些伊斯兰经学校，一些社区还逐渐普及了教育。小学生上学年龄在 5～12 岁之间，他们的主要任务是背诵《古兰经》。据报道，在一所学校里有 36 个学生，其中 18 个男生、18 个女生。中学生年龄在 10～22 岁之间，大多为男性。1940 年，阿曼政府在马斯喀特创办了第一所大学，学制 5 年，主要学习阿拉伯语，到了高年级学习英语。阿曼开始修建医院，1935 年鲍尔·哈利逊（Paul Harrison）医生在马拉特建立医院。1948 年赛义德在马斯喀特建立慈善医院，由英国领事馆人员管理。

二 赛义德统治的中期（1952～1958 年）

1952 年，赛义德政府非但没有摆脱困境，反而其财政进一步恶化。20 世纪 40 年代，阿曼政府本想实现财

---

① 该协议规定，没有与英国政府协商，阿曼苏丹不能将国内的石油资源提供他国开采，英国在这一问题上拥有否决权。

政独立的目的，但因第二次世界大战的爆发以及国际局势的变化导致其财政改善的前景十分暗淡。到 1958 年，赛义德政府完全处于英国的掌控之中。

1952 年 8 月 31 日，沙特阿拉伯军队占领了布赖米（Buraimi）绿洲，宣布对绿洲 9 个村庄拥有统治权，这一行动得到当地部落酋长拉希德·本·哈马德（Rashid b. Hamad）的支持。赛义德立即做出反应，要求整顿军队，号召当地部落解放绿洲。穆罕默德·哈里里（Muhammad al-Khalili）伊玛目也支持赛义德，派他的部落前来支援。在赛义德·艾哈迈德·本·易卜拉欣（Sayyid Ahmad b. Ibrahim）的指挥下，大军聚集在苏哈尔准备进攻。但就在此时，英国驻马斯喀特领事接到英国政府下达要求停止军事行动的命令，赛义德苏丹被迫解散军队。

这一事件使赛义德意识到建立军队的重要性。1953 年，赛义德解除马斯喀特步兵队指挥官，而换之以英国退役的陆军中尉帕特·瓦特菲尔德（Pat Waterfield）。在帕特的领导与训练下，阿曼军队的战斗力日益增强。赛义德还建立了保护阿曼沿海领土的巴提纳沿海部队（Batinah Field Force, BFF），该部队指挥官是曾经参加过巴勒斯坦与厄立特里亚战争的克林·马科斯维尔（Colin Maxwell）将军和曾经在沙特阿拉伯做过军事顾问的约翰·阿米拉格（John Armitrage）将军。阿曼沿海部队的人员主要是哈瓦斯纳（Hawasina）部落的部落民。

阿曼石油开发公司（PDO）以提供军费为诱饵向阿曼政府施加压力，要求进入内地，特别是在贾巴勒·法胡德山（Jabal Fahud）地区进行石油勘探与开采。马斯喀特步兵队主要职责是保证首都安全，阿曼沿海部队的主要任务就是解放布赖米（Buraimi）地区。随后阿曼石油开发公司向赛义德苏丹提供资金，建立了另一支军队。这支军队由于在胡德夫（Hudf）地区活动，所以称为"胡德夫军队"，也就是阿曼和马斯喀特野战部

队（MOFF）。该部队士兵是由赛义德苏丹从各部落中挑选出来的，军官都来自英国，向外交部长负责。阿曼和马斯喀特野战部队的基地在拉丝·杜格姆（Ras Duqm），他们准备向贾巴勒·法胡德山地区进击。

与此同时，阿曼也在经历着一些变化。1954年5月初，穆罕默德·哈里里伊玛目去世，继承者是35岁的加利卜·本·阿里·希纳（Ghalib b. Ali Hina）。新伊玛目的兄长是鲁斯塔格地区的总督。

杜鲁部落与伊玛目在伊卜里（Ibri）城市的治理权归属问题上有冲突，伊玛目加利卜·本·阿里·希纳任命新总督到伊卜里（Ibri）统治。赛义德苏丹提出抗议，认为杜鲁属于他们的权属范围之内，争议顿起。

1954年，沙特阿拉伯入侵佐法尔地区，赛义德苏丹组成了佐法尔防御部队（Dhofar Defense Force, DDF），该部队由赛义德的亲兵卫队和阿曼沿海部队中部分人员组成。佐法尔防御部队名义上受约翰·阿米拉格（John Armitrage）指挥，实际上是处于赛义德的控制之中。1955年春天，阿曼解决布赖米绿洲问题的时机日益成熟：首先，阿曼与希纳斯（Shinas）城镇附近的沙迦（Sharjah）伊玛目发生了边界冲突，二者关系日益紧张。其次，阿曼发现了沙特阿拉伯向教长国提供武器。最后，英国也支持阿曼的行动。1955年10月26日，英国决定将沙特阿拉伯赶出布赖米绿洲。马斯喀特野战部队从伊卜里出发占领了通往布赖米绿洲的要道。12月15日，伊玛目逃跑，尼兹瓦陷落。12月17日，鲁斯塔格被占领，总督逃跑。随后伊玛目被捕，宣布效忠赛义德苏丹。

1956年，英国停止了对阿曼的财政津贴，阿曼陷入了财政危机，经济发展几乎停滞。赛义德寄希望于石油财富，但在1957年8月，阿曼南部佐法尔地区每天的石油产量仅约2000

桶。与此同时，阿曼石油开发公司在法胡德地区的石油开采活动也以失败告终。1957年5月，阿曼中部的塔利卜（Talib）地区发生起义，宣称恢复教长国。起义军队组织完好，装备精良，赛义德苏丹的马斯喀特野战部队却供应不济，退回法胡德。伊玛目的军队占领了尼兹瓦等地。

三 赛义德政权的结束（1958～1970年）

1958年7月25日，根据英国和阿曼签署的合作协议：英国政府向阿曼提供财政和军事援助，帮助赛义德苏丹组建军队。同年4月，赛义德迁到萨拉拉（Salalah）居住，将政权留给英国人，他只是通过收音机和电话、电报或者信件与马斯喀特联系。在"交流信件"的名义下，英国几乎控制了阿曼的所有事务，包括军队。1959年1月12日，阿曼和佐法尔叛军展开了决战。1月26日，伊玛目的军队宣布投降，英国宣布废除《西卜条约》，结束了伊玛目的统治。①

英国人完全控制了阿曼内政外交。英国马斯喀特政治代表莱斯利·昌西（Leslie Chauncey）从外交官员位置退休，成为阿曼苏丹的私人顾问。但他没有在萨拉拉伴随赛义德苏丹，而是作为马斯喀特总督管理阿曼的内政外交。另一个英国人约翰·塞比尔（John Shebbeare）主要负责内部事务，其职责与赛义德苏丹的地位平等。

赛义德苏丹一直隐藏在萨拉拉，并建立了自己的独立内阁，他的私人顾问是祖拜尔·本·阿里（Zubair b. Ali），私人秘书为负责官员任免的哈马德·本·哈姆德（Hamad b. Hamud）。同时，赛义德苏丹的商业代表阿卜杜勒·艾尔·穆尼姆·扎瓦维

---

① Carol J. Riphenburg, *Oman: Political Development in a Changing World*, London: Praeger Publishers, 1998, p. 47.

(Abd al-Mu'nim al-Zawawi)在卡拉奇处理阿曼外交。赛义德苏丹在马斯喀特的官员几乎没有任何改变，赛义德·谢哈卜（Sayyid Shihab）是马斯喀特总督和赛义德苏丹的私人代表，不过其职责都是表面上的，仅限于维持治安和监狱管理。马格巴勒·汉（Maqbal Khan）处理财政事务，履行前外交部长尼尔·因斯（Neil Innes）的职责。赛义德·艾哈迈德·本·伊卜拉欣继续监督总督和伊斯兰法院，控制部落酋长，惩罚政权的敌对力量。

赛义德苏丹寻求部落的支持。酋长阿卜杜拉的两个兄弟穆罕默德和阿里分别被任命为两个省的总督。赛义德的王储卡布斯和艾哈迈德酋长的女儿之间缔结婚约，后者还被苏丹任命为东部地区总督。

1962年，壳牌石油公司在伊巴勒（Yibal）、法胡德、纳提赫（Natih）和佐法尔等地发现石油。1967年8月，阿曼每天出口原油35万桶，每桶1.82美元。1969年阿曼石油开发公司控制了佐法尔石油开采特许权。赛义德的许多亲友都获得了沿海石油开发的特许权益。在石油管理方面，赛义德尽量避免受英国的控制。1965年，赛义德苏丹任命前军事顾问莱斯利·赫斯特（Leslie B. Hirst）为阿曼政府石油部长，其职责就是与阿曼石油开发公司主管接触，在固定时间里回到萨拉拉向赛义德汇报工作。

在赛义德苏丹统治的后10年，苏丹为缓解财政紧张，1958年以300万英镑的价格将瓜达尔市卖给了巴基斯坦。1959~1967年，英国要求阿曼建立一个发展委员会，每年投资25万英镑。尽管资金有限，缺乏赛义德苏丹的合作，但是发展委员会还是取得了一些突出的成就：修建阿曼的道路，从马斯喀特到苏哈尔3小时就可以到达；阿曼全国修建了20个医疗健康中心，它们有医院和小诊所，医务人员几乎都是印度人；在农业方面，阿曼政府在贾巴勒（Jabal）地区建设灌溉项目，并在苏哈尔地区开发农场，但由于缺乏资金、地方官员的不合作和农民的保守思想，当地农民的获益很少。

此外，阿曼石油开发公司为方便公司雇员看病，修建了一些医院，还建立了一些技术与商贸学校。1959年，阿曼政府开办了赛义德学校马特拉（Matrah）分校，随后在萨拉拉又开办另一所分校。赛义德学校分校在1970年达到900所。赛义德还在萨拉拉地区建立了一个有22张病床的医院。

1966年初，赛义德苏丹设想在马斯喀特地区修建政府办事处、政府官员的官邸、邮局、女子学校、马斯喀特医院和水利设施。1968年1月，赛义德公布了阿曼发展计划，与联邦德国的公司签订修建萨拉拉公路的合同。

20世纪60年代，阿曼开始参与国际事务。阿曼允许印度在马斯喀特开设印度领事馆；1958年阿曼与美国签订商业协定；1967年结束英国在阿曼的治外法权。但是阿曼内政问题并没有彻底解决，伊玛目加利卜（Ghalib）仍然是赛义德苏丹强有力的对手。1961年，伊玛目开始寻求埃及和伊拉克的支持。阿拉伯国家联盟（简称：阿盟）将这一问题交到了联合国，要求联合国裁决。赛义德认为这一事件是阿曼的内部事务，拒绝阿盟的提议。阿曼在阿拉伯世界中比较独立，其邻国都对它怀有敌视态度。赛义德苏丹在国内的支持率低下，特别是佐法尔地区发生了大规模、持续时间较长的武装叛乱。叛乱发生的原因主要有以下几点：

第一，阿曼社会中存在着众多反政府性质的民族主义运动。它们在社会上产生了巨大的动员能量，在民众中具有很强的号召力。当时阿曼盛行的民族主义有伊巴德教派主义、纳赛尔主义和阿拉伯民族主义，这些民族主义的矛头直指赛义德苏丹。1965年，佐法尔解放阵线召开第一届会议，大会选举优素夫·阿拉维（Yusuf b. Alawi）为佐法尔民族主义者代表。大会负责人穆罕

默德·阿哈马德·加萨尼（Ghassani）积极推动佐法尔地区民族主义运动的发展，并明确提出佐法尔独立于阿曼的分离主义原则。

第二，佐法尔地区在历史上与也门和埃塞俄比亚联系密切，而与马斯喀特中央政府的关系显得较为疏远。

第三，赛义德苏丹在佐法尔地区的统治不得民心。一方面，赛义德向该地区摊派了大量的天课（zakat），民众难堪重负；另一方面，赛义德禁止佐法尔地区的阿曼人到沿海地区与外界进行经济交往，许多靠贸易为生的居民，失去了谋生之道。而居民极端的贫困使这里的税收难以落实，其严厉的惩罚措施使大量民众逃向沿海的产油国。

第四，随着阿曼石油的发现以及石油美元的滚滚涌来，中央政府财政收入增多，但佐法尔地区民众却没有分享到这些财富，不满情绪迅速滋长。赛义德聚敛大量石油财富，不用于发展国家经济，而成为守财奴留作后用。①

第五，阿曼经济发展停滞，天灾人祸不断。20世纪50年代，阿曼遇到了百年不遇的大旱，佐法尔地区饥民遍野，为了生存他们都纷纷逃往其他海湾国家。1969年11月到1970年2月，其前身为佐法尔解放阵线的解放阿拉伯海湾地区人民阵线（PFLOAG）对阿曼发动进攻。1970年3月，阿曼苏丹军队撤出佐法尔东部地区。

到1970年，赛义德成为阿曼国内矛盾的焦点。同年7月23日，以卡布斯·本·赛义德为首的反对派发动政变，赛义德在作战中受伤被迫逃亡伦敦。7月26日，卡布斯通过电台向全国发布赛义德退位的消息。7月29日，英国政府宣布承认卡布斯

---

① Carol J. Riphenburg, *Oman: Political Development in a Changing World*, London: Praeger Publishers, 1998, p. 49.

苏丹政权。7月30日，卡布斯在马斯喀特继承了王位，登上了阿曼苏丹宝座。

四　卡布斯苏丹政权（1970～　）

阿曼王权在赛义德·本·泰穆尔和卡布斯·本·赛义德之间进行更迭，标志了阿曼历史进入新阶段。1970年7月23日，阿曼新苏丹卡布斯在政变以后就向全体国民宣布："我将殚精竭虑地工作，让你们过上幸福的生活，并拥有一个美好的未来。"[①] 在阿曼王权过渡的关键时刻，卡布斯苏丹成立"临时顾问委员会"来组织新政府，虽然该委员会没有行政级别，但是新苏丹卡布斯在政府组成上表现出宽容大度的一面。1970年8月，卡布斯授意临时顾问委员会邀请流亡德国的叔父赛义德·塔里克（Sayyid Tariq）回国担任首相职务。塔里克的主要职责是组建内阁，就阿曼的经济、政治、社会、行政管理事务以及法律制定等问题向苏丹提供意见和决策。

塔里克内阁的构成表现出如下特征。一是卡布斯苏丹直接控制国防、外交、财政以及马斯喀特与佐法尔地区的行政管理权。二是内阁成员构成显示出专家治国的特点，如卫生大臣、信息和社会事务大臣都曾在阿联酋政府中任职，有行政管理经验。三是部落力量在新政府中占据很重要的职位，分管教育、经济和外交事务的大臣都具有十分浓厚的部落背景。四是赛义德苏丹时期的官员受到排斥，在内阁中处于边缘化的地位。

但是，初掌政权的卡布斯与叔父之间的矛盾逐渐显露。一方面，深受西方政治制度模式影响的塔里克主张在阿曼实行君主立宪制，这就会限制苏丹的权力和威信，为卡布斯所不容；另一方

---

① Christine Osborne, *The Gulf States and Oman*, London: Croom Helm, 1977, p. 130.

阿曼

面，在政府官员的任命中，二者观点也迥然不同，卡布斯主张继续留用赛义德苏丹时期的官员，而塔里克却重视具有现代行政理念的青年才俊。1971年12月，两人的矛盾处于白热化。国家经济方面的任何事务都由卡布斯大权独揽，塔里克被排除在国家事务之外。一气之下，塔里克离开阿曼到德国访亲，一封辞职信留给了在萨拉拉（Salalah）的卡布斯。后来，塔里克被任命为卡布斯苏丹的私人顾问和中央银行主任，继续为苏丹服务直到1980年去世。

1972年1月2日，卡布斯组成新政府。他自己担任首相、国防大臣、财政大臣和外交大臣。此外他还进行部门改组：他组成个人顾问团，其中包括英国陆军上校提米·兰顿（Tim Landon）、美国的罗伯特·安德逊、利比亚人奥马尔·巴鲁尼（Omer Barouni）、叶海亚·奥马尔（Yahya Omar），沙特阿拉伯的加桑·沙基尔（Ghassan Shakir）。他又将民族遗产与新闻文化部改组为民族遗产与文化部和新闻部，将农业渔业石油矿产部再分为石油矿产部与农业渔业部，并新设了环境部。他还任命了三名副首相，分管安全、法律以及财政事务。

卡布斯苏丹政权致力于阿曼军队的现代化建设，并取得了平息佐法尔地区武装叛乱的胜利。

1962年，一些佐法尔籍的阿拉伯民族主义者和流散民众组成了佐法尔解放阵线（Dhofar Liberation Front，DLF），不久佐法尔士兵组织（The Organization of Dhofari Soldier，ODS）并入佐法尔解放阵线，接受伊拉克的物质援助和军事训练。1967年，民主也门人民共和国成立以后，开始向佐法尔游击队供应武器和其他物质。1969年8月，佐法尔解放阵线改名为"解放阿拉伯海湾地区人民阵线"，控制了佐法尔省2/3的地区。

20世纪60年代，阿曼苏丹军队在英国先进军事思想和理念的影响下，阿曼的海陆空三军趋于现代化。1961年，阿曼苏丹海军淘汰了大量落后舰只,购买了英式的高级舰艇。他购买了高级装甲车,组成了阿曼军队历史上第一支装甲车队。

卡布斯执政后,1970年3月,英国人约翰·瓦特(John Watt)向卡布斯献策,运用"心理战"击败叛军。他建议阿曼政府颁布新法令,赦免向政府投降的佐法尔游击队员。这一措施取得立竿见影的效果,许多佐法尔叛军开始向政府投诚。佐法尔游击队在东部地区的副指挥官萨利姆·穆巴拉克(Salim Mubarak)率领他的部队向阿曼政府投降。后来萨利姆·穆巴拉克由于心脏病发作死亡,其部队被阿曼政府收编,更名为乡村护卫队。这是一支准军事部队,每支护卫队大约有100人,受英国军队训练队(BATT)指挥。同时英国特殊空军部队(SAS)组织了许多平民行动队(Civilian Action Teams,CAT),向佐法尔国民提供医疗服务等发展项目。

1970年8月,卡布斯建立苏丹皇家军队(Sultan's Armed Forces,SAF),并成立佐法尔战争委员会,任命陆军上校麦克·哈维(Mike Harvey)为苏丹皇家军队总指挥。阿曼还积极从英国购买先进武器。当时,阿曼海军只有3艘"布姆"式小木船。1971年1月,阿曼从英国购买巡洋舰"赛义德"号、12架直升机。英国还派遣了特别空军部队(SAS)即英国军队训练队前来阿曼。1971～1974年阿曼海军共购得了3艘巡逻快艇,此后又增加了几艘导弹快艇。自1974年起,在马斯喀特建设海军基地,为维修海军舰只提供了方便。阿曼空军成立于1959年3月11日,当时只有3架教练机和1架运输机,许多飞行员和地勤人员都来自英国。1974年阿曼空军司令部从法吉拉迁至西卜国际机场,并购买了15架各型飞机,奠定了空军发展的基础。

1971年10月1日,阿曼新政府对佐法尔游击队发动代号为"美洲虎行动"的战略进攻。进攻主力为英国特别空军部队的200人,阿曼陆军部队(SOLF)的350人,阿曼准军事部队300

人。10月9日，阿曼军队攻克佐法尔东部地区，并建立了防御线（后来称为"美洲虎线"，Leopard Line），切断了佐法尔游击队的供给和联络。1972年12月，阿曼进行了名为"杰森（Jason）行动"的进攻，佐法尔游击队的90多名成员被捕。

尽管"美洲虎线"行动取得了成功，但阿曼国家财政陷入困境。正值困难时刻，伊朗的礼萨汗向阿曼伸出援助之手。20世纪70年代，伊朗向阿曼提供了5架AB205式直升机。1972年12月，由1200人组成的伊朗援军到达佐法尔参战。伊朗军队骁勇善战，所向披靡，夺取佐法尔游击队的大片领土。1974年10月，伊朗政府将攻克的战略要地转交给阿曼陆军部队。同年12月，佐法尔战争到了最后阶段。伊朗援军迅速切断解放阿拉伯海湾地区人民阵线与佐法尔中部和东部军队的联系。1975年1月5日，佐法尔游击队的首府陷落。1975年9～12月，阿曼军队夺取了佐法尔游击队最后的一片阵地。12月11日，卡布斯苏丹宣布佐法尔战争胜利。

但是佐法尔游击队的残余部队还在阿曼活动，仍不断进行骚扰。1982年，阿曼和南也门的关系出现缓和，南也门政府停止了对解放阿拉伯海湾地区人民阵线的支持。到1987年，佐法尔游击队在亚丁的影响开始受到限制，并逐渐收缩。

佐法尔战争期间，阿曼军队从1976年一支装备落后、规模较小、组织松散的部队，发展成为拥有1300多人，包括6个步兵营、皇家卫队、炮兵团、装甲车队、工程营等多兵种的军队。阿曼还发展了海军。海军拥有9艘舰艇，其中包括从荷兰购买的2艘扫雷艇，4艘快速巡逻舰，阿曼成为海湾地区拥有两栖作战能力的国家。阿曼空军在镇压佐法尔叛乱中逐渐壮大。1974年，阿曼购买的"美洲虎"超音速攻击机和"轻剑"式（Rapier）导弹在佐法尔战争中起到很大作用。1975年，阿曼政府购买了许多战斗机，包括约旦赠送的31架"猎人"式战斗机。阿曼人在军官中的人数逐渐增加。1976年,军队中产生第一个阿曼籍中校。到1977年末,阿曼籍军官已控制了所有的步兵团。

第五节 历史人物

一 赛义德大帝(1791~1856年)

赛义德大帝原名赛义德·本·苏尔坦(Said bin Sultan),生于1791年。1804年,年仅13岁的赛义德继任苏丹。他以铁腕手段清除了觊觎王位的对手,巩固王位和发展军事力量。赛义德大帝的功绩主要有以下几个方面。

第一,赛义德建立了一支强大的海军,成为阿曼向外扩张的强有力的工具,从而建立了阿曼历史上最强盛、版图最大的国家。赛义德率领大军先后占领阿拉伯半岛的东南部、海湾两岸、波斯南部和俾路支斯坦,以及非洲东岸的桑给巴尔、蒙巴萨、马达加斯加诸岛。赛义德定桑给巴尔为第二首都,他本人被称为"阿曼和东非帝国大帝"。赛义德大帝统治时,阿曼达到了海上强国的顶峰,其疆界北及巴基斯坦,控制海湾地区、波斯南部海岸的几个港口,占领巴林,控制印度次大陆的俾路支斯坦部分地区。当时阿曼被称为"第一流的亚洲海上力量",马斯喀特有400~700吨级货船15艘,赛义德苏丹的私人船只有20艘,在苏哈尔地区有一支100艘船的庞大商船队。[1]

第二,赛义德致力于发展经济。马斯喀特是当时中东贸易集散中心,占有重要的经济地位,60%的海湾贸易船都通过这里。在东非地区,他特别重视开发桑给巴尔,从印度尼西亚引进了许

---

[1] 袁鲁林、萧泽贤:《赛义德王朝的兴衰与当代阿曼的复兴》,《西亚非洲》1992年第6期,第64页。

多丁香树,使桑给巴尔成为丁香之岛。同时,这个岛上的各种种植园也很快发展起来,尤以种植甘蔗和水稻较多。因此,桑给巴尔成为东非沿岸最富裕的国家之一。

第三,在对外交往方面,赛义德成就斐然。1840年,赛义德的特使艾哈迈德·本·努阿曼出访美国,并同美国签订了友好通商条约,确立外交关系。阿曼还同英国、法国、荷兰和其他一些国家签订了商业协定,建立了密切的经贸关系。赛义德与英国王室的关系特别亲密,他专门在印度孟买制造了一艘装备了74门火炮的大战舰"利物浦"号送给英国国王威廉四世。英王回赠他一艘豪华的游艇。1830年,威廉四世举行加冕典礼,赛义德送了一只灰色的老虎作为礼物。1838年6月,英国维多利亚女王举行加冕典礼,他赠送了一匹阿拉伯种马。1842年,维多利亚女王回送他一辆豪华的皇家四轮马车,因阿曼没有宽阔的道路而无法使用,只好转送给一位高贵的印度朋友。女王又送他一套镶金的茶具,赛义德则把库里亚穆里亚群岛赠送给英国女王,作为英国永久的领地。

赛义德大帝执政52年,有36个子女。他酷爱航海,1856年乘"维多利亚"号战舰从马斯喀特去桑给巴尔途中患痢疾而死,葬于桑给巴尔王宫的花园中。

二 赛义德·本·泰穆尔(1910~1972年)

赛义德是泰穆尔的长子。1932年2月,年仅22岁的赛义德登上阿曼王座成为苏丹。赛义德早年在印度贵族学院学习,1929年回国后任内阁大臣会议主席。继位时与他父亲一样,由英国驻马斯喀特的政治代表替他拟定了一封给英国常驻波斯湾政治代表比斯科的继位声明。

赛义德主张加强中央集权。他执政后,一直想合并"阿曼伊斯兰教长国",重新统一全国。英国人为了深入阿曼内地开采

第二章 历　　史

石油，支持赛义德的统一主张，并在1954年末指挥阿曼军队攻入内地，占领了伊卜里和鲁斯塔格。1955年12月15日，阿曼攻占"教长国"的首都尼兹瓦。英国飞机野蛮轰炸内地的城镇和村庄，屠杀无辜居民，零星战斗一直延续到1959年末，在英国特别空军部队帮助下，攻陷了绿山的最后一个据点，伊玛目苏莱曼逃往沙特阿拉伯，阿曼重归统一，改国名为"马斯喀特和阿曼苏丹国"。

由于英国多年来的控制，使赛义德生性保守、多疑、专横。正如阿曼军队司令官大卫·斯米勒（David Smiley）说，赛义德养成了狭隘的、严格的统治风格，他下定决心使阿曼免受现代化思想的污染。[①] 从1958年后，他从未离开萨拉拉王宫一步，通过情报系统监视每个人的言行。他不愿人民接受教育，全国只有3所仅供男生就读的小学（903名学生），不允许学生到国外留学。许多学生被家长悄悄送到外国学习，上完学的青年则被禁止回国。他禁止人民群众使用电筒、戴太阳镜、穿西方皮靴和骑自行车，国人进口摩托车必须经过他特别批准。他的汽车不能用汽油发动，只准由他的奴隶推着走。马斯喀特城门必须在日落3小时后关闭。夜间出门的行人必须手提点亮的马灯，否则就被投入监狱。他对任何人都不相信。他的一些王族国戚都被迫长期流亡国外，甚至将他的儿子卡布斯也软禁多年，搞得他威信尽失。[②]

赛义德即位之时，国库空虚，只剩下5万英镑，仅靠英国的资助和货款维持政府开支，根本无力搞经济建设。1964年，阿曼发现石油，但赛义德是一个典型的守财奴，他把1967年开始获得的石油收入收集起来，聚敛财富，不关注发展经济。到

[①] David Townsend, *Arabian Assignment*, London: Leo Cooper, 1975, p. 40.
[②] Carol J. Riphenburg, *Oman: Political Development in a Changing World*, London: Praeger Publishers, 1998, p. 49.

1970年，阿曼全国只有10公里柏油马路、3所小学、1个12张病床的医院、1个发电量只有4500千瓦时的发电站，其他任何先进的经济文化设施都没有，阿曼年人均国民收入仅有67里亚尔（约合100美元）。[①]

赛义德的所作所为，引起了广泛的反对。1970年7月18日，赛义德之子卡布斯在英国人支持下发动宫廷政变，赛义德在枪战中负伤，被迫在逊位书上签字。1972年，他在伦敦的寓所抑郁而逝。

[①] 袁鲁林、萧泽贤：《赛义德王朝的兴衰与当代阿曼的复兴》，《西亚非洲》1992年第6期，第64页。

第三章
政　治

第一节　国体与政体

　　阿曼苏丹国为世袭的君主制国家，是世界上仅存的两个苏丹国家之一（另一个是文莱达鲁萨兰国）。阿曼的政体结构源于悠远的伊巴德派的历史传统和伊斯兰宗教理念，早期伊巴德国家的伊玛目选举原则表明了阿曼民主观念的悠远。1970年卡布斯上台后，阿曼的政治体制逐渐发展和完善起来。此前阿曼政治机构十分简陋，仅有少数行政官员管理财务、内政和税收等事务。

一　《国家基本法》

　　1996年11月6日公布的皇家谕令确定了《国家基本法》。《国家基本法》相当于宪法，共有81个条款。其中第1条指出："阿曼苏丹国是一个独立、主权完整的阿拉伯伊斯兰国家，它的首都是马斯喀特。"第2条确定："国家的宗教信仰是伊斯兰教，伊斯兰教教义是立法的根本。"苏丹的统治是基于公正、协商和平等的，并且根据《国家基本法》第9条的规定，国民有权在法律允许下参与公共事务。该法还规定了国家

机构在各个领域的职责,对国家体制、政治指导原则、国家元首、政府首脑、内阁及其成员的职责、公民权利与义务等方面作出了规定。《国家基本法》确保法律面前人人平等、宗教信仰自由、言论自由和出版自由,给予国民寻求司法公正和结社的权利。它为后来的阿曼立法奠定了基础。

由于卡布斯没有子女,《国家基本法》对王位继承权也作出规定。根据《国家基本法》第5条,阿曼苏丹国实行君主制世袭政体,王位由卡布斯曾祖父赛义德·本·苏尔坦家族的男性后代继承。王位继承人应是伊斯兰教的忠实信徒,高瞻远瞩,是阿曼穆斯林父母的合法儿子。继承条款还规定,王室委员会应在王位空缺3日内为卡布斯选出继承人;只有当王室委员会成员不能达成共识时,国防委员会才有权打开卡布斯致王室委员会的遗嘱,上面写有王位继承人的名字。

基本法还体现了阿曼苏丹的民主理念,明文规定,阿曼委员会包括协商会议和国务委员会两部分。阿曼委员会协助政府起草国家法律。阿曼苏丹有权召集阿曼委员会,讨论研究各种问题,然后以大多数通过起草法案。卡布斯指出,内阁、国务委员会和协商会议要定期举行公开会议,所有成员都要出席,以确保政府政务的透明、公正。阿曼政府成立大臣会议来加强内阁、国务委员会和协商会议之间的沟通和协调。大臣会议应有效调节立法和行政机关之间的关系,增进它们之间的互相谅解,从而调动各部门的积极性,使其工作更加卓有成效。正如卡布斯所言:"只有调动了整个民族的积极性,才能开发这个国家国民的潜能,实现阿曼苏丹国的复兴目标。"①

《国家基本法》保护公民的自由权利,强调男女在教育、经济、社会和文化发展等层面所享有的权利。它规定,从2002年

---

① 《阿曼 2004~2005》,阿曼新闻部,第41页。

11月起，每个年满21周岁的公民都有选举权。2003年10月4日，大多数合法选民参与了第五届协商会议（2004~2007年）的选举工作。

《国家基本法》十分重视伊斯兰教的作用以及对宗教事务的管理。全国伊斯兰教事务由宗教基金会和伊斯兰事务部主管，其职责包括管理宗教学会和讲授《古兰经》的学校。关于伊斯兰教在阿曼国家中的作用，卡布斯苏丹有自己的解释。他认为，伊斯兰教和现代国家是相容的，伊斯兰教应该采取务实的态度适应世界潮流的变迁。

二 国家元首

苏丹是阿曼的国家元首，被称为陛下。他是国家的最高主宰，在立法、行政、司法、军事、财政等方面拥有至高无上的绝对权力。阿曼没有共和制度的历史背景，不允许任何政党存在。苏丹作为国家元首，兼任政府首相和武装力量最高统帅，并亲自掌管国防、外交等重要部门。政府副首相、大臣、次大臣均由苏丹任命，集体向苏丹负责。《国家基本法》规定苏丹的职责为：维护国家主权独立和领土完整；关心国民权利和自由；制定国家大政方针；宣布国家紧急状态和战争；对外缔结条约；颁布国家总预算；批准国家所有法律、法令以及签订条约、协定、公约。苏丹处理行政事务具有固定程序，一般先由顾问与有关部门或委员会协商提出处理意见，然后呈交苏丹决策，苏丹按照相关部门意见发出指示由国家相关机构执行。苏丹特别代表是仅次于苏丹的第二号实权人物。现任苏丹特别代表是赛义德·苏维尼·本·谢哈卜（Thuwaini Bin Shihab），他曾于1984年7月和1997年6月两次访华。

现任阿曼苏丹兼首相卡布斯·本·赛义德（Qaboos bin said, 1940 - ），1940年11月18日出生于佐法尔省首府萨拉拉的王

阿曼

宫,他是赛义德·本·泰穆尔唯一的儿子,是赛义德王族艾尔·布塞德家族的第8代传人,阿曼第13任苏丹。1956年8月,他被送到伦敦一所私人学校学习。20岁时进入英国皇家军事学院——桑赫斯特军事学院学习。两年后结业,加入当时正在联邦德国执勤的英国苏格兰来福枪旅做见习军官,任中尉。后来在与退役的年轻军官交谈时,卡布斯苏丹回忆起当时的军事训练:"自那以后,我养成的价值观永远陪伴着我"。他说:"作为一名成功的领导者,纪律不是领导者强加给他人的东西,而是领导者必须遵守的原则。服务的真正含义则是付出而不是索取,是团队协作而不是个人行为。义务永远伴随着责任。"卡布斯在联邦德国的军旅生涯对于他塑造人生政治价值观的影响很大。半年后,卡布斯又回到英国的苏格兰学习两年的行政管理。他到世界各地旅行3个月后回到阿曼。卡布斯笃信伊斯兰教,是一位虔诚的穆斯林,但他在国外的经历使他具有较强的现代文明意识。1964年卡布斯回国后,对国内落后的现状表示不满,被软禁在萨拉拉王宫达6年之久。在此期间,他学习了伊斯兰教的历史。卡布斯爱好西方古典音乐、喜爱骑马、打网球和驾车出行。他对武器装备很感兴趣,还是一位神枪手。曾与叔父塔里克的女儿结婚,离婚后尚未再娶,至今膝下无子女。

1970年7月23日,卡布斯依靠英国支持推翻其父的统治,自任苏丹。卡布斯苏丹接任时,阿曼是一个矛盾重重、发展停滞的国家。29岁的卡布斯登基以后,力图实现阿曼的复兴。

卡布斯在政治上改国名,广纳贤才。1970年9月18日,卡布斯宣布把原来的"马斯喀特和阿曼苏丹国"改名为"阿曼苏丹国",颁布了国旗、国歌。接着,卡布斯号召原来被迫流亡国外的王室成员、知识分子和巨商富贾回国,用他们的智慧和才干为国家贡献力量,将阿曼建设成现代化国家。不论他们过去的政治态度如何,只要忠于卡布斯王室而又聪明能干的人,他一律委以重任。他的几位王叔和许多有才能的人都纷纷回国担任要职。卡布斯整顿和加强王室的组织机构，设立王宫事务部、王宫办公室、王宫典礼局等多个部门，专门办理王室的对内对外事务。

卡布斯组织了阿曼第一个现代内阁，它是阿曼的最高行政机构。内阁成员均由卡布斯任命，其中约有一半阁员是重要的王室成员。卡布斯自任首相（头两年由他的叔父塔里克任首相）兼国防大臣、财政大臣和外交大臣。内阁定期举行会议，由卡布斯苏丹亲自主持。卡布斯新建的王室和内阁虽几经调整，但始终保持稳定且富有活力。卡布斯接任阿曼苏丹后，阿曼仍为世袭君主国，无议会，无宪法，不允许成立政党。卡布斯苏丹兼任首相和武装力量最高统帅，并设卡布斯苏丹特别代表和3位副首相。苏丹发布的训令即是国家法律。1981年10月，卡布斯下令成立国家咨询委员会，1991年该委员会改名为协商会议。卡布斯在其统治初期就强调对妇女培训和教育的重要性，确保妇女能与男人一样为阿曼的发展贡献她们的力量。阿曼是第一个允许妇女参政的海湾国家，阿曼妇女在1991年首次参加地方协商会议的竞选，经过激烈角逐，结果两名妇女获胜，参加了协商会议。

卡布斯苏丹重整军队，平息佐法尔叛乱，并启动了国家统一和现代化建设。2000年，当卡布斯苏丹登基30周年纪念的时候，他表示在新千年再展宏图，建设繁荣、稳定的现代化国家。他说："国内的政策就是建设我们的国家，并为每个公民提供一个优越的生活……只有所有的公民都承担起他们的责任，参加到建设中去，这个目标就能够实现。"在短短的30年时间里，阿曼国家发生了巨大的变化。

在外交方面，阿曼遵循中立和不结盟原则，奉行和平、睦邻友好、不干涉别国内政的外交政策，积极参加中东地区和国际事务，支持中东和平进程，维护海湾地区的和平与稳定。他在重视

阿曼

与英、法等西方国家传统友好关系的同时,发展与其他国家的关系,注重全方位多边外交。他灵活务实,通过和平协商的方式,解决了同沙特阿拉伯、也门、阿联酋在历史上遗留的边界争端。在海湾国家中,他率先同以色列发展经济乃至政治关系,并成为海湾地区第一个接见以色列总理的国家元首。阿曼是海湾合作委员会6个成员国之一,卡布斯苏丹强调,海湾国家的团结与合作对海湾地区安全与稳定的重要性。

为增加与国民交流的机会,促进国民参与政治生活的积极性,卡布斯经常深入阿曼社会底层了解国民的生活,也就是阿曼苏丹的"亲民之旅"。在每年长达几个星期的亲民之旅活动中,卡布斯到各地视察民情,为公众提供更多的参与决策机会。亲民之旅取得了良好效果,人们可以通过与卡布斯近距离交谈,为苏丹的治国方略提供建议,也满足了阿曼国民对苏丹的向往,缩短了二者之间的距离感。

在每年一次的亲民之旅中,卡布斯经常会遇到各种各样的社会和经济问题,如年轻人的就业问题、国家收入的多元化、资源的开发利用、私营部门的作用以及其他与国民生活直接相关的问题。亲民之旅让卡布斯有更多机会视察国家经济发展状况,了解各个地区居民的生活,倾听国民的意见和需求。

亲民之旅通常从马斯喀特出发,途径阿曼各个地区,在佐法尔省的萨拉拉结束。在大臣和顾问的陪同下,卡布斯每走访一个城市,都与当地国民进行交流。卡布斯接见当地政府官员,深入调查该地区的政治、经济发展和存在的问题。卡布斯在一次亲民之旅中说:"我们要亲自来看看你们的生活,商讨和倾听你们的意见,然后再决定我们应该做哪些工作。"①

卡布斯经常出现在各种场合,如出席阿曼年度足球冠军赛、

---

① 《阿曼 2004~2005》,阿曼苏丹国新闻部,第59页。

曲棍球比赛以及骆驼比赛等活动。他还定期到工地视察,与工人讨论国家大事或是参加国民组织的各种庆典活动。卡布斯与阿曼国民紧密而亲和的关系,为阿曼走向繁荣开辟了道路,同时也为阿曼国民参与政治事务创造了机会。

三　协商会议

1991年11月,阿曼成立协商会议(舒拉),其前身是1981年成立的国家咨询委员会。国家咨询委员会的建立是阿曼"参与型政治"进程中的重要举措。卡布斯苏丹在1970年对阿曼全体国民发表演讲:"我向你们承诺,我要做的第一件事情就是尽快开始政府的现代化改造。"[1] 他将"马斯喀特和阿曼苏丹国"改为"阿曼苏丹国",而且进行政府机构改革。20世纪70年代初,阿曼先后成立工商协会、阿曼农业和渔业委员会,这些机构为阿曼咨询委员会的建立奠定了基础。

20世纪80年代,阿曼加快了政治民主化进程。1981年11月,在卡布斯的倡导下,阿曼成立国家咨询委员会。它在每年4月到次年10月之间召开会议,主要讨论与国家经济有关的事务,鼓励国民对经济发展献计献策。尽管,这种讨论话题仅仅限于经济范围,但是咨询委员会却成功地开启了阿曼高级官员与国民社团对话的先例。正如卡布斯所说:"我们的最终目标就是允许大多数国民参与政治决策,执行我们的经济发展计划。"[2]

国家咨询委员会成立之初有44名成员:16名来自政府部门,11名来自私营部门,17名来自其他部门。1983年,国家咨询委员会成员增加到55人,其中19人来自政府,25人来自各

---

[1] 《阿曼 2002～2003》,阿曼新闻部,第33页。
[2] Qaboos, *The Royal Speeches of HM Sultan Qaboos bin Said 1970–1995*, Muscat: Ministry of Information, 1995, p. 93.

地区。① 国家咨询委员会成员，包括主席与副主席的最终由卡布斯苏丹任命。国家咨询委员会所有成员服务期一般不超过两年。国家咨询委员会的首脑是主席，副主席的职责是辅助主席工作。主席、副主席和 5 名委员（两个来自公共部门，三个来自私有部门）组成执行委员会，5 名委员分别处理司法、经济、服务业、公共事业、教育与培训事务。国家咨询委员会会议讨论的内容对外保密，但是在会议中，咨询委员会成员可自由发言。会议讨论的话题一般集中在经济与社会事务方面，委员会成员可以向政府各部部长提问题，但不能对政府官员提出不信任案。国家咨询委员会成员代表阿曼的"次级精英"，属于正在成长的中产阶级。他们大多来自酋长家族，主要居住在首都地区，年龄在 40 岁左右，其中近一半人曾接受西方教育。他们的宗教成分复杂，其中 54.5% 属于伊巴德派、29.5% 属于逊尼派，16% 属于什叶派。② 尽管国家咨询委员会的功能是对政府的政策与计划进行评论，但它在国家政治生活中的作用不能轻视。卡布斯的评价是："尽管我们的民主化进程步履蹒跚，但政治效果较好，国家没有什么动荡。"③

协商会议的成立标志着阿曼"参与型政治"逐渐走向成熟。海湾战争后，海湾各君主国顺应政治民主化趋势，相继成立协商会议，让更多的平民参与国家大事。1990 年，卡布斯宣布以国家协商会议来代替国家咨询委员会，扩大民众参与的范围，促进民众参与国家大事的兴趣。前阿曼驻美国大

---

① Carol J. Riphenburg, *Oman: Political Development in a Changing World*, London: Praeger Publishers, 1998, p. 97.
② Dale Eickelman, "At the Desert Court of Sultan Oaboos", *Middle East Journal*, Vol. 38, No.1 Winter 1984, p. 55.
③ Judith Miller, "Creating Modern Oman: An Interview with Sultan Qaboos", *Foreign Affairs*, 76, May-June 1997, p. 17.

使萨达卡·苏莱曼说:"从语源学的角度来说,'舒拉'(shura)来自于词根 shawr,即协商、建议的意思。它要求民众在宽泛的范围内参与协商、集思广益。协商会议的成立表明阿曼政治趋向民主。"①

1991年11月,卡布斯颁布了一系列的王室法令,协商会议最终成形。同年12月,第一届协商会议经全体阿曼国民选举产生。协商会议成员由阿曼全体公民通过投票选举产生,但会议主席由卡布斯苏丹任命。协商会议包括主席和两名副主席。协商会议成员每届任期3年,任职期满后可以再次参加竞选。候选人应年满30岁,德高望重,没有任何犯罪记录。卡布斯在其成立大会上说:"协商会议的出现标志着阿曼新时代的开始。"② 1993年,协商会议出现三点变化:第一,会议内容不再对外保密,会议情况是在电视上公开播出;第二,协商会议可讨论所有立法问题,有关社会和经济领域的立法草案在呈交苏丹前,都要通过协商会议审议;第三,实行比例代表制。1994年,女性可参加协商会议成员的竞选,并有两名女性当选,她们分别来自马斯喀特和西卜地区。1994年7月,苏丹又宣布协商会议成员从59人扩大到80人。③

卡布斯在成立阿曼协商会议的同时,还规定了协商会议的主要职权。

1. 负责对政府各部制定的有关经济、社会等方面的法规草案进行审议,未经协商会议审议的法规不得颁布实施。

---

① Sadek Jawad Sulaiman, "The Shura principle in Islam," (Al-Hewar Center, Inc., 1999), p. 2. http://www.alhewar.com/sadekshura.htm.
② Carol J. Riphenburg, *Oman: Political Development in a Changing World*, London: Praeger Publishers, 1998, p. 98.
③ Charles O. Cecil, "Oman's Progress toward participatory government", *Middle East Policy*, spring 2006, p. 64.

2. 为健全阿曼现行的政治、经济、社会等方面的法规提出合理的修订意见。

3. 审议、修订政府的总政策。

4. 担当政府参谋,向政府工作提出合理化建议。

5. 参与制订阿曼具有战略意义的发展规划,并协助政府实施。

6. 根据各地区的具体情况,协助政府提高阿曼国民的文化水平。

7. 为加强政府与国民之间联系起桥梁作用。

8. 参与阿曼的环境保护工作,防止生态环境恶化。

9. 关注公共福利事业和国家经济建设。

2003年10月,阿曼召开第5届协商会议,卡塔比连任主席,协商会议成员进行局部调整,并进行一些局部改革。这些措施包括:

1. 协商会议成员的任期从3年延长至4年,凡得到选民继续支持的现有成员可以连选连任。

2. 协商会议有权审议法律草案,修改现行法律。政府制订的《五年发展计划》和国家预算,必须经协商会议认可,其实施才具有法律效力。

3. 协商会议通过其成员及主要机构以不同方式履行其在立法、经济和社会等方面的职权。

4. 扩大选举权,这是阿曼协商体制简捷化的步骤之一。

参加2003年10月的第5届协商会议成员,首次由选民实行自由选举,参加选举的选民从1991年的5900人增加到82200人,选入此届协商会议的成员中包括15名女性。① 2007年10

---

① Charles O. Cecil, "Oman's Progress toward participatory government", *Middle East Policy*, spring 2006, p. 64.

月，阿曼进行第 6 届协商会议成员的选举，从 632 名候选人（其中女性为 21 名）中选举了 84 名成员。这届协商会议讨论了阿曼第 7 个五年计划（2006~2010 年）和 2007 年国家预算。

四　国务委员会

1997 年 12 月 27 日，阿曼根据《国家基本法》第 58 条的规定成立国务委员会。其职责是讨论所有与国家发展相关的问题，努力协调国家有关机构（如协商会议）与行政机构之间、政府与个人之间的关系，确保达到相互谅解。卡布斯指出，国务委员会是构成阿曼社会大厦的强有力的基石。国务委员会主席和成员的任命依据皇家谕令，他们必须属于阿曼国籍，年满 40 周岁，在阿曼享有崇高威望。他们一般从以下人士中挑选：前任大臣、次大臣或同级别官员、前任大使、前任大法官、退休高级官员、科学家、文学家、高等院校的学术权威、商人等。国务委员会的职责与协商会议相类似，包括审议、修改法律草案并提供修改意见文本；提出招商引资、改革政府机构和提高行政办事效率的方案；研究阿曼的人口政策；审议各种法律草案，并将审议结果提交大臣会议；为阿曼人在私营经济和企业部门创造就业机会；等等。

国务委员会办公地址设在马斯喀特，每年召开 4 次会议，在特殊情况下，国务委员会主席可以召开临时会议。国务委员会下设法律、社会、经济工作分委员会。国务委员会向苏丹或大臣会议提交议案和建议，委员会主席还需要提交年度述职报告。国务委员会成员不能同时在协商会议任职，其数量不能超过协商会议成员的数量。仍在政府部门任职的官员不能同时在国务委员会任职，但科学家、文学家和高等院校的专家除外。2005 年 8 月，国务委员会任命了 58 名成员，其中有 9 名女性，任期由 3 年（2003~2007 年 9 月）延至 4 年。2004 年 3 月，叶海亚·蒙泽里被任命为新一届国务委员会主席。

五 国防委员会

1996年12月,阿曼成立以卡布斯苏丹为首的9人国防委员会。该委员会的职责是:负责审议有关国家安全事宜;有权要求王室委员会召开会议,确定阿曼苏丹继承人选。如果王室委员会在规定时间内未能就阿曼苏丹继承人选达成一致,则由国防委员会根据现任苏丹致王室委员会的信件(或遗嘱)中指定的人选,确定下任阿曼苏丹,并就此采取必要的措施。

第二节 国家行政机构

一 内阁

1979年,佐法尔战争结束,阿曼内阁在人员和行政结构方面已经稳定,这一状态一直延续到1996年。阿曼内阁有以下特点:

第一,王族起核心作用。在1996年的内阁中,安全与国防、司法事务、国家遗产等部的大权都掌握在赛义德王族手中,内政大臣和佐法尔省长由泰穆尔时期的王族官员继任。

第二,传统商人和部落精英控制内阁重要职位。在1979年的内阁中,商人穆尼姆·扎瓦维(al-Mu'nim al-Zawawi)担任发展与财政委员会副主席。1982年,负责财政的副首相一职也由商业精英控制。佐法尔商人哈姆德·本·阿卜杜拉·哈里斯(Hamud b. Abdullah al-Harithi)担任石油大臣,伊斯兰事务大臣和水电大臣都是赛义德·本·泰穆尔的部落盟友,这一任命保证了传统的商业与部落精英在政治结构中的主导作用。

第三,阿曼行政管理的程序化和法制化。1975年7月,阿曼颁布《国家行政组织法》,阿曼政治发展迈出了决定性的一步。《国家行政组织法》规定了政府的组成与职责,明确了苏丹、各部大臣以及其他行政机构的职能。法律还建立了由苏丹任命、首相领导下的内阁会议,其主要职责就是草拟政府政策与发展项目的规划。该组织法还规定设立内阁秘书处,其功能是协调大臣、内阁和苏丹之间的关系和处理其他行政事务。

第四,苏丹减少对行政事务干预,扩大内阁的权力。1979年阿曼内阁形成后,卡布斯苏丹出席和主持内阁会议,但经常遇到大臣不敢发言的尴尬局面。此后,苏丹便不再参加会议,苏丹的私人秘书、后来为内阁大臣的哈马德·本·哈姆德(Hamad b. Hamud)成为内阁会议的主持人。内阁会议期间,内阁成员可以对国家大事公开评述。内阁会议没有正式的议事日程和会议记录。苏丹很少会见内阁成员,各部大臣会见卡布斯的次数也十分有限。卡布斯一般都同意内阁会议对国家大事做出的决策,很少有驳回或者否决内阁会议决议的情况。

第五,阿曼行政人员的录用科学化和正规化。为了使阿曼行政人员的录用科学化和正规化,阿曼政府于1975年通过了《公务员法》。1977年以后,阿曼开始在内阁事务部门培训公务员。1988年,阿曼政府建立公务员部,负责对公务员的招募、培训等事宜。《公务员法》规定,大学毕业生可以不经考试直接录取为公务员,根据需要到政府部门任职。技术院校和高中毕业生担任公务员必须通过资格考试,才能进入申请程序。1993年,阿曼招收公务员人数达到顶峰,人数为98324人。1996年末,随着国有工业和服务业实行私有化,公务员锐减到78277人,大约占整个劳动力的1/4,其中阿曼籍人有53038人,非阿曼籍人为25239人。[①] 政府公务员中32%是外籍人,他们大多数在教育部

---

① Calvin H. Allen Jr and W. Lynn Rigsbee, *Oman under Qaboos: From coup to constitution*, London: Frank cass, 2000, p. 42.

门工作。①

1997年12月阿曼组成的内阁，除卡布斯苏丹兼任首相和国防大臣、外交大臣外，另设苏丹特别代表、负责内阁事务的副首相及30名大臣，共同组成内阁会议，下设秘书处。2000年1月25日，卡布斯颁布第10号诏令，对内阁进行局部调整。2007年，阿曼新一届内阁由卡布斯苏丹为首的33名成员组成。卡布斯苏丹兼任国防大臣、外交大臣和财政大臣。重要成员有：卡布斯苏丹特别代表赛义德·苏维尼·本·谢哈卜·赛义德，负责内阁事务的副首相赛义德·法赫德·本·马哈茂德·赛义德，遗产和文化大臣赛义德·海塞姆·本·塔里克·赛义德，苏丹宫廷大臣赛义德·阿里·布·哈穆德·布赛义迪，苏丹办公室大臣阿里·本·马吉德·马阿马里上将，国防事务大臣赛义德·巴德尔·本·沙特·本·哈里卜，内政大臣赛义德·沙特·本·伊卜拉欣·布赛义迪，外交事务大臣尤素夫·本·阿拉维·本·阿卜杜拉。其他还有：司法、国家经济、国务、渔业资源、卫生、行政事务、工商、法律事务、宗教基金和宗教事务、石油天然气、交通运输、农业、新闻、教育、人力资源、公共服务、高等教育、城镇和水资源、旅游、体育、社会发展、住房等大臣和内阁秘书长。

二　内阁行政体系

卡布斯上台初期，阿曼国家行政事务管理由阿曼劳动部负责。1988年，根据皇家谕令第17/88号，阿曼成立行政事务部，并规定其权力和职责。1998年，阿曼对国家行政事务部进行调整。截至2003年底政府公务员达95158人，其

---

① "The Gulf States", Jane's Sentinel, *Alexandria*, VA: Jane's Information Group, 1997.

中男性公务员占63.1%，女性公务员占36.9%。[1] 行政事务部主要负责监测和考评政府公务员，研究对他们的培训等问题，评价和监督行政事务政策的执行情况。

阿曼是一个人际关系十分复杂的社会，常因裙带关系而导致阿曼政府官员根据家庭关系或个人推荐来选聘公务员，成为任人唯亲的源头。为了避免这一弊端，行政事务部在招募公务员时引进现代招聘系统，可以在公平、科学的基础上进行人员的选拔和任命。行政事务部面临的最大挑战就是确保各个部门能互相协调合作，朝着同一个目标共同努力。阿曼引进的现代招聘系统简化了一些繁杂的程序，申请者的资料都记录在人力资源登记卡上，这些数据会自动链接到社会公共保障局的服务系统。而且，新的人力资源系统意味着全国所有行政部门公务员的资料都会自动传输到其他行政部门。

阿曼行政体系的发展具有三大特点：（1）传统国家职能法制化。安全职能、司法职能、外交职能、公共基金和国家经济管理职能以及其他相关部门的职能都被纳入法规管理的体系内。（2）行政部门分类合理化。阿曼设有专门部门负责勘探和管理自然资源，如石油、天然气、农业、渔业等；设有专门的部委负责商业、工业、人力资源等；还有一些部委负责卫生、教育、社会发展、信息、公众服务、宗教、司法、交通、通信、住房、电力和水利等。（3）国家行为主导化。阿曼政府设立了专门的委员会，这些委员会如发展委员会、金融事务委员会、能源委员会和公共服务委员会，这些委员会在经济发展方面发挥领导作用。

根据苏丹1980年颁布的第二部公共服务法，阿曼公共服务进入新的发展阶段。这部公共服务法对政府部门的服务进行了升级，完善了政府部门的工作，扩大了公共服务的范围。阿曼公共服务

---

[1] 《阿曼 2004~2005》，阿曼新闻部，第58页。

部门属于独立机构。1975 年,卡布斯宣布成立劳动力(人事)部,专门负责公共服务人员的工作等级、培训体系等问题,负责简化操作程序。同时它还负责起草第二部公共服务法,保证公共事业适应社会的发展与进步。

1988 年,苏丹 17 号令决定设立公共服务部。公共服务部的组织形式、权力和责任主要包括:(1)工作规划和统计。公共服务部每半年公布一次统计结果,分发政府各计划部门,包括国家经济部。公共服务部还负责政府工作细目的划分和研究,提出相关建议以待审批。(2)对大、中学校毕业生的就业安排。公共服务部每年都列出卡布斯苏丹大学和留学归国大学毕业生的名册,并为他们寻找既符合政府部门需要、又能发挥其专长的工作;如有可能,它也帮助技术学院和中学毕业生在政府部门找到合适的工作,以此确保全体公民拥有平等的就业机会。(3)审查各部委公务员的档案,促进政府雇员的本土化,改进政府部门招聘公务员的机制。(4)人力资源数据管理。通过计算机将公共服务和各部委的人力资源数据联网,对人力资源进行评估,并运用电子手段发放身份证。阿曼政府的人力资源数据库,使阿曼的行政事务信息能够及时有效地传送政府各部门,加快和简化人员的录用手续,使人员录用过程更加公平、透明。阿曼公共服务部系统是阿拉伯世界最大、最早的人力资源系统之一,政府用户的数量居世界第三位,它可以连接到 60 多个部门,有 8.6 万个工作职位和约 2000 家用户。[①]

三 地方政府机构

卡布斯苏丹处理地方行政事务基本上延续泰穆尔时期的治理方式。马斯喀特省和佐法尔省省长都来自王

[①]《阿曼 2002~2003》,阿曼新闻部,第 42 页。

族，他们同时兼任内阁国务大臣。阿曼各省由苏丹任命的省长直接管理，任期一般为3~5年，省长大都来自名门望族。各省再被细分为不同的行政区（Ward），由酋长主持，酋长在国民与省长之间起到桥梁作用。

省长为地方政府的代表，而不是行政主管人员。国民可以向省长直接请愿，省长将相关意见传达到当地有关行政部门。省长的功能被其他部门分别承担，法律执行权力控制在阿曼皇家警察的手中，政府逮捕犯罪嫌疑人，通知省长即可，省长没有执行权。公共活动场所的管理也是如此，地方市政当局和环境部门在某个省内举办活动，省长可以被告知这一消息，但没有决定权。此外，省长也没有任命本省立法机构成员的权力。省长的主要职责就是为本省国民服务，同时与中央政府各部大臣联系，如帮助当地居民获得护照，向中央政府提供其所在地区的财政信息。

司法部的伊斯兰法官（Qadi）帮助省长处理沙里亚法院案件，审判民事纠纷。地方法院不能解决的纠纷，则转交内政部处理。地方政府每月召开一次公共会议，参加者包括省长、法官和所在省的居民。公共会议成为公众讨论国家大事的讲坛，它也是地方政府发布信息的场所。居民可以就政治上的敏感问题向公共会议提问，要求地方政府作答。

在泰穆尔统治时期，市镇行政部门的职责仅仅是管理卫生设施。卡布斯上台以后，地方市镇行政部门的权力不断扩大。1972年，马斯喀特和马特拉（Matrah）被确定为自治市。从1973年开始，尼兹瓦（Nizwa）、苏哈尔（Sohar）、赛马伊勒（Sama'il）、和苏尔（Sur）也陆续成为自治市。各地成立了市镇委员会，其成员主要从地方上的官员中挑选，由阿曼苏丹任命，其职责是监督市镇当局的活动。市镇行政当局除负责管理卫生设施外，还负责控制宠物、饮用水与食物安全以及城乡美化等问题。市镇管理所需资金主要来自地方和中央拨款。随着市镇部门机构的扩大，

1976年，市镇委员会逐渐扩大，地位也迅速提升。1985年1月，阿曼成立了市镇部，1991年改名为市镇和环境部。

四 阿曼化战略

阿曼化即本土化，阿曼国内先前由外国人承担的工作尽可能由阿曼人来代替，实现阿曼人就业最大化的指标。20世纪80年代，伴随阿曼社会经济的发展，政府开始考虑阿曼化问题。1992年，阿曼政府制定了阿曼化政策。阿曼《2020年前景长期发展规划》，将阿曼本土化作为国家行政改革的重点，也是阿曼行政体制发展战略的主要内容。

1996年，阿曼政府的部级单位达到了阿曼化的基本目标，即阿曼籍人在政府公务员中的人数占到72%的目标。影响阿曼化进展的原因主要有两点：第一，阿曼的教育水平与教育设施十分落后，国内缺乏适合政府雇员标准的公务员。为了改变这种状况，阿曼劳动力（人事）部发起全民培训项目，以便逐步提高阿曼国民文化素质。第二，自英国撤出阿曼后，接替西方公务员的大都是非阿曼籍人，如埃及人、突尼斯人。这些人不像西方公务员那样只在阿曼从事临时性工作，而是试图长期滞留在阿曼，竭力抵制培训更多的阿曼籍人来替换他们的职位，这在客观上阻碍了阿曼化的进程。

1997年，根据卡布斯苏丹第95号令，阿曼政府成立了公务员本土化监督委员会。该委员会负责监管公有和私有部门中雇佣本国公民的情况，并针对阻碍政府公务员本土化问题提出解决方案。卡布斯要求阿曼各公私部门提供自己详细的信息和报告。本土化监督委员会将有关报告和统计数据汇总，其中以政府部门和私营部门的报告为主要依据，做出人员供求统计。2004年，该委员会建立了计算机数据库，存储最新统计结果。此外，为了监督雇员本土化工作，阿曼还从政府部门和工商界挑选代表成立了几个分委员会。分委会主要研究妨碍雇员本土化的原因,并提出相应的解决办法。它们的建议提交本土化监管委员会审议,审议结果再上报卡布斯苏丹。该委员会深入实地,对雇员本土化、培训和私营经济部门的薪酬进行考察,对各种阻碍本土化因素展开讨论。委员会还考察私营公司,获得阿曼劳动力的第一手材料。阿曼很多有经验的私营业主就如何为阿曼人创造就业机会向政府献计献策。

普及教育是阿曼化的重要手段,其目的在于使阿曼籍人成为劳动力的主力军。阿曼普遍实施免费教育。2000年在阿曼240万的总人口中,阿曼籍人估计有180万。1986年,卡布斯苏丹大学为阿曼培训了许多高级经理和管理人员。目前,阿曼籍教师占到教师总人数的76%,阿曼籍行政管理人员占教师总数的97%。2004年2月,阿曼信息部长拉希德(Rashdi)在接受采访时说:"阿曼化是我们国家独立自主的关键政策措施。我们首先教给国民技能和知识。他们必须向私有部门的雇主表明阿曼人能够胜任工作。"阿曼经济计划事务特别顾问穆罕默德·祖拜尔(Mohamed Al Zubair)认为,教育是阿曼未来繁荣的基础。他说:"掌握英语能力是成为一个'具有全球视野阿曼人'的关键。我们不是训练阿曼人仅在本土工作,而是让他们走出国门,走向世界,让世界各地都有阿曼人的身影。"[1]

第三节 司法机构

作为君主制国家,阿曼没有立法机构,立法权全部由卡布斯苏丹掌握,法律由卡布斯苏丹批准后颁布实行。

---

[1] Charles O. Cecil, "Oman's Progress toward participatory government", *Middle East Policy*, spring 2006, p. 62.

阿曼司法机构由宗教的和世俗的两套机构组成,并以前者为主。作为伊斯兰国家,阿曼实施伊斯兰法的主要依据是《古兰经》和《圣训》,其他法律主要通过王室法令和各部大臣决定的方式颁布。在赛义德统治期间,几乎所有的案例都由司法部任命的法官处理,这些人员常因报酬过低、未受过良好教育而导致贪污腐败。1970年以后,阿曼司法机构进行改革。法官在任职前必须在司法部和沙里亚法院接受培训,培训日期由最初的9个月延长到3年。培训完成后,这些人员需要先担任法官助理职务3~5年。

一　司法部

1970年8月,卡布斯苏丹的叔父塔里克内阁成立了司法部。司法部刚成立时的职责主要是承担宗教事务,监督沙里亚法院、法官、宗教捐赠、宗教税收以及许多公共事务工作,如修建清真寺、修整灌溉系统和监管农业用地。1997年,卡布斯将司法部、内政部与伊斯兰事务部合并,统称司法部。

二　沙里亚法院

沙里亚法院由三名伊斯兰法官(Qadi)掌管,但最终的立法解释权掌握在卡布斯苏丹手中。沙里亚法院主要负责诸如离婚、遗产继承、重大案件的判决。

沙里亚法院分为三个级别:初级法院即各州地方法院,通常由一名法官负责审理案件。各州地方法院主要处理民事案件,如调解夫妻矛盾,处理离婚案件,解决财产纠纷等。马斯喀特上诉法院为第二等级,通常由3名法官负责审理,其职责是审查初级法院判决后的上诉案件。最高法院是阿曼司法系统中权力最大、级别最高的司法部门。最高法院又称处理冤案委员会(或称控告委员会),它与前述两级法院不是平行关系,而是它们的上级监督部门。最高法院的职责是监控法律实施,并享有法律解释权。最高法院作出的终审判决,经苏丹卡布斯批准后,则不再接受申诉。

三 刑事法院

刑事法院成立于20世纪70年代末,与宗教基金和伊斯兰事务部等部级单位相当,其职能主要是审理刑事案件,分为三级:初级法院,即各州的地方法院,通常只有1名法官负责审理;上诉法院,设在首都马斯喀特或其他中心城市,通常由3名法官审理;终审法院,由5名法官审理,其结果,必须上报卡布斯苏丹批准。

四 国家安全法院

根据2003年9月23日发布的阿曼苏丹2003年第64号法令颁布《国家安全法院法》,设立由负责司法事务的国家顾问赛义德·海拉勒·本·哈姆德·布赛义迪领导的国家安全法院。它的主要职责是审判危害国家安全的案件,如审判伊斯兰激进分子阴谋推翻政府的案件。

五 皇家内阁法院

皇家内阁法院主要审理与苏丹和皇家有关的事务,例如苏丹财产、王宫贵族的利益,它是国家财政的主要支配者。皇家内阁法院院长权力很大,这一官职的担任者是赛义德·本·萨利姆·艾尔·瓦海比(Sa'id b. Salim al-Wahaibi),他成为阿曼首屈一指的富翁。1985年12月,瓦海比被赛义德·塞义夫(Sayyid Saif)代替。不久,皇家内阁法院被废除,以新成立的王宫办公厅(Palace Office)取而代之。1989年10月,王宫办公厅成为部级单位。

六　行政法院

2001年4月,阿曼成立了行政法院,该法院为民众提供讨论政府政策的空间。行政法院(由初级法院和上诉法庭组成)有权推翻政府机构做出的决定。行政法院成立以后,原来的伊斯兰教法法庭、商业法庭和刑事法庭的功能被其取而代之。

根据皇家谕令,阿曼成立了最高司法理事会,并颁布了《刑事诉讼程序法》。2000年,根据皇家谕令第40/2003号颁布了《公证人法》,规定了公证人的职能及职权范围。公证人是法定委托人,他负责记录案件审理的相关资料并存档。阿曼已经建立了54个公证部门,取代了原来从属于伊斯兰教法法庭的文书记录员。1999年,皇家谕令规定成立起诉服务办公室,2001年6月任命公诉人,该办公室取代了原隶属阿曼皇家警察的犯罪公诉总指挥部。

第四节　社会团体

卡布斯登基之初,他就向阿曼国民宣布,女性不应被现代化苏丹国所忽视。作为女性权利的拥护者,卡布斯苏丹鼓励女性在社会各个领域崭露头角。卡布斯苏丹一直重视女性对国家发展的作用,他曾经这样号召,女性"在任何一个角落,无论是乡村还是城镇,高山还是平原,你们都应贡献自己的力量,发挥自己的专业技术、技能,履行你们的社会职责,致力于国家的经济建设和社会发展事业"。[①]

为保护女性权益,1973年阿曼成立女性协会。到2003年,

---

① 《阿曼 2004~2005》,阿曼新闻部,第37~38页。

阿曼女性协会共有27个分会，正式成员2965名，受阿曼社会事务部、劳动力部领导。女性协会的宗旨是提高女性和儿童的文化素质、健康水平，促进女性对家庭和社会的贡献。女性协会长期对女性进行教育，并举办一些短期培训课程，如学习阿拉伯语的扫盲班，进行计算机技能、英语、烹饪和营养、家政学等方面的培训。女性协会培训中心还提供手工艺制作、美容、装饰艺术和儿童护理等方面的培训工作。女性协会培训中心一般采用金字塔式的职业培训制度，先对部分女性进行培训，然后让她们回到社区培训其他女性。此外，该协会还设立托儿所、幼儿园和暑假女孩俱乐部等社会福利机构，照顾残疾儿童，促进社会和谐。

阿曼女性协会与阿拉伯女性联合会、海湾女性工作协调委员会、世界女性组织建立了联系，并借鉴这些女性组织的许多有益经验。女性协会积极参与地区和国际女性活动，曾出席历届世界妇女大会。

第四章

经　济

第一节　概述

一　历史概况

阿曼历史悠久，经历了繁荣和强盛，也遭受过外国的入侵和奴役。在有文字可考的历史记载中，阿曼人的航海业就很发达。凭借优越的地理位置和精湛的航海与造船技术，阿曼沿海地区通过海上贸易日渐富庶和繁荣。公元1507年，葡萄牙为了控制日益繁荣的阿拉伯海和印度洋贸易线，派军队入侵阿曼，占领其沿海地区长达142年之久，直到1649年苏尔坦·本·赛伊夫·亚里巴伊玛目将他们驱逐出阿曼。阿曼开始进入繁荣时期。1718年，教长苏尔坦·本·赛伊夫二世去世后，在新教长的选举过程中阿曼爆发了内战，整个国家陷入混乱，国力衰退，繁荣的局面到此结束。波斯人的军队趁机入侵阿曼，1742年，赛伊夫·本·苏尔坦二世同波斯签订条约，承认波斯对阿曼的宗主国地位，阿曼再度沦为殖民地，亚里巴王朝（1624～1744年）灭亡。1744年，艾哈迈德·本·赛义德被选为新伊玛目，他带领阿曼人民赶走波斯侵略者，恢复了国家的统一，建立了强大的海军和商业舰队。阿曼进入赛义德王朝，变成了拥有完整主权的国家，19世纪上半叶，其疆域已经越过阿拉伯海进入东非，控制了桑给巴尔岛。19世纪中叶，阿曼发展到了顶峰，成为控制印度洋贸易的地区强国，当时它与法国、英国和美国等大国都建立了政治关系。

19、20世纪之交，英国通过武力威胁包括阿曼在内的海湾国家，通过签订一系列协定和条约，把它们变成了英国的"保护国"。阿曼又进入了衰退、孤立的局面。1930～1970年，阿曼苏丹赛义德·本·泰穆尔实行了40年与世隔绝、闭关自守的愚民政策。他把石油收入换回的黄金藏在萨拉拉古城堡的地窖里，没有他的批准任何人不能出国旅行，阿曼人戴眼镜或骑自行车都是犯法的。那时，阿曼的经济与社会发展速度极其缓慢甚至停滞，人民健康状况很差，疾病肆虐，肺病、痢疾、砂眼和麻风病很普遍。贫困、落后和愚昧迫使很多阿曼人、甚至受过良好教育的富人也背井离乡去国外谋生。

在发现石油之前，阿曼的经济活动主要以传统的珍珠采集业、渔业、造船业、农牧业和转口贸易为主。20世纪20年代以前，位于海湾诸国附近的采珠场年产珍珠约占世界总产量的一半，采珠业一直是海湾各国居民最重要的财源之一。由于20世纪20年代后日本的人工养殖珍珠迅速打入国际市场，珍珠价格大幅下挫，海湾诸国的采珠业逐渐萧条。虽然从1967年起阿曼石油已经开始出口，但是石油收入没有用于发展国民经济。因此，在20世纪70年代初，除了传统手工业外，阿曼基本上没有现代化的非石油工业，农业和渔业也很落后。1970年，全国只有10公里长的沥青公路，地理位置优越的港口年吞吐量仅12万吨。全国只有3所小学、30名教师、909名学生，只有12张病床的一家医院，3家银行和4家分行，1个职业培训中心，2个邮电所，没有航空港，年产淡水308万升，年发电能力仅为800万千瓦时。阿曼当时经济状况基本上是一穷二白，被列入世界上

最穷的国家之一。1970年的国民生产总值仅3亿美元，人均100多美元。自从1970年现任卡布斯苏丹上台以来，才充分利用石油出口收入发展国家经济。

二 卡布斯苏丹执政后的阿曼经济

1. 经济政策

1996年阿曼《国家基本法》规定，国民经济的基础是公正和自由经济的原则，主体是国营与私营企业之间的合作，目标是实现经济与社会发展，按照国家的总体规划，并在法律的范围之内，使生产增长，公民的生活水平得到提高。

现阶段，阿曼经济发展遵循三条基本原则：一，建立一个能够自我调节的、开放的、多元化的经济体系。二，推进经济私有化和实行自由市场经济政策，推动建立有竞争力的高效私营部门。三，开发人力资源，不断提高人力资源的质量和技术水平，使人力资源成为国家发展的动力。

进入20世纪70年代以后，随着石油产业成为国民收入的主要来源，阿曼经济开始进入快速发展阶段，在社会和基础设施发展方面成就显著。石油被认为是阿曼经济发展不可或缺的"工业血液"，阿曼经济严重依赖石油收入。2003年阿曼政府收入的近70%和国民生产总值的40%由石油和天然气行业构成。2004年人均国民生产总值为10251.8美元。2006年按照现行价格计算人均国民生产总值为5336里亚尔，比2005年增加3%。据英国经济学家情报社统计，阿曼2007年人均国民生产总值为14618美元，2006年和2007年的实际国民生产总值增长率分别为6.6%和5.3%，2003~2007年国民生产总值平均增长率为5.1%。[1]

---

[1]《2008年阿曼国家概况》，英国经济学家情报社，第20、25、47页。

为打破单一依赖石油经济的格局,避免单一依赖石油经济的经济体系的脆弱和国家发展的不稳定,阿曼实行了以石油出口带动经济多元化和整个国民经济发展的战略。阿曼从第三个五年计划(1986~1990年)时期起,就提出了"国民经济多元化"的发展目标,采取的主要措施是:调整产业结构,吸引外资,增加收入,促进就业;加速推进产业多元化,重点发展农业、渔业、中小企业和开发其他矿产资源;实施经济私有化、就业阿曼化等,通过实施开放政策和自由经济积极引进外资和先进技术,鼓励私人投资,并且取得了显著的成就。在20世纪80年代和90年代初,经济多元化的对象集中在制造业方面。阿曼政府向国内和国外公司提供优惠,鼓励它们在阿曼的工业园区开办工厂。自从发现大量天然气储量后,多元化的政策更多地转向开发天然气资源及与其相关的工业。为了实现经济的可持续发展,阿曼政府加大了改革力度,加速推进产业多元化、经济私有化、就业阿曼化进程,并取得了显著的成就,非石油产业在阿曼经济中的地位越来越重要。经过十几年的努力,阿曼非石油产业占国民生产总值的比重逐渐由1990年的54%上升到2002年的57%;财政预算中,石油收入占预算总收入的比例从2002年的73.1%、2003年的71%下降到2004年的56.5%,约合16.54亿里亚尔。[①] 这表明,国家收入多元化的趋势已经逐步形成,非石油部门在经济中的比例在逐渐增加。除了多元化,实行私有化也是阿曼发展经济的一项重要政策。阿曼政府给自己的定位是私营经济部门的促进者而不是竞争者。2000年加入世界贸易组织后,阿曼政府意识到,只有通过对外开放和提高私营经济部门的竞争力,才能在国际上赢得竞争。政府鼓励私营企业参与各经济领域的建设。政府的私有化政策主要有:出售政府控股的企业给私营企业;将公

---

① 《阿曼 2004~2005》,阿曼新闻部,第88页。

营经济部门的作用限制在私营企业无法完成的活动范围。在20世纪末,阿曼政府在能源、水力、电信等重要部门开始实施私有化进程。

阿曼虽然实施了一系列五年发展计划,但经济结构还不成熟,仍严重依赖石油出口,阿曼经济受国际石油价格波动的影响很大。1998年由于全球油价狂跌,阿曼国民生产总值呈负增长,出口收入损失20亿美元,预算赤字达6亿里亚尔(约合15.6亿美元)。为了减轻国家经济对石油的依赖,阿曼政府一方面开源节流,寻找新的油源;另一方面加强炼油业的发展,减少对成品油的进口。实施经济多元化政策以来,经济发展的重心转移到非石油产业。自从发现大量的天然气储量后,经济多元化的重点就集中到天然气行业。阿曼是阿拉伯半岛上较早采取措施减少国家经济对石油出口的依赖,发展经济多元化并取得明显效果的国家。

2008~2009年阿曼的短期经济政策重点是,凭借国际高油价带来的充足资金,加速国家经济向多元化方向发展,为本国快速增长的达到就业年龄的年轻人创造更多的就业机会。

2. 经济发展概况

石油收入为国家经济的发展提供了强大的资金支持,阿曼公营和私营经济部门迅速发展起来。自20世纪60年代中期起,阿曼经济发展处于快速增长状况。根据世界银行估计,1965~1980年间,阿曼国内生产总值年均增长率为12.5%,是世界上增长速度最快的国家之一。

20世纪70年代上半期,阿曼经济发展的重点是进行基础设施建设和发展教育和卫生事业,为国家发展打下基础。1975年全国的沥青公路已达708公里,卡布斯港、赖苏特港和法哈尔港全年的货物吞吐量为130万吨;学校发展到176所,教师达2115名,学生达49229人;医院有病床1000张;银行增加到13家及分行42家;1973年新建了西卜国际机场;淡水生产能力为7897

万升；发电能力为1.22亿千瓦时；1974年建成第一座彩色电视台；1975年11月建成第一座人造卫星地面接收站。

阿曼20世纪80年代上半时期的年均国内生产总值增长率为6%，国内生产总值从1965年的6000万美元上升到1985年的89.8亿美元。1970年人均国民收入为176美元，到1981年增加到3880美元。据统计，1985~1995年间的人均国民收入增长率为0.3%。1990~1995年间，以不变价格计算，国民生产总值年均增长率为6%。1995年，世界银行根据1993~1995年平均价格计算，阿曼的国民总收入（GNI）为105.78亿美元，人均国民收入4820美元；1997年人均国民收入4950美元。阿曼实际国民生产总值增长率1996年为2.9%；1997年为6.2%；1998年为2.7%。由于1998年世界石油价格暴跌，1999年的实际国民生产总值增长率下降为0.2%，人均国民收入为6757美元。2000年由于世界石油价格回升和同年4月开始向韩国出口液化天然气（LNG），使碳氢化合物部门的收入增长了10%。2000年，阿曼的实际国民生产总值增长率上升到5.1%，人均国民收入是8256美元。2002年，阿曼的国民生产总值近200亿美元，实际增长2.9%；人均国民生产总值为8314美元；政府财政收入为78亿美元，支出约67亿美元，实现盈余11亿美元。英国经济学家情报社的数据显示，阿曼2006年实际国民生产总值360.95亿美元，增长率为6.6%；2007年国民生产总值为390.53亿美元，增长率为5.3%。[1]

1986年世界油价由1985年的27美元/桶跌至8美元/桶，阿曼的经济增长遭受重创。自那时起，阿曼开始注重对非石油产业和私营经济部门的投资，希望通过这些部门的发展带动阿曼经济的发展，并通过对外资采取开放措施的法规，进一步鼓励私营经

---

[1] 《2007年阿曼国家概况》，英国经济学家情报社，第25页。

阿曼

济部门投资。由于阿曼经济多元化进程开始较早,非石油产业占国民生产总值的比重在海湾国家已处于领先地位,重要的非石油产业部门是服务业、制造业、化工业和农渔业。2001年阿曼非石油产业产值为118亿美元,比2000年的106亿美元增长了12%。其中批发零售业产值约23亿美元,比重最高。制造业由2000年的约10.7亿美元增至2001年的16.5亿美元,增长55%,增速最快。2005年由于石油产量减少,石油产值在国民收入中的比重由原来的74%降低到65%;同时,天然气产值所占比重上升到9%,比2004年上升了47%。①

根据2004年初的统计表明,阿曼国家财政支出达到了34.25亿里亚尔,比上一年增加了14.2%;国家财政收入达29.25亿里亚尔,比上一年增加了12.5%。在石油产量和石油净收入相对下降的前提下,国家财政支出和收入双双实现增长,体现了阿曼经济的活力和经济多元化战略的成功。2006年阿曼国内生产总值为137亿里亚尔,比2005年增长了15.6%。这一结果得益于政府采取了适当的经济和货币政策、天然气和石化工业的发展、国内需求增长和非石油产品的出口增加等因素。2006年国内生产总值(GDP)中非石油部门所占比率约为53%,产值为72.82亿里亚尔,比2005年的62.35亿里亚尔增长了16.8%。②

对外,阿曼积极参加地区和国际经济组织,与邻国保持睦邻友好关系,再加上阿曼国内政治和社会稳定,这一切都为阿曼经济的发展提供了良好的环境。

3. 私有化进程

阿曼政府鼓励私有化,1995年召开的"2020年阿曼经济前

---

① 《阿曼 2005~2006》,阿曼新闻部,第138页。
② 《阿曼 2007~2008》,阿曼新闻部,第178页。

景会议"建议，在25年内使私人资本在国家资本总额中的比例增至80%~85%，达60亿里亚尔。政府发展私营经济部门的政策之一，就是把国营经济部门限制在私营经济部门不能承担的活动中，将国营企业逐步向私有化发展，使私营经济在国家建设中起主导作用。通过扩大私营经济部门的比例，把经济工作的重点放在工业、农业、渔业、矿业和服务业上。政府实施私有化的措施包括：出售大量工程项目的股份，为国内外投资者创造有利的投资环境，为投资者提供一系列优惠政策等。为照顾中小投资者的利益，要求私人公司在扩大投资时将新增资本的20%以股份形式投入马斯喀特证券交易市场，扩大投资参与者的范围。1998年和1999年分别被定为"私营部门年"，2000年被定为"私有化年"，大力鼓励私营经济部门参与国家的经济建设，并鼓励个人创业，促进小型企业的发展。

1994年7月，政府实施一项广泛的私有化方案以吸引私人投资，特别是向基础建设项目投资。同年11月，基础建设项目所有权投资法出台，允许外国投资人100%拥有与国家经济建设相关的项目。1996年通过新私有化法。1996年10月出台一项新税收法，使所有从事工业、矿业、渔业、旅游业和农业的公司都将从减免税收的政策中获益，以前这只是阿曼本国人经营的公司才享有的特权。1999年成立了企业家委员会，负责联络政府与私营经济部门之间所有与经济发展相关的事宜，包括贸易、工业、旅游业和投资等领域。1986~2000年的三个五年计划期间，政府资助私营企业的拨款共达10.66亿里亚尔。阿曼发展银行在1979~1996年向私营企业发放低息贷款共1.35亿里亚尔，支持了615个工业项目。[1] 政府还向私人企业出售国营企业在银行、保险业、旅游业、电力、天然气、集装箱码头、炼铝厂、化肥厂

---

[1] 袁鲁林：《阿曼三十年巨变》，2001年2月《外经导报》，第8页。

的资产或股权,如阿曼政府让私营企业参与国家电力的生产和传输,西卜机场和萨拉拉机场实行私有化等。私营企业还参与了港口、通信、高等教育、工业等部门的经营。这些项目可由私营经济部门完全投资,也可由私营经济部门与政府合资建设,为这些部门大型项目的建设创造条件。1999年政府给予私营经济部门支持的金额达3390万里亚尔,比上一年的1730万里亚尔增加95.95%。第五个五年计划期间(1996~2000年),政府设定私营经济部门的投资目标占国家总投资的53%,在这5年里对私营经济部门的投资总额为10亿美元;对工业投资的比重实现了占国家总投资53%的目标;而在第四个五年计划期间仅占40%的比例。

为了扩大私有化,2003年阿曼政府从阿曼电信公司撤出20%的股权,并将其在阿曼水泥公司的股份降至51%。其他的私有化措施还包括:降低政府在艾尔马哈(AL-MAHA)石油企业、阿曼面粉厂、港口服务公司和阿曼渔业公司的股份,转让3座电站的资产等。然而,当时的资本市场还不可能一下子使私人资本吸收如此巨大的政府出让的股权,私有化过程还需要较长时间。目前,许多涉及银行、保险业、旅游业和电力行业的私有化项目已经完成。

将主要的经济部门对外开放是阿曼加入世界贸易组织的承诺之一,通过政府的多方努力,阿曼经济私有化的步伐在不断加快。

4. 阿曼在各个五年计划中取得的成就

1970年现任苏丹卡布斯执政之初,国家经济状况很差,人民生活水平极低,所幸的是石油出口换来大量美元为国家经济发展提供了雄厚的资金支持。由于全部石油收入用于经济建设和社会福利事业,使国家经济进入快速发展时期。1970~1975年是阿曼经济发展的起步阶段,重点发展了交通、水电、建筑、教育和卫生等关系国计民生的基础项目,为此后实施发展国家经济的一系列五年计划打下了基础。1974年，阿曼石油收入增长301%，经济发展增长率为23.5%，创历史最高纪录，但通货膨胀率也高达23%。1974年成立了国家发展委员会，为国家经济有步骤地发展制定了一系列规划。

第一个五年计划（1976~1980年） 这一时期石油收入猛增，共计82.1亿美元，占政府总收入的85%~86%。国民经济年均增长率为20.3%，1980年达到29%。用石油收入发展交通运输、建筑、能源等基础设施，使经济得到迅速发展，社会面貌也发生巨大变化。政府部门所在地、发电站等基础设施建设是这一时期的重点。1980年，国内生产总值为19.75亿里亚尔，比1970年的1亿里亚尔增长近20倍，人均国民收入上升到2200美元。

第二个五年计划（1981~1985年） 该时期，石油产量逐年递增，5年内石油收入达222.83亿美元，占国家财政总收入的85%~86%。自1981年以后，国际石油价格不断下跌，这一时期阿曼石油收入增长遇到困难，国民经济增长速度放慢，财政赤字逐年增加，5年的国民经济年均增长率为13.1%。阿曼积极争取外国赠款和贷款。美国出于战略考虑，在1981~1984年为阿曼提供3.4亿美元的军事援助和5000万美元的赠款。英国银行在1982年给卡布斯大学工程提供2.35亿美元贷款。日本也给予少量的援助。阿曼这一时期的目标是将传统经济向现代经济转变，提高人民生活水平，完成阿曼现代化经济所需要的基础设施建设。该计划期间共投资100亿美元，到1985年底已基本完成能源、交通等领域的基础设施建设目标。石油占国民生产总值的比率从1970年的67%下降到1985年的46%，非石油部门的产值占国民生产总值的比率从33%上升到54%（其中工业占21.8%，农业和渔业占10%）。[1]

---

[1] 袁鲁林：《阿曼实行经济多元化政策》，1986年11月18日《人民日报》。

阿曼

在 1976~1985 年实施的两个五年计划期间，政府共投资 150 多亿美元，用于发展公路、港口、机场、炼油厂、水泥厂、电网、医院和学校等基础设施建设和社会福利事业，国民享受免费教育和免费医疗。1975 年全国只有 10 家小工厂，资金为 50 万里亚尔；1985 年底全国增加到 1400 多家工厂，资金为 3 亿多里亚尔。

第三个五年计划（1986~1990 年） 这 5 年中，国家重点发展工业、农业和渔业。1986 年国际油价下跌，阿曼经济发展速度放慢。政府意识到单一的石油经济存在弊端，开始提出使"国民经济来源多元化"，集中改善医疗卫生、教育和社会服务设施，实现经济平衡发展，克服低油价给国民经济带来的困难。政府划拨 5000 万里亚尔无息贷款给私营企业，给发展银行增加资金 1300 万里亚尔，以促进私营企业的发展。1990 年，国内生产总值为 40.84 亿里亚尔（合 10.61 亿美元），人均收入为 7073 美元。

第四个五年计划（1991~1995 年） 这一时期，国家重点发展私营企业，注重非石油产业的发展，集中力量发展农业、渔业、加工业、旅游业和扩大公共服务行业，使经济基础多元化。同时，重视首都以外地区的发展，这方面的投资力度从第三个五年计划中占投资总额的 42% 增加到 60%。到该五年计划结束时，非石油企业的产值所占比重从"一五"计划期间的 43% 增加到 62%，它们的收入从占 8.5% 增至 24.4%，它们的出口比例从 3.8% 增至 20.7%。1995 年国内生产总值为 34.538 亿里亚尔（合 89.825 亿美元）。

第五个五年计划（1996~2000 年） 这一阶段的总目标是：保持并逐步提高公民收入水平；开发人才资源，控制外籍劳工，实行就业阿曼化；支持私营经济部门，加快私有化进程；2000 年消灭财政赤字；改变石油作为国民收入唯一来源的经济结构，实现收入来源多元化。阿曼国民生产总值1997年达到60.75亿里亚尔。1998年由于国际油价下跌，石油收入减为54.571亿里亚尔（合145.46亿美元）；2000年为76.23亿里亚尔（合198.2亿美元）。

前五个五年计划期间，国家在基础设施建设和满足国内需求的项目中投入约1125亿美元，为阿曼经济的发展奠定了基础。

第六个五年计划（2001~2005年） 阿曼政府提出了在原有水平上稳定个人收入，国民生产总值的年增长率不低于3%，在5年内为阿曼人提供10万个在私营经济部门就业的机会，计划增加教育和培训基金，限制外籍人在某些行业就职等目标。禁止外籍人在36种职业中任职的禁令从2004年1月开始生效。

政府希望通过国内外私营企业的合作，在这5年内通过发展规模经济和服务业来推动私有化进程。"六五"计划投资额达12.85亿里亚尔，按不动产计算，比第五个五年计划期间的投资增加了2.24亿里亚尔。在"六五"计划的第4年，私人投资额占全部投资的比例从第五个五年计划的37.7%增加到53.9%。

2002年阿曼国民生产总值近200亿美元，实际增长2.9%；人均国民生产总值8314美元；政府财政收入78亿美元，支出约67亿美元，实现盈余11亿美元；通货膨胀率为-0.8%；外债约37亿美元，占国民生产总值的18.8%。

第七个五年计划（2006~2010年）[①] 阿曼五年计划最高委员会确定了"七五"计划期间15项社会经济发展目标。

（1）"七五"计划期间，以固定价格计算的年均经济增长率不低于3%。在努力提高人民生活水平的同时，保持低通胀率水平。

（2）改善普通教育质量；扩大高等教育范围，采取战略措施提高高等教育的质量。

---

① 资料来源：中国驻阿曼大使馆经济商务参赞处网站。

（3）赋予国民就业以最优先的地位，制定明确的国民就业计划。

（4）适度支出，努力实现公共开支的可持续性。努力增加非石油产业的收入，提高以石油、天然气为首的产业部门的生产率，优先考虑提高石油储量的新勘探作业。

（5）改善和提高国家行政机构的效率，加强对国家行政机构工作绩效的监督。

（6）在实现经济增长的同时，特别关注与之相配的人口和人力资源的可持续开发、社会关怀和妇女参与，使之与阿曼的政策、传统和社会实情相协调。

（7）促进水资源的保护和开发，扩大供水网。

（8）关注环境保护，将"七五"计划的发展政策、计划和项目列入环境保护标准。"七五"计划将优先考虑首都以外各地区的开发，特别为边远地区居民提供适量住房和基本社会服务。

（9）保护民族文化遗产，密切与阿拉伯地区组织和其他国际组织的文化交流。

（10）加强旅游业、渔业、工业的发展，加快港口和机场等与出口相关的基础设施建设，积极与国际经济体建立伙伴协议。

（11）促进国内外私人资本的投资，加速实施私有化政策和计划。对政府撤资所获收入进行指导，建立项目和投资基金，为制造业提供融资，促进经济多元化。

（12）为中小企业发展提供融资进行行政和技术支持。

（13）推动金融机构的发展，使之能更好地从事资金投放，改善退休基金状况，开发新的管理手段，提高投资能力。

（14）推动国营和私营经济部门的研发活动，提高阿曼非石油产业的竞争力。开发和不断更新各个产业部门的数据库，使它们能够做出与可持续发展相协调的正确决策。

（15）通过对政府电子系统的开发，实现"数码社会"的国

第四章 经济

家战略，带动 IT 业的发展。

除实施五年计划外，阿曼还于 1995 年制订了"阿曼 2020"远景规划。它的目标在于将阿曼经济推向一个新阶段，使人均收入翻一番。至 2020 年，国家经济发展的具体目标是：石油产值在国内生产总值中的比重下降为 9%（1996 年为 41%）；天然气产值在国内生产总值中的比重增加到 10%（1996 年小于 1%）；非石油产业的产值在国内生产总值中的比重增加到 29%（1996 年为 7.5%）。

通过连续实施六个五年计划和正在实施的"七五"计划，阿曼经济取得快速发展。2004 年、2005 年、2006 年阿曼国民生产总值的增长率分别为 5.4%、5.8%、6.6%。[①] 由于阿曼经济增长的拉动力主要依靠与石油和天然气出口相关的经济部门，其他经济部门的收入虽然也在增长，但因总量太少对宏观经济的影响甚微。2004 年阿曼中央银行统计，政府当年收入为 40.4 亿里亚尔（约合 105 亿美元），其中石油和天然气收入为 27.8 亿多里亚尔，约占全年国民总收入的 68.8%。

第二节　农、牧、渔业

一　发展概况

阿曼在传统上是个农业占优势的国家，在大规模开发石油资源以前，阿曼国民收入的主要来源是农牧业和渔业。那时，绝大多数人从事农牧业和渔业，只有少数人从事商业和手工业。全国现有可耕地约 10.135 万公顷，已耕地为 6.15 万公顷。[②] 农业虽是传统的经济支柱，但因受干旱、沙漠广布等自

[①] 《2007 年阿曼国家概况》，英国经济学家情报社，第 25 页。
[②] 《世界知识年鉴 2007/2008》，世界知识出版社，2008，第 41 页。

109

然条件的限制，它占国内生产总值的比重较小，然而它仍为国家提供了1/3劳动力的就业机会。截至2004年，全国从事农业的人数超过20万，其中阿曼人约占2/3。1967年开始出口石油以后，石油工业迅速发展，逐渐形成了以石油为支柱的单一经济结构。相比之下，农业在国民经济中的重要性下降。1980年农业总产值在国民生产总值的比例不足2%；2007年农业、渔业共计创收5.3亿美元，比上一年增长4.6%；2008年农业产值占国民生产总值的2.1%。

自从1976年实行第一个五年计划开始，农业和渔业取得了巨大进步，产值直线上升。由于阿曼石油资源有限，预计这两个产业将会成为国家经济多元化的支柱之一。1970～1983年间，国家投入发展农业和渔业的经费总额1.1亿多里亚尔，发展和改善水资源开支为1.17亿里亚尔，其中0.23亿里亚尔用于修建水坝和改进生产工具。1978～1992年阿曼农业总产值的年均增长率为8.9%；1993年、1994年农业总产值分别增长5.2%和3.2%；1999年，按照当时的市场价格计算，农业、畜牧业为阿曼国民生产总值创造产值为1.07亿里亚尔；2003年为1.053亿里亚尔（占国民生产总值的1.2%）。[①]

阿曼北部的农业区集中在巴提纳滨海地区和内陆的谷地，主要种植椰枣、柠檬、香蕉、烟草、西红柿和洋葱。阿曼共种植椰枣树1000万株左右。南部地区种植的农作物主要是椰子树、番木瓜和香蕉，集中种植在受印度洋季风带来降雨的狭长的沿海平原。由于受自然条件和科技水平的限制，农牧业生产技术都很落后，农产品不能满足本国居民的需要。1987年，阿曼进口食品所需金额1.31亿里亚尔，占进口总额的18.6%；1990年食品进口额为1.626亿里亚尔。2000年的统计显示，阿曼农牧业提供

---

① 《2008年阿曼国家概况》，英国经济学家情报社，第28页。

本国所需的64%的蔬菜、53%的牛奶、46%的牛肉、44%的鸡蛋和23%的羊肉。

二 农业

1. 农业政策

与海湾其他国家相比,阿曼的土地和水资源相对丰富,所以对农业发展非常重视。尤其是在第三个五年计划(1986~1990年)期间,阿曼政府采取了提高农业生产技术水平、开垦更多荒地、开发新水源和修复法拉吉灌溉系统等措施。虽然在人口日益增长和农业用水严重缺乏的情况下,实现粮食的自给自足非常困难,但在实施"经济多元化"发展的战略下,阿曼政府还是提出了争取"食品自给"的目标,宣布1988年为"农业年",提出了农业是经济发展的首要任务的口号。为鼓励对农业的投资,阿曼政府发布了一系列富有吸引力的政策,包括对主要经营农业和农产品的公司实行5年免税政策;为保护本国农业,对一些进口农产品征收保护性关税,如干酸橙进口税率为100%、椰枣为20%、香蕉为25%。

2. 农业发展措施

（1）增加投资

阿曼政府在第一和第二个五年计划期间,分别为农业部门拨款2.6亿美元和2.86亿美元。在石油收入锐减的1986~1988年,阿曼政府对农业的投资仍保持在年均2000万里亚尔左右。

1981年阿曼建立农业渔业银行,为农业发展提供贷款,并以此手段抑制发展过快的城市化进程。1997年,农业渔业银行被改组为阿曼发展银行。农民购置农业机械、化肥、种子,渔民购买渔轮、渔网,大多可从该银行获得低息或无息贷款。在1982~1988年期间,该银行向农民、渔民共发放贷款6722笔,合计2200万里亚尔。截至1996年底,该银行共向农民、渔民提

阿曼

供贷款约1.5万笔,总额超过5500万里亚尔。阿曼于1988年建立了约2500个政府下属的实验农场。1989年,政府对农业、林业和渔业的投入约2710万里亚尔;1993年政府在这些部门的投入增加到4070万里亚尔,占总投资额的3.7%。1993年的统计数字显示,全国约9.4%的劳动力以传统生产方式从事农业生产,60%的可耕地尚未得到开发。1998年政府对农业的投资下降为2210万里亚尔,占投资总额的1.2%。1992~1996年,农作物的产量从78.42万吨上升到118.18万吨,年均增长率为4.6%;同期的农业出口产值从3180万里亚尔增加到5080万里亚尔,年均增长率为14.5%。1998~2002年间,阿曼年均产椰枣24万~28万吨;其他的农作物还有苜蓿、酸橙、芒果、柠檬、香蕉、番木瓜和椰子等;基本能够自给自足的蔬菜有西红柿、黄瓜、洋葱和辣椒。谷物的产量较低,2000~2002年年均产量为5700吨。

表4-1 1999~2003年各种农作物产量与种植面积

单位:万吨,公顷

年 份	1999	2000	2001	2002	2003
土豆产量	1.56	1.82	1.27	1.55	1.55
种植面积	520	698	389	500	500
西红柿产量	4.2	3.96	4.65	4.31	4.19
种植面积	1100	886	1005	1005	930
香蕉产量	3.01	3.22	3.37	3.29	28.75
种植面积	2550	2633	2716	2610	2520
西瓜产量	2.26	2.40	2.99	2.70	2.66
种植面积	650	849	846	846	750
柠檬和酸橙产量	1.21	0.82	0.86	0.84	0.68
种植面积	1700	1678	1705	1705	1440
椰枣产量	2.82	2.80	2.98	2.39	2.20
种植面积	35500	35508	35616	35616	33848

资料来源:《2007年阿曼国家概况》,英国经济学家情报社,第51页。

阿曼政府还采取了保护耕地资源、改善生态环境等措施，对农业发展的基础设施进行更新，对农民购置各种农用物资实行优惠政策。

(2) 建设水利等农业基础设施

阿曼的农业严重依赖水利灌溉，政府在第三个五年计划 (1986~1990年) 中提出：提高农、牧、渔业生产技术水平，开垦更多的荒地，开发新水源，修复法拉吉灌溉系统。为保护耕地和水资源，政府实施了许多相关工程，如引进现代化灌溉系统以改善农业生产，这一措施已在350多个农场实施。现在至少有2313个农场的11948费丹 (1费丹等于0.42公顷或6.3市亩) 农田使用了现代化的灌溉技术，相对于传统的阿拉伯法拉吉灌溉系统，不仅节约了80%的用水，还扩大了耕地面积。

1988年，在苏哈尔的济兹 (Jizzi) 建设了储水量为360万立方米的大坝。1989年阿曼政府制定了3个扩大输水管网的方案，其中包括位于尼兹瓦和苏尔的两个各耗资200万里亚尔的项目，位于马西拉岛的一个耗资50万里亚尔的项目。1991年4月，农业渔业部签署一项金额为830万美元的合同，在巴提纳沿海地区修建两个储水大坝。到2001年，阿曼共有17座地下水储水坝和40个地面水储水坝。

2003~2004年，为保护农田免遭沙漠侵蚀，修建了多处护沙墙，已建成和在建的护沙墙约有27座。政府在巴哈拉 (Bahla) 的凯德 (Kaid) 地区和伊卜里的艾尔马沙里布 (Al Masharib) 地区兴建保护农田不受季节性洪水破坏的工程。控制害虫计划是保护农作物的主要内容，该计划的重点是防治椰枣树、椰子树、柑橘和芒果的病虫害。

(3) 主要农业活动

种植椰枣树是阿曼经济发展和环境保护不可缺少的重要组成

阿曼

部分，也是阿曼农业中的主要农作物。阿曼政府已经开始实施国家椰枣种植计划，并于 2004 年先后在 109 个农场建立了椰枣加工和包装部门。政府和种植者共同出资增建了大量温室，从 20 世纪 90 年代的 440 个增加到 2003 年底的 1500 个。阿曼吉玛农业研究站的克隆实验室培植了约 3 万株高质量的椰枣树苗，通过"更换旧椰枣树工程"分发到农民手中。为了提高椰枣产量，巴哈拉无性繁殖实验室培育优良的高产椰枣幼苗向农民发放，该实验室把培育能力提高到每年 3 万株。该实验室还培育了优良菠萝和香蕉等农作物幼苗。2005 年阿曼有 800 万棵椰枣树、39 万棵芒果树和数千棵酸橙树、椰子树等。

阿曼人养殖蜜蜂有很久的历史，认为这是来自真主安拉的启示。《古兰经》中"蜜蜂"一章里就有这样的记载：蜜蜂按照真主的教导，开始在山坡上、在树丛里、在人类居住的地方建造蜂巢；蜜蜂辛勤工作，自食其力；蜜蜂的体内分泌出可以食用的液体，这是给人类的灵药。

阿曼的绿洲有茂密的棕榈树、椰子树、橡胶树、乳香树、甘蔗园和农田，为养殖蜜蜂提供了良好的生态环境。阿曼特有的果树——椰子树、番木瓜树和刺梨树等，为蜜蜂提供了丰富的采蜜来源，这也使这里的蜂蜜形成了独特的风味。阿曼有两种著名的蜜蜂：艾皮斯米利法拉（Apis millifera）和艾皮斯弗劳丽（Apis florea）。阿曼北部的传统养殖场，通常把蜜蜂养殖在一段段掏空的枣树木桩里，养蜂人把木桩的后边切开，把蜂蜜取出来。现在，现代化养殖蜜蜂的方法已经被广泛采用，极大地提高了养殖效率。为了保证蜂蜜的质量，有关部门采取了各种措施加强管理。阿曼农业渔业部严禁将当地蜜蜂和进口蜜蜂混养。政府为所有阿曼养蜂人提供服务，宣传养殖经验并给予帮助。阿曼已注册的专业养蜂者有 3000 人，他们结合现代和传统的养殖方法，生产出高质量香味独特的蜂蜜。

（4）加强农业科研

阿曼发展农业注重提高科技含量。政府建立了许多农业研究和农业服务机构。农业研究机构帮助阿曼农民保护庄稼，提高农产品的质量和数量。政府通过农业研究机构还为农业发展提供了许多便利条件，如用飞机撒药防治病虫害，发放农药，提供高质量的种子，建设模范农场，引进先进灌溉系统利用宝贵的水资源等。

阿曼现有两个农业研究中心，一个研究农作物的种植技术，另一个是进行植物保护研究。农业研究中心开展有关提高农业生产力，防治虫害等方面的科研，就农民遇到的相关问题给予指导和提出建议。阿曼还与日本国际合作公司合作，在未开垦的土地上种植红树林，种植面积从 2000 年 4 月的 600 公顷增加到 2004 年的 1000 公顷。

三 渔业

1. 概况

渔业是为阿曼人提供就业的主要经济部分之一，也为阿曼人提供了主要的食物来源，全国有 1/4 的人直接或间接从事这一行业。1986～1990 年的第三个五年计划强调了发展渔业的重要性，鼓励渔民向渔产品出口和满足本国市场需要的方向发展，以减少国家对进口食品的依赖。阿曼有 1700 公里的海岸线，渔业资源非常丰富，有 150 多种海洋鱼类，其中很多具有商业开发价值。阿曼盛产沙丁鱼，每年可制作大量的沙丁鱼干和沙丁鱼罐头。阿曼南方沿海盛产名贵的龙虾，远销到美国、日本和澳大利亚等国。阿曼主要的海产品有：金枪鱼、石斑鱼、螯虾、龙虾、沙丁鱼、海虾等。

20 世纪 70 年代末，阿曼渔业捕捞量每年在 6 万吨左右；1988 年迅速增长为 16.56 万吨。由于过度捕捞和海水污染的原

阿曼

因，20世纪90年代捕鱼量逐年下降，1998年的捕鱼量下降到10.6164万吨。近几年，阿曼政府采取限制捕捞数量的措施，渔业生产增长迅速。2000年，阿曼渔业总产量超过了12万吨，其中提供出口4.6408万吨，价值3720万里亚尔，主要出口到阿联酋、沙特阿拉伯和韩国。2001年捕鱼量为11.36万吨；2002年达到15年来的最高水平，捕鱼量为14.4万吨。2002年渔产品出口量达6.225万吨，比前一年增长18%，价值4640万里亚尔。① 2004年的捕鱼量与2002年持平。

据统计，阿曼在2003年有3.2万名登记在册的渔民，他们拥有1.2万艘小渔船，另外还有5000人受雇与渔业相关的行业。阿曼渔业中传统捕捞占90%，商业捕捞占10%。大多数本国渔民都在沿海或离岸边几公里处捕捞。在过去的10年内，一些商业捕捞船队获得了去深海捕捞的许可证。2002年国家取消了对鱼类捕捞量的限制，从而使商业捕捞的数量和产品出口量都有很大增长。在阿曼的经济发展远景规划中，到2020年，渔业将以每年5.6%的速度增长。

表4－2 1998~2003年捕鱼量

单位：吨

	1998年	1999年	2000年	2001年	2002年	2003年
渔业公司	17608	12144	12401	4370	27000	19609
传统渔民	88556	96663	108019	109247	117000	118877
总　　量	106164	108807	120420	113617	144000	138486

资料来源：《2004年阿曼国家概况》，英国经济学家情报社，第54页；《2005年阿曼国家概况》，英国经济学家情报社，第56页。

---

① 《2004年阿曼国家概况》，英国经济学家情报社，第54页；《西亚北非年鉴2005》，第910页。

近年来，由于渔业对阿曼经济发展的重要性不断增强，政府大力投资建设新渔港和渔市场。目前，阿曼丰富的渔业资源还远远没有得到充分开发，正在大力兴办渔产品加工业。

政府确定了一批项目，以推动传统捕捞业的发展并逐步走向现代化。为防止过度捕捞，政府限定一些深海鱼类如龙虾、鲍鱼等每年两个月的商业捕捞期。对于传统渔业部门，由青年船只公司赞助提供一批中型捕鱼船。该公司还和当地银行合作提供贷款，帮助年轻人购置新渔网、跟踪仪器和其他捕鱼设备，并鼓励年轻人从事与渔业相关的行业。

当前，阿曼渔业中占主导地位的还是使用小渔船的普通渔民，2001 年他们的捕鱼量占总量的 85%。私营部门投资的项目有鱼类加工厂、港口服务企业（制冰厂、船舶工厂、燃料站、餐馆和咖啡屋、渔网等捕鱼工具制造厂、现代船舶工厂等），还设有一些旅游项目，如海豚观赏和建设水族馆等。尽管近几年来政府加大了对渔业劳动力和市场的投入，2006 年渔业产值在阿曼国民生产总值中所占比例小于 1%；同年，传统捕鱼和商业捕鱼量约为 15.4 万吨。①

2. 政府投入

政府为渔业发展进行的策略研究包括养殖季节、利用有限空间尽可能增加鱼产量等方面；还包括对现有养鱼基地的管理和持续发展，养鱼场和贝类养殖场的发展，传统渔业设备的改进，加快渔业产品加工等，以及为渔民提供相应的技术和资金以保护和支持渔业的发展。根据第 51/91 号皇家法令建立了一个渔业研究基金，自 1991 年起，该基金已经资助和开发了 26 个项目。质量控制和建立储藏条件是渔业发展的重点，2002 年 4 月，由日本投资，阿曼政府在马斯喀特的艾尔布斯坦（AL-Bustan）建立了

---

① 《2008 年阿曼国家概况》，英国经济学家情报社，第 28 页。

阿曼

渔业质量控制中心（FQCC），2005年成立了一个渔业中心。为了对渔业技术和相关科学进行研究，政府又建了两所渔业人员培训学校，一所在萨拉拉，另一所在哈布拉（位于巴提纳海岸线上），这使阿曼的年轻人能够充分学习和掌握渔业相关的知识和技能。

1987年成立阿曼渔业公司（OFC），政府占24%股份。渔业公司从政府的渔民奖励基金会（Fishermen's Incentive Fund）获得了补助金。阿曼发展银行也以贷款鼓励小规模捕捞和商业捕捞。1990年，美国为发展阿曼丰富的渔业资源援助了4000万美元资金。为加快渔业发展，阿曼在第四个五年计划（1991~1995年）期间为渔业发展投资2亿里亚尔，建立了一支捕鱼船队和24个配有冷库和其他设施的新渔港。到1996年，阿曼渔业公司共有9艘深海拖网渔船和一个船载鱼肉加工厂，在马特拉开设了冷冻加工厂。在2001~2005年的第六个五年计划中，阿曼渔业年均增长率为4.3%，出口产值年均增长16%，出口数量年均增长8%。在阿曼的长期发展目标中，渔业占国民生产总值的比例将从1999年的1%增加到2020年的2%。

渔业发展的动力部分来自水产养殖业，特别是在国际市场上利润比较丰厚的龙虾和对虾的养殖。2000年在杜格姆建立了阿曼国际虾业公司（OISC）。2001年佐法尔渔业公司（DFICO）建成，它拥有阿曼最大的鱼产品加工厂和罐头厂，主要制作金枪鱼、沙丁鱼罐头，加工鱼肉和鱼油等产品。2002年初，阿曼按照欧盟标准又建成了4个现代化的鱼类产品加工厂，分别位于萨拉拉、噶拉（Ghala）、阿什哈拉（Al-Ashkarah）和马西拉，由阿曼渔业公司管理。

捕鱼和渔业加工是阿曼非常重要的出口产业。阿曼是欧盟成员国允许进口渔产品的出口国之一。阿曼有30多家公司出口渔产品，其中16家公司出口渔产品到欧盟国家。1982年阿曼农业渔业部和美国经济技术合作联合委员会签订一项渔业合作协定，规定该委员会将资助美国渔业专家的工作和在美国机构中培训阿曼的渔业管理人员和科技人员。协定还包括建立一座海洋科学和渔业中心，为阿曼培养海洋生物学和其他海洋学方面的人才。建立该中心的全部费用为5900万里亚尔（合1.6993亿美元），阿曼方面提供3600万里亚尔，其余由美国政府提供。鉴于渔业在阿曼国民经济中的重要性，2004年5月，阿曼首都马斯喀特被选为环印度洋地区合作协会渔业支持部的总部，并于2005年5月举办了该协会第一次会议。

四 畜牧业

1. 概况

阿曼畜牧业在阿拉伯半岛中处于领先地位，是阿拉伯半岛牲畜主要出产国之一。牲畜主要在南部的佐法尔省广泛养殖，因为那里每年6～9月受季风影响，雨水和牧草都比较丰富。2002年阿曼推行了一项改进天然牧场，保证畜牧业可持续发展的全国性政策。通过该政策，阿曼加强了对天然牧场的管理，改善了畜牧业用地。

萨拉拉山地的北部主要放牧牛群。哈贾尔山区主要饲养羊群。2003年据联合国粮农组织估计，阿曼有绵羊35.5万头、山羊100万头、牛31.5万头、骆驼12.5万峰。

阿曼政府统计，佐法尔省有2/3的人口靠饲养家畜为生。畜牧业对家禽也开始商业化饲养，1997年阿曼登记注册的家禽养殖场有234个。1997年在佐法尔建成一个综合家禽养殖场，投资额为1280万里亚尔，最初的生产能力是饲养9.4万只母鸡和年产鸡蛋5500万个，可储存冷冻鸡肉1.1万吨。接着在巴尔卡（Barqa）又建成一个家禽养殖场。阿曼每年可以减少一半鸡蛋和冷冻鸡肉的进口量。2000年佐法尔和巴尔卡家禽养殖场分别宣

布,每年增加鸡蛋产量各为1.08亿个和5000万个。联合国粮农组织的数字显示,2004年阿曼养殖鸡的数量是340万只。

表4-3 阿曼饲养牲畜数量

单位:万头,万峰

	2002年	2003年	2004年	2005年
绵 羊	35.4	35.5	35.5	37.5
山 羊	99.8	100	100	100
牛	31.4	31.5	31.5	33.5
骆 驼	12.3	12.5	12.5	12.3

资料来源:根据英国经济学家情报社出版的2004年、2005年、2007年《阿曼国家概况》的相关数字编制。

2. 政府投入

阿曼正加大对农业、畜牧业和渔业的投资,为34个项目发放了7.77万里亚尔的软贷款。阿曼的动物养殖研究中心和一些研究站正在进行一系列课题研究,目的在于改良当地的牛、绵羊和山羊的品种,改善家畜饲养状况,其早期成果已经被采纳。一些私营公司的几家工厂正在试验将农业和渔业废料做原料生产动物饲料。政府提供最新的技术和采取的设施,降低山羊和绵羊的死亡率,提高幼畜的成活率。农业发展中心对畜牧业者进行培训,推广最新的研究成果,帮助养殖户提高养殖效率。

政府在南部地区发展奶制品工业,为了增加牛奶和其他奶制品产量,给生产奶制品的农民提供市场销售援助和现代化的管理技术。阿曼推广国家畜牧免疫工程,保护动物不受瘟疫和传染病的威胁。2000年,为防治疾病,141.4万头牲畜接受了免疫注射,74.18万头牲畜到兽医站接受治疗。[1] 有关牧场和畜牧管理

---

[1] 《阿曼 2002~2003》,阿曼新闻部,第89页。

的新法律鼓励了畜牧业者饲养牲畜，使他们有效利用高产草料植物，引进营养价值高的新品种草料植物，促使畜牧业获得更好的经济效益。

3. 主要牧畜——骆驼和马

骆驼在阿曼人的生活中扮演着重要的角色，人们不仅用骆驼作为交通工具，饮用骆驼奶，食用骆驼肉，还举办著名的骆驼大赛。阿曼人养骆驼的历史悠久，当地的骆驼以负重量大和奔跑速度快著称。阿曼不同地区骆驼的颜色略有差异，一般有深色和浅色之分。佐法尔一带的骆驼多为黑色，其他地区的骆驼颜色较浅。阿曼每年举行一次盛大的赛驼大会，每头骆驼的价格现在高达 7.5 万里亚尔。[①] 饲养骆驼的利润十分丰厚，从事这一行业的人越来越多。阿曼骆驼饲养业有严格而科学的管理制度，在骆驼繁殖的季节，对雌雄骆驼进行严格的筛选，新出生的小骆驼都有一张出生证明，记录着身体状况的各种数据。比赛用骆驼的饮食极其讲究，其食谱中有蜂蜜、酥油和牛奶，饲养和训练一般分 4 个阶段：选种、休息、瘦身和跑道适应性训练。

在卡布斯苏丹的关怀下，1989 年成立养驼事业董事会，以弘扬阿曼传统的养驼事业。该组织经常参加国家的节日庆祝活动，举行赛驼大会，还在国外开展骆驼饲养项目。政府还为该组织修建了现代化的赛驼场地，配备了良好的骆驼圈。现在，阿曼拥有世界上最好的骆驼群，纯种骆驼的数量超过 10 万头。在政府的鼓励和支持下，养驼业对阿曼人来说已成为极具吸引力的行业。根据第 8/2003 号皇家谕令制定了《草场、畜牧管理法》，目的是控制骆驼数量，保证草场的可持续发展。它对防止佐法尔省的沙漠化有很大的影响，该地区 95% 的骆驼都被登记注册，贴上标签准备卖掉或出口，以保护自然草场。

---

① 《阿曼——辉煌的年代》，阿曼新闻部，2001，第 127 页。

阿曼

阿曼盛产良种马。在马可波罗的游记中有这样的记载：13世纪的时候，阿曼的库哈特和佐法尔地区就向海外出口马匹。传说，阿拉伯地区第一匹马的名字叫做"咤德·阿·雷巴"，古籍《马谱》记载，先知所罗门从自己马厩里挑选出这匹马赐予当时居住在阿曼地区的艾德部落。在卡布斯苏丹的支持下，阿曼成立了皇家赛马董事会，按照国际先进标准，对于马匹的选种和饲养实行科学而专业的管理。阿曼还有两个很重要的组织，阿曼骑术联合会和皇家马厩，分别负责安排骑术比赛和饲养马匹。皇家马厩已经成为世界阿拉伯马组织的成员。现在阿曼每年都要举行盛大的赛马活动，还有马球、盛装舞步等其他与马有关的比赛活动。阿曼拥有 2000 多匹马，其中约有 350 匹阿拉伯纯种马、1500 匹阿曼纯种马。[①]

第三节 工业

阿曼工业起步较晚，基础薄弱，历史上以简单的传统手工造船、编织和首饰加工为主。20 世纪 70 年代，全国只有 10 家简陋的工厂，1975 年才开始发展工业。最初的工业发展计划重点是建立小型制造业，尤其是进口产品替代工业。国家的工业政策是优先发展石油工业，保护象征民族文化遗产的传统手工业，同时积极发展现代民族工业，如天然气开发、电力工业、海水淡化厂、矿产开采和冶炼工业、建材业、农、渔产品加工业和轻工业。自 1983 年国家正式提出开展工业化运动后，阿曼加快了工业发展速度。石油是阿曼经济的主体部分，是阿曼经济发展的"工业血液"。阿曼虽然自 20 世纪 70 年代中期起实施了一系列五年发展计划，并在 80 年代中期提出了"国民经济来

[①]《阿曼——辉煌的年代》，阿曼新闻部，2001，第 128 页。

源多元化",但国民经济仍严重依赖石油,受国际石油价格波动的影响很大,经济结构不成熟。1998年全球石油价格狂跌,阿曼GDP呈负增长,出口收入损失20亿美元,预算赤字达6亿里亚尔(约合15.6亿美元)。由于石油产量的减少,2005年石油在国民收入中的比重由原来的74%降低到65%。同时,天然气所占比重上升到9%,比2004年上升了47%;其他部门的收入增加到了8.26亿里亚尔,比2004年增长了7%,在2005年总国民收入中所占比重为26%。① 2007年阿曼农业、工业和服务业占GDP的比例分别为2.2%、38.3%和59.5%。② 如今,阿曼非石油产业的产值已占国内生产总值的60%强。

阿曼政府很早就意识到单一经济模式的危险性,在第三个五年计划期间(1986~1990年)提出了"国民经济来源多元化"的口号,立足本国资源,发展中、小型工业和传统手工业,开发铜、铬、黄金等矿产资源,以改变国民经济严重依赖石油收入的状况。为了实现国民收入多元化,阿曼政府重点发展的工业有石油开采和炼油业、天然气开采和液化天然气生产、建筑业、水泥制造业、铜矿开采和炼铜业、钢铁工业、石化工业和纤维板制造业等。

政府规定1991年和1992年为"工业年",并把每年的2月9日定为"工业日",每年在阿曼各大企业中评选出5个最佳工厂,可获得"苏丹陛下最佳5个工厂奖"。由于政府对发展工业的重视,阿曼工业近年来取得了较大进步。根据国际市场的要求,阿曼政府出台了一系列优惠政策,鼓励发展轻工业和中、小型企业。2003年,政府批准贷款870万里亚尔用于发展工业。2003年底,在政府大力支持下,工业贷款数目增加到约1.59亿

---

① 《阿曼 2005~2006》,阿曼新闻部,第138页。
② 美国中央情报部网站 www.cia.gov。

里亚尔。2003年和2004年中、小型工业逐步壮大起来,尤其是以天然气工业为主的工业部门。除少数较大型企业如炼油厂、水泥厂、面粉厂等由政府参与投资经营外,其他均属私营中、小型企业,主要经营非金属矿产、木材加工业、食品业、纺织业等。2003年工业产值在国民生产总值中的比例比前一年增长了13.9%,达到了6.8亿里亚尔。2005年阿曼约有2000家工业企业,雇佣劳动力超过3万人,大多数工业集中在首都及其附近地区。

一 石油工业

1. 石油开采的历史

阿曼的石油开采始于20世纪20年代,当时隶属英国的波斯石油公司的达尔希开采公司对阿曼进行了一次地质勘探,没有发现石油。1937年,隶属于伊拉克石油公司的阿曼石油开采有限公司,获得在阿曼全境(除佐法尔以外的地区)勘探石油75年的权利。1953年佐法尔城市服务石油公司获得了佐法尔地区石油勘探权。1962年开采出第一口油井,1967年开始生产石油,同年8月1日阿曼向国外输出了它的第一船原油。从此,阿曼主要的国家财政收入就来自石油部门。

2. 石油生产的现状

在海湾地区,阿曼是个石油资源不太丰富的国家。阿曼自1962年进行石油开采,1967年开始出口原油。根据阿曼央行的统计,2006年阿曼已探明石油储量约为49.2亿桶。同年2月阿曼石油开发公司宣布,在阿曼北部和南部新发现了4个油田。[①] 2008年1月,美国中央情报局统计数据显示,阿曼已探明石油储量为55亿桶。按照目前石油生产的速度、新油矿的发现和技

---

① 《2008年阿曼国家概况》,英国经济学家情报社,第29页。

术开发等诸多因素,对阿曼石油的开采期限进行精确评估还十分困难。2004年估算,阿曼石油大概还有40年的开采期。但石油专家认为,阿曼仍有大量未探明油矿尚待开发。

阿曼的原油生产量1976年达1.35亿桶,1995年第一次超过了3亿桶。随后的1996年、1997年的原油产量继续增加。1998年由于国际石油价格下跌,阿曼把原油年产量削减到3.27亿桶。1999年石油价格大幅度上涨,阿曼原油产量又回升到3.28亿桶,其中有3.09亿桶供出口。2000年产量为3.27亿桶(89.6万桶/日)。到2001年底,原油产量已经达到95.6万桶/日,同年阿曼原油出口90万桶/日。到2003年末,由于几个油井出油量下降,产量下降到90.9万桶/日,出口量为81.92万桶/日。由于石油储量不断下降,产量也逐渐减少。据英国经济学家情报社估计,2007年、2008年阿曼原油产量分别为71.1万桶/日和71.5万桶/日。预计在2009年、2010年产量分别为72万桶/日和72.4万桶/日。[1] 现有20家石油公司在阿曼进行石油勘探,随着勘探工作的进展,还有可能发现新增储量。

阿曼共有5家石油公司,分别是阿曼石油开发公司(PDO)、阿曼西方公司、阿曼杰帕克斯公司、阿曼艾利夫公司和阿曼努维斯公司。阿曼石油开发公司是阿曼最大的石油公司,也是海湾地区最大的石油公司之一,它拥有97个油田,占阿曼原油生产和出口总额的94%。1980年阿曼宣布对阿曼石油开发公司实行国有化,阿曼政府拥有60%的股份,壳牌公司、法国道达尔公司、葡萄牙Partex公司分别占34%、4%、2%的股份。阿曼石油开发公司在管理和技术上严重依赖壳牌公司的帮助,壳牌公司控制着阿曼大部分油田,其他油田分别被另外4个公司拥有。阿曼靠近海边的油田有95个,主要的产油区是伊贝尔(Yibal)油田,

---

[1] 《2008年阿曼国家概况》,英国经济学家情报社,第7页。

阿曼

尼莫尔（Nimr）油田，法胡德（Fahud）油田和拉赫瓦尔（Lekhwair）油田。其中伊贝尔油田位于阿曼北方，是阿曼最大的油田，伊贝尔油田和马斯喀特附近的法赫尔港由一条横贯南北的输油管道连接着，阿曼石油开发公司1/4原油产自这里。

在石油产业的下游部门中，1982年位于法哈尔港的第一家阿曼炼油厂投产。该厂投资额为4300万里亚尔（合1.2亿美元），阿曼政府占99%的资本，阿曼中央银行占1%的资本。该厂产品有航空用油、普通汽油、高级汽油和柴油等，主要供本国使用。过去阿曼成品油完全依靠进口，自从有了本国的炼油厂后，进口成品油的金额从1982年上半年的4950万里亚尔下降为1983年下半年的700万里亚尔。阿曼炼油厂最初成品油产量为5万桶/日，2005年为8.5万桶/日。[①] 部分扩建后，阿曼炼油厂的产量增加到16万桶/日。为了减轻阿曼炼油厂的压力，阿曼政府在苏哈尔投资建设了第二座炼油厂。新投资兴建的苏哈尔炼油厂的产量为11.64万桶/日，2006年第三季度开始商业运作，该新炼厂产量的90%供出口。2007年5月阿曼炼油厂和苏哈尔炼油厂合并，更名为阿曼炼油厂与石化公司。此后阿曼成品油产量，尤其是出口量将会大幅度增加。

3. 石油出口

阿曼既不是石油输出国组织（OPEC）的成员，也不是阿拉伯国家石油输出国组织（OAPEC）的成员。阿曼可以不遵守OPEC在生产配额、石油价格和石油税收政策，但支持OPEC的限产保价政策。它可以根据本国的实际情况，参考OPEC的提、减价幅度，自主调整原油产量和价格。

阿曼原油主要出口日本、韩国、泰国、中国和中国台湾地区。2003年起中国取代日本成为阿曼石油最主要的进口国。

---

① 《阿曼 2005~2006》，阿曼新闻部，第146页。

2004年阿曼原油产量的40.4%出口中国。近年来,由于阿曼原油产量下降,出口量逐渐减少。2002~2007年阿曼原油出口情况见表4-4。

表4-4 阿曼原油主要出口地和出口量

单位:百万桶

	2002年	2003年	2004年	2005年	2006年	2007年
日 本	80.9	60.8	40.8	43.1	22.7	29.0
泰 国	52.2	51.9	43.4	44.0	43.2	39.2
中 国	54.6	77.2	106.4	84.3	92.0	99.3
韩 国	55.8	43.0	41.9	41.9	34.2	15.6
中国台湾地区	19.2	4.9	12.1	16.0	11.2	8.1
总数(包括其他国家)	306.2	278.5	263.6	262.1	233.17	222

资料来源:《2007年阿曼国家概况》,英国经济学家情报社,第53页。

由于发生海湾危机和国际石油价格上涨,1990年阿曼政府的石油纯收入增加了近58%,达到15.38亿里亚尔。1994年1月,由于政府想提高石油价格,把原油产量下调到72万桶/日。直到石油输出国组织宣布不再减少生产配额,阿曼石油开发公司在1994年才把产量恢复到80万桶/日。1995年原油出口77.8万桶/日,2000年出口量增加到89.3万桶/日(总产量96.1万桶/日);2004年日均出口72万桶。[1] 由于生产水平提高和石油价格上涨,石油出口收入从1995年的47.52亿美元猛增到1996年的58.89亿美元。2005年石油收入20.41亿里亚尔,占国民收入的65%。[2]

阿曼石油官员称,如果使用最新的生产技术来克服当地复杂的地理条件和其他困难,新发现的石油储量可以翻番。阿曼石油

---

[1] 《阿曼 2005~2006》,阿曼新闻部,第146页。
[2] 《阿曼 2005~2006》,阿曼新闻部,第145页。

阿曼

开发公司把投资的重点放在恢复和提高原油产量上,期望以此把老油田的探明储量提高23%~50%。2010年阿曼石油工业的投资重点是通过天然气回注技术提高原油产量,使穆海兹纳(Mukhaizna)油田的产量增加到6万~8万桶/日;投资2亿美元,用高压天然气回注技术使北方的卡恩艾拉姆(Qarn Alam)油田分4个阶段提高产量。据估计,阿曼对恢复和提高原油产量的投资要比生产成本的两倍还多,开采每桶原油的成本将从3~4美元增加到9美元。

二 天然气工业

1. 天然气资源

阿曼天然气资源较为丰富。自20世纪80年代末90年代初分别在位于阿曼中部的赛赫劳勒(Sayh Rawl)和拜里克(Barik)发现大量的非伴生气储量后,阿曼政府便将天然气作为增加收入的一个重要产业来发展。根据2007年英国石油公司的世界能源统计数据,2006年阿曼已探明天然气储量为34.6万亿立方英尺(约合1万亿立方米);天然气的产量为10688亿立方英尺(约合302.8亿立方米),比2005年增加16.5%。[①] 2008年1月,美国中央情报局资料显示,阿曼已探明天然气储量为8495亿立方米。大力发展天然气工业符合阿曼经济多元化发展战略,而且对寻找新的天然气资源前景看好,天然气工业将成为阿曼实现经济多元化的支柱产业。为降低阿曼经济对石油的依赖,国家加强对中部地区天然气的开发和利用,把天然气工业作为经济多元化和发展战略的基础。阿曼经济多元化重点产业项目之一,是建设以天然气为基础的苏哈尔工业区内的工业项目以及通往萨拉拉和苏哈尔的天然气管线。

---

① 《2008年阿曼国家概况》,英国经济学家情报社,第30页。

1984年9月起，阿曼石油开发公司着手进行一项为期10年的非伴生气体勘探项目，希望在国内能够用天然气替代石油，以增加提供出口的原油数量。1985年天然气产量达到39.3亿立方米，其中有12.9亿立方米被回注油田，9亿立方米被放空烧掉，1.9亿立方米丢失，15.5亿立方米被消费。1985年阿曼石油开发公司在莱赫韦尔（Lekhwair）发现天然气田，计划在那里建设天然气回注厂。这个工厂是莱赫韦尔油田配套设施升级项目的一部分，工程耗资1亿~1.3亿美元。由于不断发现新气田，阿曼的天然气产量不断增加。1987年底，阿曼天然气日均产量为1.4亿立方英尺（390万立方米），2006年的全年产量增加到10688亿立方英尺。

表4-5 2002~2006年阿曼天然气产量

单位：亿立方英尺

	2002年	2003年	2004年	2005年	2006年
天然气	6827.81	8520.76	8528.56	9177.46	10688

资料来源：2004年、2005年、2007年《阿曼国家概况》，英国经济学家情报社。

2. 天然气收入

随着天然气产量的不断增加，天然气工业成为阿曼最有发展前景的一个产业，它在国民经济中的地位不断上升，天然气部门的收入也逐年增长。阿曼天然气的收入全部归国家支配，1988年阿曼国家天然气公司的收入为64.9万里亚尔，比1987年高出17.5%。1991年的天然气收入为4400万里亚尔，主要用于勘探和开发新气田。1992年阿曼的天然气收入达到6310万里亚尔。1993年和1994年的收入有所下降，分别为5790万里亚尔和5250万里亚尔。2004年阿曼政府的财政预算中，天然气的收入为9500万里亚尔，比2003年增加11.8%。2005年度天然气收入总额为2.73

亿里亚尔，占同年度政府财政总收入的9%。① 阿曼国民经济部发布的数据显示，以现行价格计算，2007年阿曼的GDP达到155.12亿里亚尔，比2006年的137.38亿里亚尔增加12.9%。石油生产和相关服务以及天然气生产总值的提高拉动了整个GDP的增长，其中2007年天然气产值为70.33亿里亚尔，比2006年增长7%。

3. 天然气生产和销售

2000年建于苏尔港以北15公里处的盖勒哈特（Qalhat）液化天然气（LNG）厂投产，该厂投资25亿美元，有两条液化天然气生产线，生产能力均为330万吨/年，其中650万吨出口到日本、韩国、西班牙、法国、比利时和美国。该厂新建第三条液化天然气生产线产量也是330万吨/年，2006年初投入运作。液化天然气主要来自赛赫努黑达（Sayh Nuhaydah）、赛赫劳勒（Sayh Rawl）和拜里克（Barik）气田的非伴生气。2000年阿曼天然气销售量为120.2亿立方米，2001年为140亿立方米。2001年阿曼液化天然气出口达11.7亿美元。2004年1月，阿曼境内天然气管道安装完毕，第一条铺设在法德和苏哈尔之间，然后铺设在赛赫拉瓦和萨拉拉之间，通过这些天然气管道可以向苏哈尔和赖苏特供应天然气。2004年8月，政府签订了第一份天然气供应协议，规定通过32条天然气管道向私营工业部门供应天然气。苏哈尔的甲醇公司将得到政府长达25年的天然气供应。阿曼液化天然气短期、少量的消费者有法国的道达尔公司、美国的科尔能源资源公司（Coral Energy Resources）和西班牙天然气管道运输公司。2007年阿曼天然气产量为241亿立方米，出口量为131亿立方米。②

---

① 《阿曼 2005~2006》，阿曼新闻部，第147页。
② 美国中央情报局网站：https://www.cia.gov/library/publications/the-world-factbook/print/mu.html。

目前阿曼与天然气进口国签订的天然气供应中长期合同主要有：

1. 2000 年 4 月，阿曼与韩国天然气公司签订了为期 25 年的合同，每年供应量为液化天然气 410 万吨。

2. 2000 年中期，阿曼与日本的大阪天然气公司签订了长期购买协议，2000～2025 年，每年向日本出口液化天然气 70 万吨。

3. 阿曼与美国安然公司（Enron）签订了每年向印度的达波尔能源公司（Dabhol Power Co）出口 160 万吨液化天然气的合同，合同自 2002 年起生效，有效期为 20 年。美国安然能源公司是印度达波尔能源公司的主要股东。2001 年 12 月，它突然倒闭，要求达波尔能源公司取消从阿曼进口天然气的协议，这使阿曼的天然气出口陷入困境。

4. 2002 年 5 月与西班牙的联合菲诺萨公司（Union Fenosn）签署了每年通过油轮向西班牙出口 160 万吨液化天然气的合同，有效期 20 年，2006 年起生效。联合菲诺萨公司承诺对盖勒哈特液化天然气厂新建的第三条液化天然气生产线的工程提供 50% 的投资，从而使该液化天然气厂的年生产能力将达到约 1000 万吨。

三　石油天然气工业的国际合作

跨国公司积极投资对阿曼石油和天然气的开发、生产和技术创新。1995 年中期，阿曼政府提供了至少 10 个大部分未勘探的石油区块（主要在南部地区）给国外石油公司，以鼓励它们在该地区的石油勘探。在勘探活动中，1999 年 6 月，阿曼石油开发公司宣布发现了 5 年来最大的新油田，这是日本石油勘探公司（Japex）在伯尔罕（Burhan）和穆海兹纳（Mukhayznah）进行了近 10 年勘探发现的新油田。2000 年 6 月，

阿曼

这两个油田开始出产原油。截至 2003 年,有 12 家国外石油公司在 19 个授权地区进行了石油勘探。

在阿曼进行石油和天然气开采的除阿曼石油开发公司外,还有一些大的国外公司,如:澳大利亚诺威公司,加拿大安卡纳公司、西方石油公司、丹麦马士基石油公司,美国阿纳克公司,法国道达尔公司,泰国石油勘探和开采公司。

阿曼石油天然气公司与国外石油公司合作的项目主要有:

1. 1996 年上半年,阿曼石油开发公司把 4 个主要油田的勘探权授予美国特里顿能源公司(Triton Energy)、阿曼菲利浦石油公司、日本石油勘探公司(Japex)、美国阿科公司(Arco)和葡萄牙人所属的派特(Partex)阿曼公司。

2. 1997 年初,沙特阿拉伯尼莫尔(Nimr)石油公司获得在马西拉岛附近的东南沿海地区石油勘探的特权。

3. 1998 年 6 月,阿曼政府和美国阿莫科公司(Amoco)、西方石油公司(Occidental)、特里顿公司(Triton)签订了 3 个石油勘探和开采协议,获得至少 8000 万美元的投资。

4. 2001 年 4 月,丹麦马士基石油公司获得阿曼西部两个区块石油勘探的特权。

5. 2001 年 10 月,阿曼石油天然气部与澳大利亚的诺沃斯能源公司(Novus Australia Energy)签署石油勘探和生产分成协议。

6. 2002 年 3 月和 11 月,阿曼分别与法国道达尔公司、美国亨特石油公司签订石油勘探和生产分成协议。

7. 2002 年 7 月 21 日,阿曼石油天然气部大臣与泰国石油勘探和开采公司总裁签署了价值 900 万美元的 44 区块石油勘探协议。

8. 2004 年 8 月阿曼石油天然气部大臣与中国石油化工集团公司(SINOPEC)副总经理签署了阿曼南部 36 区块和 38 区块的勘探与生产分成协议。

9. 2004 年 12 月,阿曼政府与壳牌公司、法国道达尔公司和阿曼巴尔塔克斯（PARTEX）公司续签了6区块的特许经营协议，为期40年，从2005年1月至2044年12月。

10. 2005年5月德国伍德工程公司与里瓦石油化工公司（LPIC）签署了承建苏哈尔二氯乙烯项目（EDC）的氯碱电解厂部分的合同，承建苏哈尔二氯乙烯项目氯碱电解厂部分，合同金额2300万美元。

11. 2005年6月，阿曼石油天然气部与爱尔兰的Circle Oil Company签署了49区块油气田勘探和生产的特许协议，进行二维地震数据采集和重力测量。在延长期内，爱尔兰Circle Oil Company公司将进行其他勘探作业，如打勘探井，勘探风险完全由该公司承担。2005年9月，阿曼石油天然气部与该公司又签署了52区块特许石油勘探和开采协议。这些区块位于阿曼南部由北向南从苏克拉湾延伸至靠近也门的近海区块，面积90760平方公里，该公司将投资1800万美元进行勘探作业。

12. 2005年9月，阿曼石油天然气部与瑞典高特石油资源有限公司和丹麦奥丁能源公司签署了15区块石油勘探和开采协议。

13. 在液化天然气方面，1992年2月，阿曼液化天然气公司、阿曼政府与壳牌公司、法国道达尔公司及日本、韩国的一些公司合作，在盖勒哈特投资建设一个天然气液化工厂，阿曼政府占51%股份，由日本的千代田公司（Chiyoda Corpn）和美国的福斯特惠勒公司（Foster Wheeler）共同建造，共花费22.5亿美元，成为迄今阿曼最大的单个建筑项目。2000年2月开始投产，全部建成后年产液化天然气990万吨。

14. 阿曼参加了在海湾合作委员会范围内建立一体化区域的海豚（Dolphin）天然气项目计划。最初设计方案是先通过输气管道把卡塔尔的天然气输送到阿布扎比，然后与阿布扎比的管道连接起来，将输气管道延伸到阿曼。第一期工程在2001年中期开始。由于这条管道涉及的问题很多，如边界纠纷、筹资和定价

等，预计在2002年末和2003年初完成的时间表没有实现。自2008年下半年起，海豚天然气项目和阿曼签订了为期25年的天然气供应合同，每天向阿曼供应天然气2亿立方英尺。

15. 为了进一步开发天然气资源，阿曼石油天然气部陆续向5个天然气区块发放新的开发许可证。2006年4月英国能源公司BG被授标开发60区块，该区块的储量估计在8万亿立方英尺。2007年2月阿曼政府与能源巨头英国BP公司签署开发占地2800平方公里的61区块的天然气储备，据测该区块储藏量可能为30万亿立方米。2008年11月22日，阿曼政府就开发阿曼中部地区62区块的天然气与国际能源巨头Occidental Petroleum和阿布扎比的Mubadala Development公司所组成的联合体签订协议。

16. 2008年9月中旬，中海油国际经贸有限公司与阿曼盖勒哈特液化天然气公司签署商业合作协议。2007年4月，该公司生产的液化天然气开始运往中国，这也是阿曼液化天然气第一次出口到中国。

四 其他工业

1. 矿产业

早在5000多年前，阿曼人就开采铜矿并输送到美索不达米亚。现在全国铜矿储量约2500万吨，有青铜矿和黄铜矿两种，矿石含铜率2.1%。公元前1000年的铁器时代，苏哈尔地区就出产铜。1973年成立的阿曼矿业公司是阿曼政府与美国的马歇尔阿曼勘探公司、加拿大的帕劳斯派克逊阿曼有限公司的合营公司。它负责在阿曼的矿产尤其是铜矿的勘探和开发，起始阿曼政府占有21%的股份，1980年该公司由阿曼政府全部收归国有。1981年，阿曼矿业公司在铜矿区兴建了一家联合企业，其中包括炼铜厂、天然气发电厂、小型海水淡化厂以及居民区，总投资额1.5亿美元。炼铜厂于1983年建成投产，可加工铜矿石3500吨/日，年产铜3万吨，纯度达99.9%。从1983年投产到1994年9月铜矿采尽，该厂共生产铜约14.3万吨。自1994年10月起，炼铜厂开始进口铜精矿，通过提炼后的产品再通过卡布斯港出口。通过勘探活动，阿曼又在巴提纳海岸、延库和马西拉岛等地发现新的铜矿藏，据可行性研究表明，这些新发现的铜矿储量达1866万吨。

其他矿业企业有：1991年投资3000万里亚尔兴建的阿曼铬铁公司；1994年建成一个用铜氧化物提炼金、银的加工厂；取材中部和北部地区的硅石沙制造玻璃的马干玻璃公司；与日本子部钢业合资的苏哈尔钢铁厂，投资约7.84亿美元，该厂产品可满足阿曼国内对钢铁的需求；耗资24亿美元的苏哈尔铝厂于2008年6月投产，年产量达35万吨，对阿曼GDP的贡献可达2%[①]，阿曼将成为中东地区重要的铝生产国。

表4-6 2001~2005年矿物产量

	2001年	2002年	2003年	2004年	2005年
黄金(公斤)	885	301	126	314	123
铬铁矿(吨)	30100	27400	24300	13800	34000
电解铜(吨)	24760	23975	17040	—	—

资料来源：2004年、2005年、2007年《阿曼国家概况》，英国经济学家情报社。

2. 水泥工业

阿曼利用本国的石灰石和石膏矿资源建立了许多水泥公司。其中的阿曼水泥公司于1994年大幅度扩充生产设备，耗资9360万美元，并于1995年初期投入生产，年产量从88万吨提高到118万吨。阿曼水泥公司现有生产能力为150万吨/年，目标是

---

① 中国驻阿曼大使馆经济商务参赞处网站。

将年产能力增加到180万吨。2005年10月，赖苏特水泥公司第3条生产线投产，该公司的年生产能力将由130万吨提高到230万吨，2007年的年生产能力再增加60万吨。2005年阿曼国内水泥需求量为220万吨，2006~2009年的水泥需求量以年均8%到10%的速度增长，此后的年均增长率将在6%到8%之间。预计到2012年，阿曼国产水泥将能够满足国内市场的需求。

2004年3月，阿曼瑞斯特水泥公司与中国天津水泥工业设计院在天津签署一项合作协议。由瑞斯特公司投资5000万美元，中方负责施工，在阿曼南部的萨拉拉建设一座日产3000吨的水泥厂。[①]

3. 服装制造业

服装制造业是劳动力密集型产业，它与水泥制造业一起雇用了超过全国半数的工业劳动力。阿曼现有服装制造企业33家，大部分工厂规模小，没有形成规模化生产，工人人数不超过100人；规模较大的服装厂，工人人数最多也不超过500人。阿曼生产服装的原材料短缺，劳动力成本偏高，制作技术熟练程度偏低。尽管如此，服装制造业在阿曼的出口产品中占有重要地位。据统计，2000年，阿曼的服装出口额达1.44亿美元，占当年阿曼非石油产品出口总值的22.4%。95%以上出口服装输往美国市场，主要是配额出口。2000年，阿曼向美国市场出口价值1.38亿美元的服装，占当年服装出口总额的95.8%。

4. 传统手工业

阿曼的传统手工业有着悠久的历史，手工业技术的传承通常是通过从事手工业生产的家庭代代相传。阿曼最有名的手工业包括银饰工艺、造船、木雕、铜器制作、蜡染、陶艺、纺织、靛蓝染色、香料制造、制糖等。国家鼓励和支持发展传统手工业，为传承和弘扬传统技能，建立了手工艺的管理机构；阿曼手工艺遗

[①] 《中国阿曼签署水泥生产协议》，2004年3月22日《人民日报》。

产文献工程办公室于 2004 年资助出版了两卷《阿曼手工艺遗产》一节。

阿曼的金银首饰制造工艺高超，金银匠在珠宝设计上独具匠心，他们制作的头饰、耳环、项链、戒指、手镯、脚镯等做工精细，风格独特。传统的阿曼腰刀（"罕贾尔"，Khanjar）是阿曼传统手工艺产品的精湛体现。一般的腰刀制作比较粗糙，刀柄和刀鞘用木头或塑料做成。但上好的腰刀做工非常考究，刀柄呈"T"形，用乳白色的象牙制成，刀身呈弯月形，刀鞘为纯银质地，上部镂刻着精美的图案。腰刀从古代的武器演变成现代的时尚饰物，用来装饰男子华丽的腰带。人们可以从腰刀的装饰上看出佩带者的身份，如刀柄呈十字形的腰刀，只有王室成员才能佩戴；人们还可以从腰刀的样式看出佩带者来自哪个部落，如尼兹瓦地区的腰刀纹饰是几何图案，鲁斯塔格地区为玫瑰花枝图案，伊卜里地区则是菱形图案。

阿曼的造船业历史悠久，在公元前，阿曼的航海业就很发达。公元 8~15 世纪是阿曼航海业的黄金时期，马斯喀特的船只载重量可达 300~600 吨。在历史上，苏哈尔、苏尔和佐法尔等地的造船业非常繁荣，但阿曼人造船使用的木材是从印度和非洲进口的。阿曼人造船不用铁钉，而是用椰子树的纤维把船的各个部分缝合起来，用自然油脂和动物脂肪把船板的缝隙填塞起来。阿曼人造船技艺高超的另一个表现是，他们可以不用图纸，全凭记忆制造长 120 英尺、载重 500 多吨的船只。现在许多古老的木船已难觅踪迹，只有在苏尔等港口城市还可见到以传统方式造船的作坊。苏尔城还保留了一艘 220 吨的大船——"伟大的征服者"号。如今阿曼的传统造船业风光不再，现代造船科技代替了手工作坊，只有在苏尔还有少数工匠在维持着传统的手工造船工艺。1980 年的"苏哈尔"号仿古航船就是在苏尔建造的，它寻着古代阿曼人的足迹，最终抵达中国广州，后又返回阿曼，以纪念

"苏哈尔"号之旅和中阿两国之间的友好关系。

阿曼的木雕工艺水平高超。在每个村庄和城镇都能看到富有创造力的木雕门,木雕门所用材料通常是从印度或非洲进口,材质非常耐用。阿曼家庭最重要的家具是各种各样的箱子。箱子常为木制,里面有格子和暗屉,用来摆放贵重物品。箱子里面放着钱、丝绸和珠宝等,由婆婆传给媳妇,作为给新娘的部分聘礼,箱子就这样在一个家庭中代代相传。阿曼人对箱子情有独钟,不光自己设计和制作,还从世界各地收集箱柜等物品带回国。

阿曼制陶工艺技术精湛,其境内出土的最早的陶罐制作于公元前3000年。阿曼的陶制品样式繁多,既有装饰用品,也有器皿类,主要有大陶罐、香炉、水缸、碗和咖啡壶等。

五 工业园区

自20世纪80年代起,阿曼政府为发展本国工业,推动经济多元化,在全国相继建立了5个工业园区。并对各个工业园区提供了多种优惠政策:在工业园区内提供便利的工作和生活服务设施;工业企业可长期租借工业用地,面积达4500平方米,起租期为25年,期满后可延长至99年,政府只收取象征性租金(工业用地年租金0.25里亚尔/平方米,预制建筑用地租金2~4里亚尔/平方米);低廉的工业用水、电和燃料费用(电费5~8月为0.024里亚尔/度,9~4月为0.012里亚尔/度;水每加仑为0.003里亚尔;天然气为0.0204里亚尔/度)等。全国有200多个企业分布在这些工业园区,以下为主要工业园区。

1. 鲁赛尔(Ar Rusayl)工业园区

该工业园区于1983年始建,1985年投产,是阿曼第一个工业园区,占地面积320公顷,距卡布斯港45公里,距西卜国际机场 6 公里，交通十分便利。阿曼工业园区总管理机构也设在该园区，政府各相关部门均在该园区设有办事机构。园区各种设施齐全，有阿曼国民银行分行、保险、邮电、金融、卫生和通信等机构，还建设了职工宿舍、商店、超市、休闲中心、足球场、电影院和清真寺等设施。随着电子商务和数字技术在阿曼的发展，2003 年 9 月，马斯喀特知识绿洲园（KOM）在该工业园区正式建成。这是一个综合性的信息技术工业园区，是阿曼信息技术工业发展的关键。2004 年 5 月知识绿洲园获得年度公共服务奖。

鲁赛尔工业园区以发展中、小型工业企业为主，为实现阿曼经济多元化的目的而建。政府鼓励外国公司在该园区内建立出口外向型、具有高附加值的产业，如电子、食品加工、汽车配件、农业渔业产品加工等。鲁赛尔工业园区已有 137 家企业加入，主要的厂家有海绵垫厂、饼干厂、金属构件厂、水泥砖厂、文具厂和茶叶加工厂等。1999 年在该园区建成阿曼海湾塑料厂。2004 年，已有 20 家当地企业和外资企业在这里落户，另外还设有 3 个信息中心。

2. 苏哈尔工业园区

苏哈尔工业园区建成于 1992 年 12 月，位于阿曼首都马斯喀特与阿联酋的迪拜之间，距马斯喀特 220 公里，与迪拜相距 180 公里。它的总面积为 330 公顷，是阿曼目前最大的工业园区，主要发展面向海湾地区的出口加工型企业，为该园区的重工业项目服务，促进了整个国家工商业的发展。该工业园区的大中小企业主大部分为私人投资者，这些企业为劳动者提供了大量的就业机会，也表明了人们对阿曼的发展前景充满信心。到 2000 年，该工业园区共有工厂 38 家。2001 年，许多大型工业项目，如炼铝厂、发电厂和阿曼第二个炼油厂等在该区投资建设。

阿曼政府计划铺设两条主要的天然气管道，一条长 350 公

里，从法赫尔（Fahl）港口通到该区，向苏哈尔的主要工业企业、电站和苏哈尔工业园区供给天然气；另一条管道通往萨拉拉的赖苏特工业园区。苏哈尔和赖苏特工业园区的天然气网连通后，这些地区将使用廉价的天然气作为燃料，可大幅度降低生产成本。

3. 赖苏特工业园区

该园区建成于1992年11月，占地103公顷，位于南部的佐法尔省，距该省省会萨拉拉15公里，距萨拉拉港口6公里，交通便利。阿曼政府的目标主要是利用该区的地理位置，发展面向东非、也门、远东和环印度洋国家的出口加工型工业。目前该工业园区已有15个工厂，另有12个工厂在建设中，主要产品有文具、鞋和服装等。1997年阿曼第二个面粉厂在这里建成投产。2004年价值250万里亚尔的阿曼制药公司在园区内落成。

4. 尼兹瓦工业园区

1994年11月建成，位于内陆区中心城市尼兹瓦附近，距离尼兹瓦15公里，距离马斯喀特180公里，园区总面积200公顷。该工业园区企业生产的主要产品是瓷砖、纸和食品。

5. 布赖米工业园区

该园区位于新成立的布赖米省，与阿联酋的阿布扎比接壤，是阿曼与阿联酋边境贸易的重要口岸之一。

6. 盖勒哈特工业园区

该园区位于东部地区的苏尔州西北，距苏尔市13公里，占地面积400公顷。2001年开始动工建设，主要建造以天然气为燃料的大型工业企业。工业园区建有液化天然气厂、炼铝厂、石油化工厂和化肥厂。该工业园区濒临阿曼湾和阿拉伯海，有深水港口，交通方便，地理位置优越，且靠近液化天然气项目，会对大量的投资者产生很大吸引力。

六　合资项目

1. 供水管网建设

阿曼最大的承包公司法国加尔法工程承包公司（Galfar Engineering and Contracting）中标了投资2555万美元的苏威克州供水网建设项目。印度的莱森和图布如公司（Larsen & Toubro）中标了阿曼哈布拉州（Al Khaburah）和塞赫姆州（Saham）两个供水网项目，投资金额分别为2501万美元和1997万美元。

苏哈尔供水管网项目建设正在进行中，从苏哈尔向北、西、南铺设三条主要供水网管，总投资1.47亿美元，供水管网总长280公里。2004年底，印度干蒙公司（Gammon）与阿曼的艾尔马塔贸易承包公司（Al Matar Trading & Contracting）联合中标该项目。①

2. 电力建设

三个国际投资公司与当地的私营企业合作共同修建了3个大发电站，包括：投资1.6亿里亚尔在巴提纳地区修建的巴克发电站和海水淡化厂；投资0.45亿里亚尔在东部地区修建的阿尔卡米发电站，用天然气发电，发电量预计达到29万千瓦；总投资1.5亿里亚尔的萨拉拉发电站，发电量为24.2万千瓦。

3. 阿曼印度化肥厂

卡尔哈特的阿曼印度化肥厂，位于东部地区的苏尔州。阿曼印度化肥厂总投资11亿美元，是阿曼石油公司和印度两家化肥公司的合资企业。该化肥厂50%的股份由阿曼石油公司持有，印度农民化肥合作有限公司和克里夏克·巴拉提有限公司各占化肥厂股份的25%。该厂于2003年10月完工，设施完备。该化肥厂与印度合资公司签订为期20年的尿素购销协议。

---

① 2005年7月30日《阿曼观察家报》，转引自中国驻阿曼苏丹国使馆经济商务参赞处网站。

4. 苏哈尔钢铁厂

该厂是阿曼投资者与日本子部钢业的合作项目,投资7.84亿美元。苏哈尔钢铁厂建成后,阿曼将不需要进口钢铁,能够实现钢铁的自给自足。

5. 阿曼光纤厂

阿曼与芬兰的诺基亚公司合资2000万美元建设的阿曼光纤厂,是中东第一家光纤厂,也是阿曼尖端科技领域的代表性企业。阿曼光纤厂于2000年初动工,配置了诺基亚公司较新的光纤生产技术和设备,年产光纤35万公里,年产光纤电缆7000公里。该厂的建成迎合了国际和国内光纤市场的需求,是阿曼政府重视发展尖端科技的表现。

第四节 交通与通信

阿曼地形非常复杂,多沙漠和山地,给阿曼的交通和通信工作带来很多不便。1970年卡布斯苏丹执政后,大力发展交通和通信事业。1983年,阿曼交通部的3.464亿里亚尔预算总数中,有2.18亿里亚尔用于修筑公路,其余部分经费用于港口和机场建设。

一 交通

1. 公路

阿曼境内无铁路,主要依靠公路运输。

1970年阿曼全国只有10公里长的沥青公路。卡布斯苏丹执政后,政府开始在全国建立公路网。1980年全国沥青公路(单行线)全长1622公里,到1985年增加到3211公里;同期,沥青公路(双行线)从1470公里增加到1828公里。1982年连接首都马斯喀特和南部佐法尔省萨拉拉之间长达780公里的公路干线竣工通车,这一工程耗资3.2亿美元。截至2005年,全国沥青公路总长1.65万公里,其中高速公路5000公里;没有铺设沥青的道路有2.58万公里。公路已成为全国地区之间沟通的主干线,人们几乎可以驱车前往国内所有的城镇和村庄。

1972年成立了阿曼国家运输公司,还开通了阿曼至阿拉伯联合酋长国的阿布扎比、沙迦和迪拜之间的长途公路线。在朝觐的季节,还开通了通往其他阿拉伯国家的跨国界公路线。据阿曼政府统计数据显示,1990年全国登记的汽车数量为21.9万辆,到2004年初增加到44.5万辆。①

2. 空运

阿曼最重要的国际机场是位于马斯喀特以西的西卜国际机场,距离首都马斯喀特40公里。为了配合旅游业的快速发展和不断增长的客流量,2006年扩建后的西卜国际机场主跑道长3585米,年起降客机2.1万架次,每年可接待650万人次的客流量。阿曼还建有5个小型机场,分别位于萨拉拉、马西拉、海塞卜、迪巴和苏尔。

1981年5月成立的阿曼航空公司系公私合营企业,以承担国内客货运输为主。阿曼航空公司是阿曼航空服务公司(OAS)的运营商,该公司33.8%的股份属于国家,其余部分由阿曼私人持有。该公司共有18条国际航线和3条国内航线,不享受国家政府的津贴。2004年1月,海塞卜航线正式开通,机型是新型的波音飞机。阿曼与阿联酋、巴林、卡塔尔共同投资的海湾航空公司经营国际航线,但卡塔尔于2002年撤资。

2003年,阿曼的航空运输系统得到更新,这使阿曼机场的利用率大大提高,也使航行的安全系数得到提高,降低了事故的

---

① 《2005年阿曼国家概况》,英国经济学家情报社,第18页。

阿曼

发生率。2003年马斯喀特地区的航班数量比前一年增长了1%；同期，西卜国际机场的航班数比2002年增长了11%。为了提高航空导航服务质量，建立起一个覆盖全国的航空监控体系，阿曼要求不同地区的投标者，投资购买、安装和运行4个单脉冲二级雷达导航系统（MSSR）；改进了机场电力系统和马斯喀特信息中心的连接，避免因突然停电给途经阿曼的飞机带来事故隐患。机场的电话系统共有2000条线路，可同时使用，升级后成为数字交换系统。2007年9月，阿曼宣布将投入30亿美元扩建机场系统，西卜国际机场和萨拉拉机场将大幅度扩建，并在苏哈尔、杜格姆和旅游胜地哈德角（Ras al-Hadd）分别新建3个机场。

3. 水运

几个世纪以来，阿曼人凭借本国优越的海上交通，扬帆远航。发达的海运是关系阿曼经济发展至关重要的条件。阿曼最大的进出口港是卡布斯苏丹港。1974年卡布斯苏丹港口建成，为满足国际贸易所需的运输要求，经过不断扩建，该港口的现代化程度很高，已经成为阿曼的主要港口。自1984年起，该港口开始运输集装箱，成为海运贸易的主要港口。2003年1~9月，卡布斯苏丹港共停靠1322艘船，其中装有集装箱的货轮595艘，比2002年同期增加了3.8%。2003年，该港进出口货物总量为178.89万吨，比2002年增长了4.1%。[①]

萨拉拉港共有12个码头可进行集装箱装运，自1999年开港以来，该港吞吐量首次超过了2米标准箱上限，2003年的货物吞吐量第二次达到世界最高增长率，该年的增长率为65%。

法赫尔港是阿曼最新的港口，也是阿曼原油运输专用港，投资2.5亿美元，历时5年建成，2004年4月投入使用。

海塞卜港位于穆桑达姆省，始建于1983年。2002年9月开始

---

① 《阿曼 2004~2005》，阿曼新闻部，第194页。

实施港口扩建计划，包括的工程项目有修建防波堤和码头，拓整土地等。2003年1~9月共有58802艘伊朗船只和41艘贸易船只停靠该港，2002年同期停靠的数量分别为54981艘和26艘。

希纳港前身是个捕鱼港，2001年4月改建为商业港，主要是为北部的巴提纳地区国内贸易运输业务服务，如运输家畜、消费品、水果、蔬菜等。2002年8月，该港口的港域进行深挖，以便停靠更大的船只。

2007年4月，位于中部区的杜格姆港开始投入使用。该港航道水深17米，将建成两条防波堤，分别长2.7公里和2.6公里，商用码头长700米，该港有维修船只的船坞。

4. 输油管道

从内地油田至法赫尔港铺设有输油管道，总长279公里，不加压流量为72.5万桶/日。截至2008年，阿曼共有输油管道4126公里。

二 邮电与通信

1. 邮电

1978年阿曼设立邮电部。截至2004年底，加上即将竣工的5家邮局，阿曼共有100家邮局和430家邮政业务代理处。每天有3次送信时间，把信件送达各地。邮政资费经过调整已经降低标准，成为一项大众化的服务。名为"跟我来"的邮件转寄服务首次在国内和国际邮递业务中实施，只收取象征性的邮费。阿曼每年至少有6套邮票发行，有标准邮票和纪念邮票，2004年还发行了阿曼首日封和世界和平日纪念邮票。

2. 通信

2002/30号皇家谕令颁布阿曼《通信管理法案》，阿曼根据该法案成立了通信管理局。该局是一个法人实体机构，管理阿曼通信业的建设、运营和维护工作，还负责确保通信服务运营商和

服务收益的增长,并确保消费者可以得到国际标准的服务,使消费者可在一系列可接受的合理价位之间进行选择。

阿曼电信公司(OMANTEL)是阿曼的首家电信公司,也是阿曼电信业的领军者。由于不断引进新型高端服务、扩展网络等措施,阿曼电信公司始终是阿曼IT行业的领头羊。

(1) 固定电话通信网络

阿曼电信公司有100%的数字化电信网络,覆盖全国每一个地区。所有的网络都是与一套交换机系统相连,通过与同步数字高速链接系统运行。在尼兹瓦的菲克和萨拉拉之间设有一条长达930公里的光纤电缆工程,网络升级后可提供大约27万条电话线路,改善了所有贯通电缆地区的通信服务质量。第二条光纤电缆工程将阿曼和邻国也门连接起来。截至2006年底,阿曼有固定电话26.97万台、移动电话270万部。[1]

为了使人口密集和人烟稀少的地方享受同样优质的通信服务,阿曼目前正在安装一个包含有东、南、北3条线路的主干网,通过最初在3个地区的实验运营,现在已经向农村和偏远地区提供通信服务。对那些尚未被当地地面网络覆盖的偏远地区,电信公司利用小型卫星地面站系统,通过卫星向这些地区发送高质量的数据、声音、传真和可视信号。

(2) 电子和数据服务

阿曼电信公司和互联网用户密切合作,通过网站提供电子服务。与它合作的机构网站有:马斯喀特政府、阿曼皇家警察局、人力资源部、社会服务部和教育部等网站(2002年起通过互联网公布大学生入学考试成绩)。一些银行还通过网络或短信服务通知客户存款数目等。

2003年5月起,阿曼电信公司引进了网上预付卡服务

---

[1] 《2008年阿曼国家概况》,英国经济学家情报社,第18页。

（Ufuq），通过登录 www.ufuq.com，用户只需把预付卡背面的账号输入电脑就可以上网，无需每年或按月去交费。面值6里亚尔的网上预付卡可上网24小时，10里亚尔可上网41小时。

（3）互联网全球漫游服务

2003年初阿曼引进了互联网全球漫游服务，出国的阿曼人员在国外通过输入自己在阿曼电信公司注册的用户名和密码就可以浏览网页。为了实现这一目标，阿曼电信公司与全球互联网漫游联盟签订了漫游协议。全球互联网漫游联盟可以通过1.1万套系统和110多个国家的服务供应商向用户提供安全可靠、速度快捷的网络漫游服务。

（4）移动通信

目前，阿曼移动通信运营商有两家：阿曼移动公司和海鸥电信公司。阿曼移动通信公司于2004年3月13日成立，隶属于阿曼电信公司，是阿曼第一家获得移动通信运营牌照的移动服务供应商。它在马斯喀特运营的交换机容量为20万条；在尼兹瓦、苏尔、伊卜拉和伊卜里等地开始使用新的交换机，可容纳65万条线路；而更多新交换机的投入计划也在酝酿之中。由于移动通信发展迅速，国内市场私有化和竞争不断加剧，阿曼移动公司以出色的服务捍卫了它的地位。2004年6月，卡塔尔的Qtel、丹麦电信公司及其在阿曼的合作者共同组建的纳瓦拉斯财团获得了阿曼的第二件全球移动服务牌照，成立了海鸥电信公司。2005年7月，阿曼的第二家移动通信运营商海鸥电信公司的手机用户突破10万人，使其在阿曼移动通信市场的份额达到10%。

在短信业务及相关服务的发展方面，2003年阿曼电信局短信中心每天处理短信的数量达到288万条。通过引进一套信息服务设备，短信的处理量达到每小时88万条。现在该中心安装了直接发送系统，实现了办公现代化。2004年6月，短信中心开始提供多功能文本服务，服务开通2周，定制多媒体信息服务的

用户就达 7 万人之多，协议涉及 10.6 万多个频道的使用，在社会上受到广泛好评。这项服务是阿曼移动公司和穆斯塔法苏丹通信公司和设在迪拜的电信公司联合推出的。

预付卡业务：2001 年，哈亚克全球移动服务卡开始投入运营，此后一系列电话预付卡相继投入市场。在阿曼短期停留的客人花很少的钱就可以买到电话预付卡，在阿曼境内可打市话和国际长途电话。卡上的金额用完后，用户仍然可以接听电话，直到电话卡有效期终止。

卫星通信：2002 年阿曼引进了"塞日娅"（Thurayya）个人移动卫星通信服务。用户可以在阿曼境内任何地方随时通话，不会出现没有网络或受山地阻隔、掉线等问题。

第五节 财政与金融

一 财政收支

阿曼政府的财政收入严重依赖石油出口收入。2000～2005 年，政府年平均财政收入的 72% 来自石油产业。从 2001 年开始，阿曼石油产量虽然下降，但近年来国际石油价格走势强劲，阿曼政府的财政收入没有受到石油产量下降的影响。关税和公司所得税是阿曼政府财政收入的另一个来源。阿曼无个人所得税；海关税收除特殊商品外只征收 5% 的低关税。

财政支出项目主要用在国防和国家安全所需，给政府和公共部门雇员发放工资，支付政府在阿曼石油开发公司的投资，天然气的探测和开发支出，人力资源培养经费，参与和支持私营经济部门等。

在政府收支相抵后财政余额变化不太明显。2005 年，阿曼政府财政收入为 81.6 亿美元，财政支出约 95.7 亿美元，财政赤字约为 14.1 亿美元。其中国防和国家安全支出 30 亿美元，

2007年英国经济学家情报社统计数字显示，2006年阿曼的财政收入为110.2亿美元，其中国防支出约为32.5亿美元，财政赤字为16.9亿美元。为了不超过阿曼所设的外债最高额度，阿曼主要依靠国家储备基金来填补财政赤字。由于油价上涨带来的石油收入的增加，也可以填补政府的部分财政赤字。

阿曼政府自1981年开始安排财政赤字预算，当年赤字为4.8亿美元；1982年财政赤字为4.81亿美元；1983年为5.94亿美元，占预算总开支的12.5%。2000年国家财政预算赤字为3.49亿里亚尔。当油价低迷时，财政赤字部分可由政府储备基金进行资助，油价超过估计价格的盈余部分再缴入此项基金。

表4-7 2001~2005年阿曼政府财政收支状况

单位：百万里亚尔

	2001年	2002年	2003年	2004年	2005年
总收入	2530.0	3007.0	3305.3	4040.2	4576.0
原油	1875.0	2200.5	2316.4	2904.9	3227.3
天然气	73.6	76.6	87.0	0.0	0.0
总支出	2857.9	2937.3	3188.9	3809.9	4273.0
经常开支	2182.9	2271.7	2373.1	2661.2	3179.4
国防和安全	933.0	957.2	1009.6	1143.6	1404.2
国家各部委	1071.4	1146.8	1184.3	1304.4	1531.9
贷款利息	94.3	69.8	59.9	74.4	66.8
政府在PDO股份	84.2	97.3	119.3	116.6	130.1
投资支出	556.5	586.7	700.0	1034.8	966.5
国家各部委	311.7	307.2	383.9	447.1	475.1
政府在PDO股份	198.5	201.3	242.0	257.4	249.5
天然气勘探	8.5	13.5	13.6	12.4	0.0
发展人力资源	33.7	34.3	42.7	51.2	44.7
参与和支持私营经济部门	118.5	78.9	115.8	113.9	127.1
总差额	-327.9	69.7	116.4	230.3	303.0

资料来源：《2007年阿曼国家概况》，英国经济学家情报社，第49页。2005年数据为阿曼官方预测数据。

二 货币与金融

1. 货币

阿曼货币政策的重点是保持低通货膨胀率,从1973年2月开始,阿曼采用并保持里亚尔与美元挂钩的固定汇率。1986年由于国际石油价格下跌,阿曼石油收入骤减。同年1月25日,阿曼宣布货币贬值,将里亚尔对美元的比价下调10.2%,调整后的1里亚尔合2.6008美元,这是1973年以来阿曼唯一一次调整货币。阿曼货币市场利率相对比较稳定,2001年货币市场利率为10.1%,2005年货币市场利率为9.2%。广义货币M2供应的增长率2001年为9.2%,2005年增长较大为21.3%。

1972年以前,阿曼一直使用同英镑等值的特种印度卢比。马斯喀特货币局于1970年成立,1972年更名为阿曼货币局,废除了特种印度卢比,开始发行本国货币——阿曼里亚尔。1975年,阿曼中央银行正式营业后,取代了阿曼货币局的职能,同时取消阿曼货币局。1995年为庆祝卡布斯苏丹执政25周年,阿曼中央银行发行了新钞,面值分别为50、20、10、5、1里亚尔和500、200、100比萨(1里亚尔合1000比萨)。同年,阿曼中央银行还发行纪念金币和银币。到1998年底,新钞已基本占领了货币流通市场,发行量约2.8亿里亚尔。

阿曼货币政策稳定,基本无外汇管制,可随意兑换。2008年里亚尔对美元汇率维持1里亚尔=2.6008美元不变。阿曼宣布2010年后再考虑是否加入海湾统一货币市场,未来几年里亚尔与美元汇率变化的压力不大。

2. 金融系统

阿曼金融系统主要由阿曼中央银行、商业银行、专业银行和非银行中介机构组成。

表4-8 阿曼2003~2007年外汇储备

单位：百万美元

	2003年	2004年	2005年	2006年	2007年
总储备(含黄金)	3593.8	3597.6	4358.4	5014.4	9524.0
总储备(不含黄金)	3593.5	3597.3	4358.1	5014.1	9523.5
黄金储备	0.3	0.3	0.3	0.3	0.5

资料来源：《2008年阿曼国家概况》，英国经济学家情报社，第51页。

阿曼中央银行 成立于1975年，它的主要职责是监管和指导银行部门的运作，通过实施货币政策保持价格稳定，稳定国家的货币价值，不断扩大并完善银行的职能，还为促进投资的增长提供必要的财政支持。它既是货币发行机构，又是监督和制定金融规章制度的行政当局。2002年4月，阿曼中央银行的资本金从1975年4月1日初创时的100万里亚尔增加到了3亿里亚尔。2004年底，阿曼中央银行的资产和债券总额已达14.98亿里亚尔（合38.95亿美元）。[①] 阿曼央行的两个分行位于萨拉拉和苏哈尔。

阿曼央行鼓励银行采取风险管理系统和透明的营业制度，为保证财政系统的稳定和顺利运作发挥重要的作用。通过启用一套早期预警系统，提前预测可能会发生的金融危机，并采取必要的防范措施。中央银行为提高工作效率，支持和鼓励本国银行进行合并，还要求商业银行提高它们的最低资本金和资金偿还能力，并规定本国银行最低资本金为2000万里亚尔，外国银行为500万里亚尔。中央银行还规定，资本的有效利用率不得低于12%，此标准远高于巴塞尔国际清算银行8%的要求。央行采取强有力的措施，通过反洗钱法打击"洗黑钱"的非法

---

① 《阿曼 2005~2006》，阿曼新闻部，第141页。

行为。

央行让市场决定借贷利率的政策执行了约 10 年后,对个人贷款利率的上限作了规定,2004 年 1 月个人信贷利率降至年利率 10%。央行允许外资银行在阿曼设立分行,把本国银行的外资所占份额提高到 70%。央行要求商业银行从个人贷款利率中获利份额不超过总贷款收入的 40%。2007 年规定个人住房贷款利率上限为 5%。[1]

阿曼 2000 年 11 月 9 日正式加入世界贸易组织。作为 WTO 的成员,阿曼允许外资在阿曼重要的商业服务领域建立分支机构或外企分公司,其中包括银行、保险等金融服务行业。

表 4-9　2002~2008 年阿曼银行利率一览表

单位:%

	2002 年	2003 年	2004 年	2005 年	2006 年	2007 年	2008 年
贷款利率	8.5	8.2	7.6	7.0	7.4	7.29	6.8
存款利率	2.9	2.4	2.3	3.3	4.0	—	

资料来源:《2007 年阿曼国家概况》,英国经济学家情报社,第 50 页;《2008 年阿曼国家概况》,第 7 页。

商业银行　截至 2007 年底,阿曼共有商业银行 15 家,其中 6 家为本国银行、9 家为外资银行的分行,都持有投资银行运营许可证,成为阿曼金融部门的主要支柱。截至 2003 年底,商业银行的资产和债券总额为 45.169 亿里亚尔,比 2002 年的 43.627 亿里亚尔增长了 3.5%。同期的储蓄总额为 28.536 亿里亚尔,较 2002 年的 27.772 亿里亚尔增长了 2.8%,其中的 83.7% 来自私营企业。[2]

---

[1]　《2007 年阿曼国家概况》,英国经济学家情报社,第 33~34 页。
[2]　《阿曼　2004~2005》,阿曼新闻部,第 122~123 页。

2007年1月新成立的苏哈尔商业银行是阿曼最新的、也是最大的本国商业银行。

专业银行 除了商业银行外，阿曼还有3家专业银行，成立于20世纪70年代。它们主要为房产、工业、农业和渔业等产业部门的发展提供金融支持。这3家专业银行在全国有26家分支机构。

阿曼房产银行成立于1977年，总资产为3000万里亚尔，主要为居民购买、建造房屋或改善现有房产提供贷款。到2003年底，房产银行的信贷总额达到1713万里亚尔，总资产达1735万里亚尔。根据政府的相关政策，借贷款项主要面向收入来源有限的人。

阿曼发展银行是由1979年成立的发展银行和1981年成立的农业渔业银行合并而成的股份制银行。其信贷政策侧重于支持小型工程项目。贷款超过25万里亚尔的大型项目由工商委员会或其他金融机构负责。阿曼发展银行的利率每年在2%~6%之间浮动。政府免除发展银行的各项税收，可偿还债务的利率由于政府的支持也保持在最低水平。除了提供中长期贷款外，发展银行还提供技术咨询服务，也负责提供出口信用担保和渔业研究基金的发放。至2003年底，阿曼发展银行的借贷款总额达到4210万里亚尔，总资产为6010万里亚尔，已偿还金额为2000万里亚尔。[①]

联合房产银行成立于1997年，是海湾合作委员会成员国中的第一家私营房产银行，在阿曼国内有7家分支机构。它在马斯喀特证券交易所上市，约有3800个股东。到2003年12月底，联合房产银行的总资产相当于8900万里亚尔，股票市值2700万里亚尔。

非银行中介机构 它在阿曼经济中的作用越来越大，主要包

---

① 《阿曼 2004~2005》，阿曼新闻部，第125页。

阿曼

括货币兑换公司、保险公司、养老基金、双向基金、租借和债务代理公司、证券公司和投资银行机构等。阿曼有 57 家外汇兑换公司，其中 12 家从事稀有金属交易、货币兑换和外汇买卖业务。这些公司在阿曼全国设有 64 家分支机构。

银行部门从业人员的阿曼化进展很快，到 2004 年底，阿曼中央银行的阿曼化程度达到 88.8%，商业银行和专业银行的阿曼化程度都达到 91.8%。整个银行系统的中、高级管理人员的阿曼化程度达到 85.3%，其中文秘级别的职员阿曼化程度达到 99.6%，其他在职人员的阿曼化程度达到 100%。2004 年底，阿曼央行许可的外汇公司中职员阿曼化比例达到 51.1%，金融公司职员阿曼化的比例达到 61.3%。[①]

阿曼中央银行的自动提款机（ATM）系统已经与阿联酋、卡塔尔联网。下一步将把自动提款机交换系统与巴林、沙特阿拉伯、科威特三国联网。一旦完成联网，阿曼人在海湾合作委员会（GCC）成员国旅行时，无需携带任何现金。海湾合作委员会各国中央银行行长级官员已经组成了技术委员会，加速 ATM 系统联网和为电子资金在成员国间的转移提供便利。技术委员会的另一项任务是，通过实时支付结算系统（RTGS）实现成员国银行间票据结算系统的一体化。海湾合作委员会国家自动提款机系统联网对于正处在经济一体化进程中的海湾合作委员会国家具有重要意义。阿曼的商业银行目前有 350～400 台自动提款机。由于外国银行分行的自动提款机数量有限，因此自动提款机交换系统对于外国银行的用户更加有利，他们可以到任何一家当地或外国银行的自动提款机上提取现金。

阿曼于 2005 年 10 月底正式启动银行间实时支付结算系统（RTGS）。实时支付结算系统还将与财政部、马斯喀特证券交易

---

① 《阿曼 2005～2006》，阿曼新闻部，第 142 页。

所联网。

3. 证券市场

阿曼股市由阿曼资本市场管理局（CMA）进行管理。资本市场管理局主要负责监管股市、发放证券交易营业许可证、保证股市交易安全等，并监控各上市公司的行为，确保其按照有关法律和规章制度办事。

证券市场是阿曼经济繁荣和各经济部门效益提高的反映。马斯喀特证券市场（MSM）于1989年建立，主要有30家公司影响马斯喀特的股票指数，这30家公司占所有上市公司市场价值的80%。该证券市场也向境外投资者开放，主要吸引了海湾合作委员会国家的一些投资者。马斯喀特证券市场2002年底综合价格指数是191.68点；2003年上升到272.67点。交易量为5.29亿里亚尔，比2002年的2.313亿里亚尔增加了156%。到2004年4月13日，马斯喀特证券市场上市公司的综合价格指数突破了300点，达到1998年以来的最高水平。2004年6月9日，马斯喀特股票综合指数达到3281.09点，当年第一季度的净利润为6530万里亚尔，上市公司的数目由80家增加到111家。

2004年引进了新的证券交易系统，投资者和经纪人可以通过网络进行交易，也可以通过便捷方式在地区性证券市场和阿拉伯证券市场进行股票交易。另外，还引进了一套新的电子处理系统，它代表了股票市场的一个飞跃性发展。2006年马斯喀特证券市场全年30个指数攀升14.5%，是海湾地区唯一获利的证券市场，该市场的积极表现吸引了地区投资者的目光。阿曼资本市场当局已同意进行与海湾合作委员会国家进行电子联网的可行性调查，海湾6国将作为一个整体板块，方便投资者投资。

4. 保险业

阿曼保险业起步较晚，是处在初级阶段的新兴行业，但是它对于社会稳定、保障国民合法权益和提高公民的社会福利待遇有

积极作用。

截至 2000 年底,阿曼共有注册的保险公司 17 家,其中国营保险公司 7 家(5 家公共保险公司,2 家人身保险公司),外国保险公司 10 家(8 家为公共保险兼人身保险公司,2 家为人身保险公司)。阿曼另有保险经纪办公室 15 个,保险业代理 103 个。

国营保险公司主要有:阿曼民族保险公司,1978 年成立,下设 6 个分公司;国家保险公司,1985 年成立,下设 5 个分公司;阿曼联合保险公司,1986 年成立,下设 4 个分公司,是阿曼保险行业的主导公司;佐法尔保险公司,1989 年成立,下设 6 个分公司;国家生命保险公司,1995 年成立,无分公司,总部设在马斯喀特;马斯喀特保险公司,1995 年成立,下设 1 个分公司;阿曼联合健康保险公司,1998 年成立。

外国保险公司有:黎巴嫩在阿曼拥有 3 家保险公司,它们是:1976 年成立的阿拉伯保险有限公司,有 2 个分公司;1976 年成立的"鹰"保险公司;1977 年成立的民族联合保险公司。1971 年,美国生命保险公司成立,有 1 个分公司。1973 年成立的伊朗保险公司,有 1 个分公司。新印度保险公司成立于 1976 年,有 1 个分公司。英国在阿曼拥有 3 家保险公司。

从 2000 年 7 月开始,保险业务扩展到生活和工作在外国的阿曼人,他们的保险业务由阿曼保险业务总机构负责。它成立于 1991 年,现已成为阿曼最大的官方保险机构。

第六节 对外经济关系

阿曼处于东西方航运线路的交汇处,发展对外贸易对阿曼的意义非常大。阿曼政府在 21 世纪确定的新目标是增加贸易往来,进一步加快阿曼与地区和国际经济的接轨。为了实现这一目标,阿曼加入了一些地区性和国际性经济组织,如阿拉伯海湾合作委员会、阿拉伯自由贸易区、环印度洋经济合作组织和世界贸易组织。另外,阿曼还通过合作委员会和双边协定等形式与其他国家进行经济合作,为阿曼产品开辟了新的国外市场,从而增加合作双方的利益,实现阿曼的发展目标。

一 古代对外贸易概况

阿曼由于所处的地理位置优越并拥有高超的造船和航海技术,发展海上贸易有得天独厚的条件。自有文字可考的历史记载,阿曼人一直是航海者,阿曼的船队是世界远洋航海史上最早的船队之一。公元前 2000 年,阿曼就以造船和航海著称于世,并成为阿拉伯半岛的造船中心。

古代阿曼居民广泛进行海上和陆路贸易活动。古代亚述帝国、印度河谷和苏美尔文明的有关记载表明,都把它们的经济繁荣归功于同马干(阿曼古代名称)的贸易。阿曼人带来的自产商品有闪长岩、造船的木材、铜矿石、珍珠、珊瑚、乳香、没药、洋葱和椰枣等;他们还从非洲海岸运来珍贵的木料、宝石、象牙、香料和食品。阿曼船只也是受欢迎的商品。阿拉伯文献记载,第一个来到中国的海湾人是阿曼商人奥贝德,他于公元 8 世纪从阿曼湾出发,航行 7000 公里,历时约两年,最后到达中国采购商品。阿曼的苏哈尔、马斯喀特当时都是闻名遐迩的商埠。

佐法尔曾经是阿曼乳香贸易的中心,这里出产的乳香是世界上质量最好的。乳香有"白色黄金"之称,是当时社会上层人士的专宠。在历史上,乳香的价值曾经等同于黄金,被视为统治者权力和财富的象征。很长的一段时间里,乳香贸易一直是阿曼的经济支柱。阿曼骆驼商队曾满载着佐法尔的乳香从阿曼出发,经陆路长途跋涉到达地中海沿岸和叙利亚、埃及等国。乳香的水路运输路线是在加沙装船,穿越地中海,到达古罗马帝国,最终

销往欧洲各地。古代巴比伦的巴尔神庙每年乳香的需求量是2.5吨。佐法尔的乳香在公元9世纪由阿曼商人奥贝德带到中国广州。中国宋朝以后的上层人士熏香之风盛行,因此每年进口的香料数量巨大。公元1077年,广州一地进口乳香达174吨。[①] 我国广州、泉州等地的乳香都来自佐法尔,当时佐法尔被称作"香岸",从阿拉伯国家到中国南方的海路被称为"香料之路"。

大约在公元前2000年,美索不达米亚城市同阿曼的直接贸易突然中断,从此以后的相当长时间里,关于阿曼海上活动的记载极少。公元前1000年,随着亚述帝国的崛起,阿曼地区才逐渐繁荣起来。公元前700年恢复了同印度的贸易,阿曼商人还将阿曼的铜矿石、非洲的香料、香水和稀有木材运往迪尔蒙(现在的巴林和科威特)。

在赛义德统治时期的19世纪中叶,阿曼被称为"第一流的亚洲海上力量",达到了海上商业大国的巅峰时期。它的疆域向南到达阿拉伯半岛东海岸和东非一带,将桑给巴尔定为它的南部首都。当时的首都马斯喀特商业发达,是一大贸易集散中心,整个海湾贸易的60%都通过这里,阿曼从这里的中转贸易中收取6%~6.5%的关税。[②] 阿曼同马来亚、孟加拉、印度尼西亚、印度西海岸、阿比西尼亚(今埃塞俄比亚)等地商业往来频繁。

二 对外贸易的政策和现状

阿曼长期实行低关税、进口无定向、外汇基本不管制的自由贸易政策。阿曼既不征个人所得税,也不收

[①] 《使馆商社贸易快讯》2003年第11/12期,天润国际展览出版集团有限公司,第7页。

[②] 黄培昭、苏丽雅:《当代阿曼苏丹国社会与文化》,上海外语教育出版社,2003,第36页。

商品增值税，阿曼的公司所得税税率也很低。1980年阿曼正式成立国家总储备基金，以备国家长期战略和未来发展之需，并作为稳定政府财政开支的基金。政府规定每年石油纯收入的15%左右交纳国家总储备基金。1991年，又成立了应急基金，用于缓解国家总储备基金的压力，分担其部分功能。阿曼的对外贸易额不断增加，石油和天然气出口依然是外汇收入的主要来源，2005年这两项收入占政府总收入的约68.8%。国家鼓励非石油产品的出口，对生产出口产品的原材料免征进口关税。国家发展银行对有关企业出口工业品提供信贷，还建立了出口补贴制度，对工业制成品的出口给予10%~25%的价格补贴。阿曼的转口贸易是其对外贸易中仅次于石油出口的项目。

对外贸易在阿曼国民经济中占有重要地位，发展很快。阿曼政府提倡自由竞争，对各国贸易不强求一律，除石油和铜产品出口由国家垄断外，其他产品一律放开经营。这种宽松的自由贸易政策和环境，为各国与阿曼开展经贸合作提供了良好的条件。近年来，阿曼一直保持对外贸易顺差，2005年对外贸易顺差为98.8亿美元。2007年和2008年外贸进口额分别是110亿美元和133亿美元，外贸出口额为231亿美元和339亿美元，贸易顺差进一步扩大，分别为121亿美元和206亿美元。[①] 阿曼对外贸易的特点是进口广泛性和出口单一性。进口产品主要是运输设备（汽车及其配件）、机械、手工制品、食品、饮料、烟草和牲畜等，进口产品主要来自阿联酋、日本、美国和德国。在出口产品方面，1967年出口原油之前，阿曼出口产品主要是椰枣、鱼类、烟草、皮革、水果、蔬菜、石灰和棕红染料等。现在，原油、天然气及它们的相关产品是阿曼出口贸易的最大项目，出口主要对

---

① 《2008年阿曼国家概况》，英国经济学家情报社，第8页。

象国是中国、韩国、日本和泰国。阿曼出口的非石油产品主要有纺织品、家畜、肉类、鱼类、矿产等。转口贸易也是阿曼外贸出口的一个重要方面。

近年,由于国际油价持续在高位徘徊,阿曼对外贸易长期保持顺差,在未来几年仍能保持对外贸易顺差和经常账户余额的盈余状态。英国经济学家情报社统计报告表明,2006年,阿曼进出口总额约301.3亿美元,出口贸易中原油一项的出口额为143.78亿美元,贸易进口总额99.28亿美元,贸易顺差112.74亿美元。在过去的20年里,原油出口约占出口总收入的71%。[1] 2001~2004年,由于国家集中发展非石油产业——液化天然气和制造业,原油出口略有下降,但仍占出口总额的70%。2000年4月苏尔的液化天然气开始出口,出口额从2001年的12亿美元增长到2006年的29亿美元,占出口总额的14%,为阿曼经济多元化作出了重要贡献。

近年来阿曼对消费品、工业设备和食品需求量不断增加,美元疲软,阿曼与主要贸易伙伴之间以美元结算使阿曼进口额不断增加。2006年由于对工业制成品和机器设备的强劲需求,进口额又有实质性增长。随着阿曼人口的增长,对农产品进口需求量也将增加。

2000~2002年转口贸易额增加了17%,2002年的转口贸易额为19亿美元;2006年转口贸易额为17.33亿美元,占出口总额的9%。但是受海湾合作委员会国家关税同盟影响,阿曼作为该地区贸易中转站的作用减弱了。2007年、2008年阿曼进口贸易额分别为110亿美元和133亿美元,出口贸易额分别为231亿美元和339亿美元。[2]

---

[1] 《2007年阿曼国家概况》,英国经济学家情报社,第38页。
[2] 《2008年阿曼国家概况》,英国经济学家情报社,第8页。

2000年11月，阿曼加入世界贸易组织（WTO），作为履行WTO义务的一部分，阿曼已经着手开放服务业，外资可进入阿曼的计算机、银行、保险和金融等服务领域。除石油和铜产品的出口由国家垄断外，其他商品一律放开经营。

2005年阿曼最大的贸易伙伴是阿拉伯联合酋长国，它是阿曼最大的非石油产品出口的目的地国，同时也是阿曼最大的进口产品来源国，但是阿曼从阿联酋进口的产品并非阿联酋生产，主要生产国是日本和西方发达国家，阿曼和阿联酋之间主要进行的是转口贸易。日本是阿曼第二大产品进口来源国，在过去的10年里阿曼进口商品的15%~20%来自日本，特别是日本的汽车制造业产品，在阿曼的商业消费市场占有很大的份额。英国也是阿曼重要的进口产品来源国。英国和美国是阿曼军事装备的供给国，这方面的贸易额不完全对外公布。

阿曼1973年成立商业和行业协会（OCCI），代表私营企业的利益，支持私有化和制造业国有化。为了把阿曼的产品推向国际市场，吸引更多投资者，它在中国台湾的台北市和南非的约翰内斯堡建立了商务代办处，并准备在美国、中国大陆、印度、伊拉克和伊朗开办类似的办事处。该组织通过贸易活动同其他国家和地区建立牢固的经贸关系，还是欧洲和阿拉伯国家联合行会的成员。2002年12月底，商业和行业协会有10.5万多个会员。它为阿曼经济发展，吸引外资和促进经济交流作出了贡献。

阿曼投资促进和进口发展中心（OCIPED）是根据第59/96号皇家谕令规定成立的一个独立的政府部门，主要职能是促进阿曼的项目投资和非石油产品的出口。该部门由董事会管理，国家工商大臣任董事会主席。董事会成员由国营经济部门和私营经济部门的代表组成。该中心已经在25个国家设立了代表处，在世界范围内建立起业务网络，并计划在国外一些主要市场设立永久性展台展出阿曼产品。

表4-10　2002~2006年主要贸易伙伴（占总量的%）

	2002年	2003年	2004年	2005年	2006年
出口贸易					
中国	12.1	18.5	29.8	21.6	23.7
韩国	16.7	18.7	17.7	19.4	18.0
日本	18.7	16.2	11.5	15.4	10.9
泰国	11.5	12.2	10.3	13.7	10.7
进口贸易					
阿联酋	27.4	21.6	21.2	22.4	22.4
日本	16.1	17.1	16.6	15.8	16.4
美国	6.6	6.2	4.7	6.7	8.1
德国	4.4	4.4	5.1	5.8	5.4

资料来源：《2008年阿曼国家概况》，英国经济学家情报社，第49页。

1. 阿曼与中国的经贸关系

中国与阿曼经贸关系密切，中国自2003年起成为进口阿曼原油的第一大国。自2002年起，中国与阿曼的贸易额保持逆差。2005年，中国从阿曼进口原油8430.6万桶，金额约42.4亿美元，占阿曼原油出口总额的32.2%，是阿曼原油出口的最大市场。根据阿曼海关统计，2005年，中阿双边进出口贸易额达45亿美元，占阿曼进出口总额的16.4%。阿曼与中国签署了防止双重征税协议。

在双向投资方面，目前中国在阿曼的投资额约6000万美元，主要集中在油气区块风险勘探和开发领域。阿曼石油开发公司与韩国GS集团签订协议，购买了中国青岛立东化工有限公司30%的股份，此外，阿曼石油开发公司还购买了中国天然气香港上市公司8%的股份。工程承包是中阿双边经济合作的主要形式之一，截至2006年5月，中国企业在阿曼累计签订工程承包合同额5.7亿美元，其中新签合同额5500万美元。中国在阿曼工程承包业务主要集中在石油工程服务、通信业、公路建设、污水处理、水泥制造等领域。①

2. 阿曼与韩国的经贸关系

阿曼与韩国一直保持良好的经济合作关系，阿曼是韩国能源的主要供应国。2005年，阿曼与韩国双边贸易额达34亿美元，成为阿曼第三大贸易伙伴，阿曼对韩国保持较大的贸易顺差。2005年韩国从阿曼进口原油4113万桶，金额约20.7亿美元，占阿曼原油出口总量的16%。韩国每年从阿曼进口406万吨液化天然气，占阿曼液化天然气出口总量的62%，占韩国液化天然气进口总量的21%。韩国产品大量出口阿曼，包括汽车、电器、通信产品等。韩国产品颇受阿曼消费者的青睐，特别是韩国生产的汽车在阿曼市场占有较大份额，保有量达5万辆，约占阿曼每年进口车辆总数的1/5。

韩国企业参与了阿曼许多工业项目的建设，在石化领域更为活跃。2004年韩国SK工程建设公司为阿曼炼油厂成功完成了柴油氢化脱硫项目；韩国重工正在建设苏哈尔独立水厂和电厂项目；韩国LG公司投资4000万美元参与阿曼的聚丙烯生产项目，投资约1亿美元参与二氯乙烯生产项目，投资1.9亿美元参与苏哈尔芳香剂生产项目，并以EPC形式承担了聚丙烯项目工程建设。韩国斗山（Doosan）公司承担了苏哈尔发电—海水淡化厂EPC项目；韩国大宇造船和航运工程公司与阿曼政府于2005年6月签约，为杜格姆地区建设干船坞提供工程设计和咨询服务；韩国三星重工公司正在为阿曼建造两条14.5万吨的液化天然气船；韩国一家中型IT企业在为马斯喀特卡布斯港的海关电子计算机系统提供升级服务。

阿曼石油开发公司2004年11月获得了LG国际30%的股

---

① 中国驻阿曼经济商务参赞处网站资料。

份，这是阿曼在韩国的第一个直接投资的项目。韩国每年邀请10名阿曼青年官员参加韩国国际合作署组织的培训项目。此外，两国签署了避免双重征税协定，相互承认驾驶执照、旅游互免签证。

3. 阿曼与日本的经贸关系

日本是阿曼第二大贸易伙伴，阿曼对日贸易顺差约10亿美元。阿曼年均出口日本原油4300万桶，金额达21.6亿美元，是阿曼第三大原油出口市场。2005年阿曼与日本双边贸易额达37.5亿美元；同年，日本对阿曼出口额13.9亿美元，在阿曼主要进口国中位居第二位。日本产品经济适用、售后服务良好，赢得了阿曼市场。日本出口阿曼的产品主要有汽车、机械设备、电子产品等。日本汽车深得阿曼人欢迎。

目前，日本在阿曼投资和合作的主要领域是石油和天然气工业。日本是阿曼液化天然气的主要进口国，2000年，大阪燃气公司与阿曼签署25年液化天然气供货协议，阿曼每年向日本提供70万吨液化天然气。伊藤忠公司、大阪燃气公司、三菱公司还分别与阿卡尔盖特液化天然气生产装置（Qalhat LNG）签署长期购买协议，供货量共计230万吨，供货期长达15～20年。此外，日本三井OSK班轮公司分别拥有阿曼"萨拉拉"号和"伊卜拉"号两艘天然气船股份的20%。三菱商社和三井船运（OSK）公司分别拥有"伊卜里"号天然气船股份的20%。伊藤忠和三井船运（OSK）公司分别拥有阿曼"尼兹瓦"号天然气船20%的股份。其中"尼兹瓦"号和"伊卜里"号天然气船由三菱重工建造。日本企业获得了阿曼54区块风险油田勘探和开发权。

日本国际合作银行对阿曼大型建设项目融资，参与了苏哈尔港、苏哈尔炼油厂、聚丙烯厂、苏尔至古尔亚特公路等项目的融资贷款。其中，向苏哈尔港贷款额达2.5亿美元，向苏尔至古尔亚特公路项目贷款额6500万美元。日本承包商在阿曼建筑市场也占有重要份额。2003年,日本日挥(JGC)公司与千代田(CHIYODA)公司中标苏哈尔炼油厂8.79亿美元的总承包合同。2005年,三菱重工承揽了苏哈尔化肥厂项目,合同额6亿美元。

日本国际合作署(JICA)自20世纪70年代开始与阿曼政府在人力资源开发、经济多元化和长期发展规划等方面开展合作。截至2004年,日本为阿曼培训了441名技术人员,同时向阿曼派出了145名专家。[①]

4. 阿曼与其他国家的经贸关系

阿曼政府在2003年7月和2004年3月分别与伊朗、白俄罗斯签订了贸易协议,不仅有效地促进了阿曼出口额的增长,更扩大了与伊朗和白俄罗斯的双边经济合作范围。

2005年10月,美国与阿曼达成自由贸易协议。该协议实施后,将促进阿曼对非石油产业的投资,取消工业产品和消费品的关税,扩大阿曼非石油产品的出口,两国农产品贸易将在10年期限内实现自由化。阿曼政府同意将不对以色列商品实行抵制写入该协议,并保证落实。

三 外国资本与外国援助

阿曼政府意识到吸引外资对国家经济发展的重要性,为了补充本国经济建设资金的不足,阿曼政府采取多种措施积极争取外国贷款和赠款,也非常重视和鼓励引进外国直接投资。为了给外国投资者营造更好的投资环境,阿曼政府制定了一系列政策和法规,并对《商业法》、《商务代理法》、《公司所得税法》、《公司法》和《外国投资法》等做了重要的修订,同时起草了有关金融证券的法律,为国外公司前来阿曼创办企业提供便利条件,

---

① 中国驻阿曼经济商务参赞处网站资料。

阿曼

使外国投资者有权在阿曼经济的任何领域投资。2000年11月，阿曼正式成为WTO的成员，此后阿曼采取了一系列措施，颁布了《知识产权法》、《商品法》和《著作权法》等，并进一步放宽了对外国投资者的限制。

阿曼有吸引外资的条件：优越的地理位置，稳定的政治、经济环境，以市场为导向的政策。阿曼政府向投资者提供了许多激励措施，如：物价稳定，自1992年以来通货膨胀率在海湾地区一直保持低水平；货币稳定，可自由兑换，没有外汇兑换限制；对部分外资产权的工业和旅游业项目提供长期无息贷款；阿曼产品进入其他海湾国家无关税等。政府为了实现国家财政收入多元化和鼓励私营企业发展，实行多种优惠政策，对来阿曼投资的项目采取简化程序、扩大外商投资的权限等措施，保障外国投资者的合法利益。良好的投资环境吸引了众多的外国投资者。

英国和其他海湾国家是阿曼的主要投资国，外资主要投向油气开采业和金融业。从1970年至1985年年底，阿曼共吸收外资2300万里亚尔。截至1989年底，本国公司和外国公司在阿曼的投资总额为1.9亿里亚尔，其中外国投资公司投资额为0.76亿里亚尔，占投资总额的42%。

由于英国与阿曼的特殊关系，近年来英国给予阿曼一些援助。阿联酋等一些阿拉伯国家参加的阿拉伯援助组织也给阿曼提供了一些软贷款。为了促进与其他国家的投资合作，阿曼政府先后与22个国家签订了34个关于促进和保护合资企业的协议。

阿曼颁布了新投资法，对外国企业采取优惠政策，如：免征公司所得税至少5年，机器设备免税进口；自由调动利润，不收个人所得税，外汇可直接汇出国外；引进外国先进技术；利用本地劳动力和原料的公司，可获得政府的长期低息贷款；外资对联合企业投资的比例最高可占75%。2001年1月起，外资来阿曼创办企业，可拥有企业70%的股份。2003年1月起，在银行、

第四章 经　济

保险和经纪等服务行业的外国投资者，可以拥有100%的股份。1996年阿曼政府将与外资合伙的公共股份公司税率从15%~30%减低到5%~7.5%，与阿曼人所有的公司税率相同。这一政策适用于外国股份低于总资本的49%、至少有40%的资本公开上市的公司；外国股份占高于总资本49%以上的公司，最高税率也从30%降到25%。

1979~1983年，阿曼共获得外国贷款13.5亿美元。1981年5月，阿曼—美国联合经济技术合作委员会在马斯喀特举行正式办公仪式。联合委员会由两国政府资助，1980年、1981年阿曼获得美国的拨款和贷款达9000万美元。1983年，科威特阿拉伯经济发展银行同阿曼签署协定，向阿曼提供500万科威特第纳尔（1美元=0.307科威特第纳尔）的贷款，资助一项天然气工程的建设。1983年10月沙特阿拉伯发展银行同阿曼签署总额为3600万沙特里亚尔（1美元=3.75沙特里亚尔）的两项贷款协定，资助阿曼的一个高级技术中心和一个职业训练中心的建设。2000年3月，为促进经济和社会发展，阿曼政府与阿拉伯基金会签订了一项1.37亿里亚尔的贷款协定。截至2000年，阿曼为促进本国经济和社会的发展，从阿拉伯基金会共获得11.27亿里亚尔的贷款。[①]

阿曼官方不公布其外债数额。根据世界银行的统计数据，2005年阿曼外债总额为44.1亿美元，偿债率为6.3%。外债总额占国民生产总值的比率从1999年的43.6%下降到2003年的17.8%，1999年阿曼的外债总额为68亿美元。阿曼的偿债率从2001年的14%下降到2005年的6.3%。阿曼从未有拖欠偿还外债或更改分期偿还贷款时间的情况，即使是在1998年国际石油价格暴跌的情况下，当年阿曼的偿债率上升近20%。这一纪录

---

① 《阿曼 2000》，阿曼新闻部，第71页。

使阿曼在国际资本市场赢得了信誉。一个国际信用等级机构"标准普尔公司"(Standard & Poors)为阿曼的长期贷款评级为BBB+，前景为"稳定"。另外一个信用等级机构"穆迪投资服务公司"(Moodys Investors Service)，在2005年把阿曼的外债信用等级从Baa 2级升为Baa 1级。[①] 由于阿曼偿还外债记录优秀，阿曼在国际资本市场的信用良好。

表4-11　2002~2006年阿曼外债

单位：亿美元

	2002年	2003年	2004年	2005年	2006年
官方中长期债务	20.49	15.73	12.24	8.48	8.19
私人中长期债务	14.71	11.61	13.56	15.13	20.47
中长期债务总数	35.20	27.34	25.80	23.61	28.66
外债总额	47.08	39.79	38.87	40.28	48.19
外债占GDP(%)	23.2	18.2	15.7	13.1	13.4
还债额比例(%)	14.5	10.2	6.8	7.5	1.3

资料来源：《2008年阿曼国家概况》，英国经济学家情报社，第50页。

第七节　旅游业

一　旅游资源

阿曼自然风光优美，旅游资源丰富，具有发展旅游业的优越条件。阿曼海岸线1700多公里，有优美的沿海风光和富饶的海滩。在首都马斯喀特附近的深海区可观赏到海豚和金枪鱼群穿梭腾跃的自然景观。国家实施野生动物保护政策，

---

① 《2006年阿曼国家概况》，英国经济学家情报社，第41页。

设立了多个大面积的自然保护区,那里众多的海龟、阿拉伯羚羊和著名的乳香树等动植物资源吸引无数游客。南部佐法尔省的萨拉拉地区气候终年温和湿润,是个风景优美的避暑胜地。阿曼是一个历史悠久的文明古国,历史遗迹和风景名胜遍布全国。阿曼将大力发展生态旅游、探险旅游、文化遗产景观游、水上运动以及沿海休闲游。阿曼发展旅游业不仅靠丰富的旅游资源,安全稳定的社会环境也为旅游业的发展提供了可靠的保障。

二 旅游业的发展

旅游业是阿曼经济多元化政策发展的重点产业之一。阿曼政府重视旅游业的发展,从第二个五年计划(1981~1985年)期间开始重点发展旅游业。为了支持旅游事业,国家颁布了《旅游法》,工商部成立了旅游总局,民间成立了旅游协会,根据第61/2004号皇家谕令政府成立了旅游部。1999年,阿曼102家旅行社接待旅客62.7万人,旅游收入约4200万里亚尔,占当年国民生产总值的1%。预计到2020年,阿曼旅游收入将占国民生产总值的3%。[1] 政府期望通过旅游业的发展,能够给阿曼劳动力提供更多的就业机会,力争到2010年旅游部门员工80%实现阿曼化。阿曼与奥地利政府签订协议,2004年10月开始重建阿曼旅游酒店专科学院,积极开展对旅游业人员的业务培训,该学院现有250多名阿曼人在这里学习。

政府加大对包括旅游设施在内的基础项目的投资,在2001~2005年的第六个五年计划期间对旅游业的预算投资额从2.57亿里亚尔追加到2.8亿里亚尔。[2] 政府还积极号召国内外投资商为开发旅游项目工程进行投资,并为这些投资商提供各种便利条

---

[1] 袁鲁林:《阿曼三十年巨变》,2001年2月《外经导报》,第9页。
[2] 朱梦魁:《从旅游窗口看阿曼经济》,2003年10月21日《人民日报》。

件。由于阿曼是个风景优美的旅游胜地,投资者的热情很高。由公私合营部门合作开发的旅游项目主要有:巴里·艾尔·吉萨工程,它占地50万平方米,位于距马斯喀特20公里处。该工程项目总耗资约2亿美元,政府投资40%,其余60%的资金由私营企业投资。该工程由阿曼政府和当地祖拜尔公司参与,中国香港香格里拉集团主管,负责包括别墅和服务公寓、娱乐设施、商业中心和小型码头的建设。

2002年6月,阿曼政府与国际发展爱尔兰有限公司(IDI)签订了一份为期4年的合同,该公司将通过市场营销和吸引投资进行旅游产品开发,协助阿曼工商部旅游总局实施阿曼旅游经济规模8年内翻一番的计划。该计划包括在阿曼境内开发6个旅游景点,它们分别是:东部区的哈德角、马斯喀特的穆特拉赫(Mutrah 又译马特拉)、西达布(Sidab)和纳赫勒(Nakhal)、佐法尔的萨拉拉和穆桑达姆等。哈德角以自然地貌资源丰富、海龟闻名,其中的"冬日阳光"项目主要是吸引外国游客冬季来阿曼度假。此外,自然旅游、探险旅游和佐法尔省的季节旅游都是重点推出的项目。

为了推广阿曼旅游业,政府和私营企业都积极参加一些国际旅游博览会和各种相关会议以及旅游营销活动。阿曼在开罗、伦敦、悉尼、东京和巴黎等地建立了旅游业办事处,把宣传阿曼旅游业推向海外市场,并在西卜国际机场开设了游客信息中心。为了更好地介绍本国的旅游资源,卡布斯苏丹大清真寺和各个港口、城堡都有英语或阿拉伯语版的旅游宣传手册,在不同地区发行不同语种的地图和旅行指南等出版物。

20世纪90年代初,作为政府鼓励发展旅游政策的一部分,前往阿曼的签证手续大大简化了。现在68个国家的居民可以办理简单的出入境签证,费用为6里亚尔,签证有效期为1个月,再付6里亚尔还可以延长签证的使用期限。持有入境签证的人如旅行时间少于 24 小时，可以免交登船费用。阿曼还与卡塔尔、阿联酋联合办理出入境签证，持有该联合签证的旅游者可在这三个国家自由通行。

三　旅游配套设施

随着最近几年来阿曼的国外游客数量的增多，一些旅游基础设施相应的得到发展，许多国际级酒店相继落成。2000 年阿曼接待了 70.98 万名游客；2001 年接待游客 74.93 万人。据阿曼最新统计，2002 年阿曼境内饭店接待了 33.67 万来自海湾其他国家的游客，入住阿曼饭店的欧洲游客人数为 18.63 万、亚洲游客 9.66 万。2003~2004 年期间，阿曼接待游客人数超过 100 万人。阿曼饭店业收入 2000 年为 1.19 亿美元，2001 年为 1.16 亿美元，2003 年约 1.14 亿美元。2001 年阿曼饭店业的阿曼雇员有 1557 人，外籍雇员有 2600 人，阿曼化比例为 37%。① 阿曼旅游部制定了详细的经营和推广战略，正在与阿曼皇家警察商讨提供签证便利的事项，并正在规划其他新的政策措施。从 2005 年初开始，阿曼旅游部与阿曼国民经济部、世界旅游组织合作开发一套旅游卫星账户（TSA）系统，该系统建成后将提供大量的旅游统计数据。

2005 年 11 月，马斯喀特的香格里拉酒店群投入运营。其他在建或待建的几个旅游开发项目，如马斯喀特高尔夫和乡村俱乐部、马斯喀特西部海滩海浪工程、艾尔·撒瓦地海滩的蓝色城市项目等，将带动阿曼旅游业的增长，对阿曼经济多元化作出贡献。2008 年阿曼政府宣布，在首都马斯喀特国际机场附近将建设一个投资 15 亿美元的旅游开发项目，在滨海占地 245 英亩，集娱乐、酒店、文化、商业零售和民宅为一体。2008 年，私营

---

① 中国驻阿曼经济商务参赞处网站。

阿曼

经济部门在旅游业的投资起到重要作用,投资额高达1.6亿亚尔,约合4.1亿美元。2006~2010年的"七五"计划期间,国家按计划建设的度假村、宾馆、休闲设施等项目达12个,投资额约20亿美元,其中私人和外国投资约14.6亿美元。①

阿曼旅游业现仍处在开发阶段,旅游业附加值占GDP的规模、就业人数、对政府收入的贡献和外汇收入仍相对较小,但增长较快。如饭店和餐饮业的收入从2000年的1.4亿美元增长到2004年的1.8亿美元,在4年中实现了28%的增长。旅游业就业人数超过1万人。饭店和其他住宿设施由2000年的100个增加到2004年的147个。

四 著名旅游城市和景点

马斯喀特城 阿曼苏丹国的首都,连接海湾、阿拉伯海和印度洋,自古以来就是重要的贸易港口、贸易集结地和商业中心,现在是阿曼的政治、经济和管理中心,是全国人口最稠密的地区。马斯喀特城是卡布斯苏丹的王宫——旗帜宫的所在地,还是卡布斯苏丹大学、主要商业银行、世界级饭店、公园、专业医院、高等院校、培训机构、体育协会、年轻人俱乐部和文化及艺术中心所在地。全国约40%的饭店和6家五星级酒店中的5家都在这里。该城老城区的传统商铺、古代通道、堡垒等都已成为重要的旅游景点;新市区也充满传统的阿拉伯和伊斯兰风格建筑。马斯喀特的古代和现代建筑、博物馆、世界级饭店、公园、美丽海滩和排列着棕榈树的干旱河谷都会使旅游者大饱眼福。其他受欢迎的旅游景点还有艾尔·库德谷地(Wadi AL Khoudh)和希德附近群岛上的自然保护区。马斯喀特地区的山

---

① 中国驻阿曼经济商务参赞处网站和商务部网站:http://om.mofcom.gov.cn/aarticle/sqfb/200801/20080105332675.html。

表 4-12 旅游业的发展状况

	2001 年	2002 年	2003 年	2004 年	2005 年
饭店数量(个)	115	124	133	147	153
房间数量(间)	5729	6078	6462	6980	7247
床位数量(张)	8625	9208	9778	10839	11245
房间入住率(%)	42	41	39	43	70
饭店收入(万里亚尔)	4610	4390	4360	n/a	n/a

资料来源:《2007 年阿曼国家概况》,英国经济学家情报社,第 52 页。

间古道修复后已连成一个山路网,为探险旅游、爬山等提供更多方便条件,在每条路口都设有路牌,告知游人关于路线、长度、难度等级及所需时间等详细信息。

马斯喀特城是个将历史和现代融为一体,集现代化和传统风格于一身的首都城市。它的名胜古迹很多,杰拉里(AlJalali Fort)和米拉尼(Al Mirani Fort)古城堡已有 400 多年的历史,是葡萄牙人入侵时留下的遗迹,现在改建成供游客参观的博物馆。位于布什尔的卡布斯苏丹大清真寺是阿曼最著名的建筑之一,它于 2001 年 5 月竣工,是阿曼传统工艺和现代设计的完美结合。1986 年阿曼外交部大楼获得阿拉伯城市组织"最佳建筑设计项目"一等奖。1995 年,马斯喀特在阿拉伯城市组织的第 5 届比赛中获得 3 个奖项,分别是:马斯喀特市政厅获"最佳建筑设计项目"一等奖;马斯喀特市获"城市美化"一等奖及"风景和绿化"二等奖;2003 年马斯喀特荣获联合国公共服务奖章。

马斯喀特省的马特拉州有全国最重要的港口和古老的阿拉伯市场。其中的马特拉市场(Mutrah souq)是最受欢迎的传统市场,由于它保存得非常完整,现已成为著名的旅游景点。该市场主要销售传统的阿拉伯香料、手工艺品、珠宝,以及阿曼传统的日用器皿、服装、鞋类等。

阿曼

一年一度历时 40 多天的"马斯喀特节"是阿曼人的传统民族节日。节日期间，盛装的人们欢唱民歌，围成圆圈跳起古老的民族舞蹈，人们骑着骆驼和马在集市上穿行，还有现场制作阿曼人最喜欢的传统食品"哈尔瓦"（一种甜食），等等。

萨拉拉城　佐法尔省省会，自然风光秀美，拥有丰富的文化、艺术和休闲旅游项目。该城的赫里夫节（阿拉伯语意思为秋游节）是最受欢迎的节日，从 1995 年第一次组织赫里夫节开始，来自其他阿拉伯国家的旅游者络绎不绝。

苏哈尔城　巴提纳区最重要的城市，曾是伊斯兰教产生之前阿曼的首都。它是阿曼第一个信奉伊斯兰教的城市，也是民间传说中辛巴达和水手们航行的起点。它在历史上是海湾和印度洋贸易通道上的重要港口和贸易中心，很早就和中国有贸易往来，被历史学家称为"通向中国的门户"。苏哈尔在 4000 多年前就因盛产铜而著名，现在这里的铜矿依然继续开采。苏哈尔城风景优美，1998 年 3 月在"阿拉伯城市金杯奖"评选中获得最佳城市风光奖。现在国家投资数十亿里亚尔将苏哈尔建设成为一个工业化的港口城市。

鲁斯塔格城　巴提纳区的另一个重要城市，曾是阿曼历史上亚里巴王朝的首都。该城居民主要从事传统手工业，如制造腰刀、编织、制糖和椰枣加工等。这里的凯斯法甜水泉是阿曼最著名的水泉之一。鲁斯塔格城堡和哈泽姆城堡堪称阿曼最大最美丽的城堡。

尼兹瓦城　位于内陆地区，历史悠久，在伊斯兰教初创时期曾是阿曼的传统首都。众多思想家、宗教学家、文学家和历史学家等荟萃于此，尼兹瓦被称为"伊斯兰之卵"和"阿曼心脏"。这里是伊斯兰教义学研究的权威杰巴尔·本·扎伊德·阿兹迪（Jaber bin Zaid AL-Azddi）和著名诗人、语言学家伊本·德雷德（Ibn Dread）的出生地。

尼兹瓦还是阿曼重要的农牧业产品贸易中心。这里盛产棉花、椰枣、酸橙、香蕉、柠檬、芒果、甘蔗和蔬菜,它出产的玫瑰水和塔努夫矿泉水都很有名。这里还有阿曼最大的法拉吉(地下水渠)工程——达里斯法拉吉。尼兹瓦的手工艺品工艺高超,项链、耳环、手镯、脚镯和戒指等金银饰品做工精致,造型优美。这里还出产独具阿曼特色的家用器皿、武器、咖啡壶、匕首和腰刀等。尼兹瓦州和巴哈拉州的穆斯林堡垒和城墙是两处著名的旅游景点。1987年,联合国教科文组织将尼兹瓦州的堡垒、巴哈拉州的堡垒和星期五露天剧场都列入世界物质文化遗产。尼兹瓦城还有许多著名的古清真寺。

苏尔港 是东部区古老而重要的港口城市。几个世纪以来它一直是主要的造船业中心之一,在阿曼、东非和印度之间的贸易中有着非常重要的地位。直到19世纪,苏尔依然是阿拉伯半岛造船业最繁荣的地区。当地居民主要从事航海业、手工造船、纺织业和农业。

伊卜里 是一座古城,是东部区的中心。它的农业、传统手工业和贸易发达,有众多的古城堡和清真寺。

古城堡 阿曼最主要的历史遗迹,记载着阿曼的历史和古老的建筑艺术。阿曼政府正在开发和恢复一些重要的城堡和宫殿建筑。公元7世纪前的古堡——白赫拉、拉斯塔格等至今保存完好。著名的尼兹瓦城堡1668年建成,它完全由石料砌成,高30.48米,直径36.48米,壁厚2米多,有7座大门,门前的两尊青铜古炮已有300多年历史。杰白利城堡位于首都西南方,堪称阿曼全境最为壮观的城堡。它原来是历任伊斯兰教教长的行宫,改建后增加了防御设施,成为城堡。为了展示不同的建筑风格、古代武器、传统服饰和民间传说等,许多城堡中开设了一些永久性展厅和一些小型博物馆。

海岸旅游 阿曼海岸线延绵1700多公里,海水洁净,自然风光优美,是发展水上运动和休闲游的好去处。生态旅游是阿曼

旅游业得以持续发展的基础，鲸鱼、海龟、海豚、候鸟、羚羊和沙丘使阿曼成为自然旅游的胜地。

文化旅游 为了配合旅游业的发展，政府每年举办文化和艺术活动，吸引大量的国内外游客。如艾尔·弗勒吉城堡的晚间阿拉伯风情和国际节目表演。佐法尔的萨拉拉新建的能容纳7000名观众的大剧院，落成后能够为阿曼文化旅游业带来重大的影响。阿曼随处可见的清真寺也是一道优美的景观。它们大小不等，建筑风格各异，颇具典型的阿拉伯建筑艺术风格。

第八节 国民生活

一 物价

阿曼物价比较平稳。以马斯喀特2004年1~5月与2005年1~5月的消费指数为例，根据阿曼国民经济部的统计，2005年前5个月的总体消费指数比2004年同期上涨0.7%。增幅最大的是私人消费项目，增长3.2%；其次是食品、饮料和烟草类，增长2.2%；再次是教育服务、服装等。

表4-13 马斯喀特消费价格指数（2000年=100）

单位：%

	变化*		变化*
食品、饮料和烟草	2.2	娱乐	-4.9
衣服、纺织品和鞋类	0.7	教育服务	1.2
家具、建筑材料	-0.3	私人开销	3.2
医疗	-0.1	房租、电、水和燃料	0.5
交通和通信	-0.2	总价格指数	0.7

* 为2004年1~5月与2005年1~5月平均指数比较。
资料来源：《2005年阿曼国家概况》，英国经济学家情报社，第22页。

二 就业

阿曼政府于1996年6月提出就业阿曼化政策。阿曼化即减少国家对外籍劳动力的依赖，给迅速增长的阿曼人提供就业机会。为了提高阿曼人的职业技能，阿曼政府宣布将承担所有在私人企业就职的阿曼人的培训费用，这些费用将转嫁给那些雇佣外籍人的私营企业。1997年4月阿曼人力资源部规定，凡雇佣外籍员工的雇主，每年须按照外籍员工的工资额度缴纳一定比例的费用，用于资助政府举办的阿曼人职业培训项目。政府还规定，从1999年起，工业企业中阿曼籍员工所占比例不得少于35%，并对运作不力的企业进行调查和规范。

大多数阿曼人倾向于从事政府和管理部门的工作，私营经济部门特别是手工业行业对阿曼人缺乏吸引力。私营业主雇佣阿曼人所付的薪金远高于雇佣外籍人，且外籍人的职业技能普遍高于本国人，所以私营经济部门一般不愿意雇佣阿曼人。这两种因素结合起来，私营经济部门雇员的阿曼化进程较为缓慢。1996年底的统计数据显示，政府部门近80%的职员是阿曼人，而私营经济部门只有25%的雇员为阿曼人。据2002年中期官方统计数据，受雇于阿曼私营经济部门的外籍人有538824名，阿曼籍人只有63179名。

由于阿曼化实施的过程不如预期的那样顺利，即将投入就业大军中的阿曼年轻人的就业问题仍然严峻。

阿曼工商联合会是政府和私人部门之间保持联络的纽带。工商联合会与私立院校一起组织研讨会，举办讲座和展览，宣传并鼓励阿曼学生了解私立院校，希望他们到私立院校工作。

阿曼人力资源部采取了一些措施来加速就业阿曼化进程。2002年11月发布了有关招募外籍员工的新规定：从2003年起，

阿曼

表 4-14　2001~2005 年阿曼劳动力构成

单位：人，%

	2001 年	2002 年	2003 年	2004 年	2005 年
政府部门雇员总数	114370	119000	123000	127121	132414
阿曼化比例	76.3	78.3	80.5	82.0	83.0
私营部门外籍雇员人数	529998	547477	407186	424319	424788
私营部门阿曼雇员人数	60487	65879	74816	87064	98537
阿曼化比例	10.2	10.7	15.5	17.0	18.8

资料来源：《2007 年阿曼国家概况》，英国经济学家情报社，第 48 页。

建筑承包人、维护工、内装修工、裁缝工、洗衣工、理发工、美容院职员 7 种职业将只能由阿曼人替代外籍员工。从事上述职业的现职外籍员工，可接替已经离职的外籍员工。对于上述 7 种职业以及饮水运送工、房地产经纪人、燃气罐销售配送工、出租车公司员工、果蔬运输和配送工将不再对外籍人发放新的就业许可证。

绿卡公司、国际级和优等级公司、油气开采和营销公司、银行、保险公司、商业中心的店铺、大型超市、工厂、私人诊所、饭店、律师事务所、私立学校、培训机构、出版印刷业、从事打井的公司等行业的公司，只有在满足就业阿曼化比例时，才可引进所需的外籍劳工。

三　工资

在阿曼，最低工资标准由阿曼政府限定。1989 年，阿曼政府经济部规定的阿曼人最低工资标准是，高中学历以上的阿曼员工最低月工资为 150 里亚尔（合 390 美元），外加 50 里亚尔的津贴。不满高中学历的阿曼员工最低月工资为 100 里亚尔（合 260 美元）。根据 1998 年制定的一项政府政策规定，私营经济部门的阿曼员工的最低工资额为每月 100 里亚尔（合 260 美元），如果雇主不提供交通工具还要每月付给雇员20里亚尔交通津贴，私营经济部门的外籍劳工最低工资为每月50里亚尔（合130美元）。据统计，70%左右的外籍劳工月工资低于70里亚尔，不少人甚至不到50里亚尔。这种不同的工资标准是私营雇主抵制政府在私营经济部门实施阿曼化的一个主要原因。

四　住房

住房是居民生活的基本需求之一，反映着一个国家的经济和社会发展水平及居民的生活质量。卡布斯苏丹执政后，努力为收入有限的家庭提供住房。阿曼政府在住房福利方面采取措施，免费或廉价向居民出租住房，鼓励私人自建住宅。阿曼住房银行向低收入职工提供相当于建房或购房费用90%的贷款；对于没有达到标准住房条件的公民，政府赞助他们租住适当的住房；由于残疾和疾病等原因无法工作的公民，政府免费提供住房。此外，外籍人员也可租住阿曼政府提供的廉租房。

现在，在国家实施的住房计划的帮助下，阿曼基本实现了"居者有其屋"。无论是城市还是乡村，居民住房很少为高层公寓大厦，多数是独门独院的二三层小楼，设计上充分考虑用户的特点、要求和爱好，同时兼顾整体布局、住房卫生、安全和美观。现在全国私人住房拥有率已达世界较高水平。

五　福利

教育和医疗是一个国家社会保障制度的两项主要内容。阿曼在全国实行免费教育，大力普及中小学教育，除免收学费外，还发给学生各种津贴、补助，为离校远的学生提供免费的交通工具。阿曼政府早期对阿曼人民实行免费门诊医疗，现在由于政府预算限制和人口增加迅速，阿曼对门诊医疗的患者征收一小部分费用。

阿曼

阿曼社会保障体系为没有收入的家庭提供帮助，依据《社会保障法》按月发给救济金。接受救济金的对象有孤儿、残疾人、丧偶者、离婚妇女、未婚少女、老人和监狱犯人的家属。在2002年，阿曼政府共实施46743次救助，总金额为2415万里亚尔。阿曼的残疾人还享受国家的特殊照顾，如停车免费；个人机动车、家用物品运输车和阿曼国家运输公司的公车运费都可以打折；阿曼航空、海湾航空、科威特航空、沙特航空、卡塔尔航空和阿联酋航空公司的残疾人机票都有50%的折扣。除社会保障救济金外，国家还设立了家庭自然灾害救助基金。阿曼在2002年共发生3709例灾情，发放救助款额55.6万里亚尔。

为了让阿曼人掌握就业技能，阿曼从1994年开始实施普通职业资格培训。4所公立职业培训中心分别设在西卜、萨哈姆(Saham)、伊卜里和苏尔。2003/2004年度注册培训人员1861名。

阿曼职业资格培训项目是按照劳动力市场实际需求设立的，可以直接应用于就业。培训课程设置主要包括技术和商业领域，如专门培训手工劳动者的两年制培训课程有：电动车和机动车维修、家庭电器维修、电工、机械工、木工和建筑工等。第六个五年计划（2001~2006年）期间，根据实际需要又增加了一些课程。特殊技能培训项目计划已经政府部门批准，这有助于加速劳动力阿曼化，满足市场需求。目前特殊技能培训项目主要有：工业裁缝、汽车和中型机器维护、玻璃纤维制造、加油站操作、燃气销售和发送等。政府逐步完善职业培训中心，并吸引没有完成学业的人员接受培训。此外，卫生学校为阿曼公立医院培养护士、放射科技师、牙医等。

六 税收

阿曼税收种类不多，税制简单，税率较低。阿曼不征商品增值税、个人所得税、遗产税、房地产税等。目前阿曼的主要税种有海关税和公司所得税。进口商品的关税税率一般为5%，猪肉类、烈性酒类等与伊斯兰教教规禁忌相左的物品征收100%的关税，烟草制品的税率为75%，进口食品免征关税。

公司所得税根据不同的情况有不同的税率。

（1）对于阿曼全资公司和企业，年收入在3万里亚尔（约合7.8万美元）以下的免征公司所得税；年收入超过3万里亚尔的部分收入，按1.2%的比例征税；超过3万至17万里亚尔的收入部分税率为5%，超过17万里亚尔以上收入的部分税率为7.5%。

（2）对于外国资本不超过90%的公司和企业，年收入在13万里亚尔以内的公司所得税税率为15%；超过13万至28万里亚尔收入的公司所得税税率为20%；当收入超过28万里亚尔时，税率将增加到25%。

（3）对于外国资本超过90%的公司和企业，年收入不超过50万里亚尔时，公司所得税税率为45%；超过50万里亚尔时，税率则增加到50%。

从事矿产、出口、旅游、农业和农产品加工、渔业等行业的新企业，可享受5年的免税期。现在，由少数外资和当地企业合资建成的公司所得税税率为12%；以外资为主与阿曼企业合资的公司所得税税率为25%；外资独资公司的所得税税率为50%。[1]

---

[1] EIU网站，2006年阿曼投资环境。

第五章

军　事

第一节　概述

一　国防体制

1996 年 12 月，根据皇家谕令颁布的《国家基本法》，阿曼成立了国防委员会。国防委员会是全国武装部队的最高军事机关，卡布斯苏丹身兼数职，分别为武装部队最高统帅，国防委员会主席，首相兼国防、外交和财政大臣，国内安全机构的首脑。国防委员会成员有皇家宫廷大臣、警务首领、海关总检察长、国家安全部长、陆军司令、海军司令、空军司令和皇家卫队司令等。国防委员会的主要职责有二：一是保证阿曼国家的安全与国防，类似于美国政府的国家安全委员会，为国家安全和国防政策提供决策；二是如果王室委员会不同意现苏丹的继承者，他们可以挑选其他王室人员为苏丹继承人。

国防委员会在苏丹的召集下，审议与阿曼安全防务相关的事宜。《国家基本法》规定，苏丹职位一旦空缺，王室委员会应在三天之内确定苏丹继承人选。如果王室委员会在法定的时间内没有选出合适的人选担任苏丹职务，国防委员会有权让原苏丹给王室委员会信中所指定的人为苏丹。国防委员会的会议主持者为委员中职位最高者，如果职位级别相同，则选年长者主持。会议至少在2/3成员出席的情况下才具有法律效力。在苏丹继承人未选定之时，国防委员会不能闭会。苏丹的就职必须在阿曼委员会和国防委员会的联席会议上进行。

国防部由行政管理部（G1）、情报与安全部（G2）、行动与计划部（G3）、后勤部（G4）和民事与军事合作部（G5）等部门组成，主要负责制订行政计划、购买武器装备、组织干部培训和实施军事工程等国防建设和行政性事务。国防大臣由卡布斯苏丹兼任，国防部由国防事务大臣赛义德·巴德尔·本·沙特·本·哈里卜负责。1981年，卡布斯苏丹设总参谋部，原国防部联合参谋部改为国防参谋长秘书处。总参谋长为哈米斯·本·哈米德·卡勒巴尼中将。总参谋长有权调遣陆、海、空三军及警察部队，直接向卡布斯苏丹负责。总参谋部的陆、海、空三军司令部均设在马斯喀特西部地区西卜州穆尔塔法军营内。

阿曼国家军队是阿拉伯半岛诸国中装备和组织比较完善的部队，承担三方面的职责和任务：保卫国防、保证国内安全和维护阿曼君主制的稳定。1995年，阿曼国家军队数量为43500人，大多数是阿拉伯人，其中也包括3700人左右的桑给巴尔、南亚地区的士兵和150名英国军官。但是，卡布斯苏丹的"阿曼化"措施使外籍官兵的数量迅速减少。

二　国防服务机构

1. 国防工程服务部

它的主要职责是为国防建设项目制订规划并监控其实施过程。它还向武装部队的建筑项目提供施工支持，包括对这些建筑的水、电和排污设施的维修。国防部预先确定国防

阿曼

工程服务部承担项目的基本建设和维修标准，包括电力和机械维修，武装部队军营以及基地的公路维修，援助军事演习等。

2. 国家测绘局

国家测绘局成立于1984年，它是阿曼的政府机构，负责测绘军用和民用地图以及对阿曼全境进行航空摄像等事宜。此外，国家测绘局还负责制定地形测量标准，管理国家地理档案，提供航空、飞行图表和地貌信息。其专业人员必须具备卫星测绘系统的精确定位等专业技能。

3. 思想指导部

思想指导部隶属于阿曼武装部队司令部，成立于1974年，主要职责是进行军事思想教育，开展军队文化活动，出版军事文化杂志《阿曼军人》。思想指导部与阿曼新闻部合作为军队制作广播电视节目，举办演出，制作纪录片。思想指导部还举行宗教纪念活动；组织文化和社会题材的报告会；组织各种军事课程辅导，如战争媒体以及战争心理等。此外，思想指导部还发行信息手册，并与军人社会服务理事会联系慰问受伤的军人。

4. 军人社会服务理事会

军人社会服务理事会成立于1972年，主要职责是为退役和现役军人提供社会福利。军人社会服务理事会为军队士兵及其家庭提供长期与临时住宿，对有困难军事人员提供帮助和支持。

5. 阿曼军事博物馆

1988年12月11日，卡布斯苏丹在贝特法拉吉城堡主持了阿曼军事博物馆落成典礼。该城堡建于19世纪初期，当时是阿曼苏丹赛义德陛下的避暑之所。该博物馆是展示阿曼军事历史的窗口，向人们展示阿曼武装部队发展的历史和取得的成就。博物馆中珍藏了许多模型、图片和相关文献，这些历史资料向人们阐释了阿曼历史事件和军队在几个世纪以来所发挥的作用。

三　国防预算

佐法尔战争（1970~1975年）期间，阿曼军事预算迅速增长。军费开支从1970年的1.23亿美元（占GDP的15.2%），增加到1971年的1.44亿美元（占GDP的15.9%）；此后的1972年是2.42亿美元（占GDP的25%）；1973年为3.66亿美元（占GDP的37.5%）；1974年略有下降为2.83亿美元（占GDP的28.3%）；1975年增加到6.45亿美元（占GDP的40.9%）。[①]

1976年以后，阿曼军费支出继续呈现上升的势头。在两伊战争期间，阿曼军费开支从1980年的11亿美元增加到1985年的19亿美元。海湾战争结束以后，军费开支略有下降。20世纪90年代以来，由于全球油价下跌，阿曼各个领域的费用都在削减。以国防开支为例，1995年国防开支为15.9亿美元。为了解决军费问题，阿曼通过海湾合作委员会从沙特阿拉伯得到10亿美元的抵押贷款。1970年以来，国防部从英国获得了10亿美元的物资；后来从德国获得4.5亿美元、美国1.3亿美元、法国0.4亿美元、意大利1000万美元、中国500万美元的援助。[②]

进入21世纪，随着阿曼石油收入的增加，国防预算数额比以前增大。2001年阿曼的国防预算为9.26亿里亚尔（约合24亿美元）；当年的国防开支为11.11亿里亚尔（约合29亿美元），占GDP的14.4%。2002~2004国防预算分别为9.57亿里亚尔（约合25亿美元）、9.38亿里亚尔（约合25亿美元）和

[①] United States Agency for Arms Control and Disarmament, *World Military Expenditures and Arms Transfers 1970 - 1979*, Washington: DC, Government Printing Office, 1980, p. 71.

[②] Calvin H. Allen, *Oman under Qaboos: From coup to Constitution, 1970 - 1996*, London: Frank Cass, 2000, p. 94.

9.74亿里亚尔（约合26亿美元）。2005年国防预算增至14亿里亚尔（约合36.9亿美元），占政府财政预算支出的35.4%。2006年国防预算为12.4亿里亚尔（约合32.7亿美元），占GDP的9.08%。

第二节 军种与兵种[①]

阿曼武装部队总兵力为40600人，由陆军、海军、空军和皇家卫队构成。

一 陆军

陆军兵力为25000人，编成1个装甲旅、2个装甲团（每团下辖3个坦克连）、1个装甲侦察团（下辖3个装甲侦察连）、2个步兵旅、8个步兵团、1个步兵侦察团（下辖3个侦察连）、1个空降团、1个中型炮兵团（下辖2个中型炮兵连）、2个野战炮兵团、1个防空团（下辖2个防空连）、1个野战工兵团（下辖3个野战工兵连）和1个独立步枪连（治安部队）。

陆军装备有：

主战坦克117辆，其中包括：英制"挑战者"Ⅱ型坦克38辆，美制M-60A1型坦克6辆，M-60A3型坦克73辆。

轻型坦克37辆（英制"蝎"式）。

装甲侦察车137辆，其中包括："苏尔坦"式13辆，法制VBL型124辆。

装甲人员输送车206辆，其中包括：英制"斯巴达人"

[①] The Millitary Balance, *The international institute for strategic studies*, 2008, pp. 257 - 258. 本部分资料由赵国忠研究员提供，谨致谢忱。

FV103型6辆，英制"突击队员"FV4333型10辆，法制"剪刀式"175辆，英制"撒克逊"AT–105型15辆。

火炮233门，其中包括：G–6型155毫米自行火炮24门，105毫米牵引炮42门，D–30型122毫米火炮30门，M–46型130毫米火炮12门，59式1型130毫米火炮12门，FH–70型155毫米火炮12门，迫击炮101门（其中81毫米炮69门、M–30型107毫米炮20门、"布朗德"式120毫米炮12门）。

反坦克导弹：美制"陶"式反坦克导弹自行发射架8部，法制"米兰"式32部，美制"陶"式/"陶"–2A型18部。此外，还有RPG–7型73毫米火箭筒和"劳"–80型94毫米火箭筒。

防空导弹54枚，其中包括：法制"西北风"地空导弹发射架若干个，英制"轻标枪"式地空导弹20枚，苏制SA–7型"杯盘"地空导弹34枚。

高射炮26门，其中包括：ZU–23–2型23毫米高射炮4门，35毫米高射炮10门，40毫米高射炮12门。

二　海军

海军兵力4200人，各型舰艇24艘。

海军装备有：

护卫舰2艘。每艘护卫舰装备法制"飞鱼"MM–40型舰舰导弹2组和8个发射架，324毫米3联鱼雷发射管2套（6个），法制"响尾蛇"地空导弹16枚，76毫米火炮1门，1个"大山猫"直升机停机平台。

巡逻舰11艘，其中包括："佐法尔"级导弹艇4艘（每艘装备"飞鱼"MM–40型舰舰导弹发射架6~8部），"艾尔·布希拉"级（法国P–400型）海岸巡逻艇3艘（每艘装备406毫米鱼雷发射管4个，76毫米火炮1门），"西卜"级（英国制）

近海巡逻艇 4 艘（吃水约 100 吨）。

登陆舰艇 5 艘，其中包括："纳斯尔·巴赫尔"号坦克登陆舰 1 艘（可载坦克 7 辆，士兵 240 名，有直升机停机甲板），多用途登陆舰 1 艘，中型登陆舰 3 艘。

后勤支援舰船 6 艘，其中包括："艾尔·苏尔坦纳"号货船 1 艘，水文测量船 1 艘，"赛义德"号皇家游舰 1 艘，皇家独桅三角帆船（"阿曼青年"号）1 艘，"艾尔·马卜鲁卡"号训练舰 1 艘（有直升机停机甲板，可执行近海巡逻任务），支援舰 1 艘（在皇家游艇出航时执行护航任务）。

阿曼皇家海军"阿曼青年"号是海军训练船，在塑造阿曼国家形象的过程中作出了杰出的贡献。该船从 1979 年投入使用以来，曾多次参加"高桅帆船环游世界"活动。这条雄伟、威严的帆船共航行 75 万英里，访问过世界上 140 多个港口，让各国人民了解阿曼文化和阿曼人民，提高了阿曼对外交往中的软实力。"阿曼青年"号在国际竞赛中多次获得冠军，在丹麦的埃斯比约市（Esbjerg）连续三次荣获国际友谊杯奖项。

海军基地有：西卜的穆尔塔法伊军营（Muaskar al Murtafaia，海军司令部所在地）、埃尔维（Alwi）、乌达姆·萨希勒（Wudamas Sahil，迈斯奈阿以西 20 公里）、加纳姆岛（Ghanam Island，阿曼北端）、穆桑达姆和萨拉拉。

三 空军

空军兵力约 5000 人，作战飞机 64 架。编成 4 个战斗机中队、3 个运输机中队、2 个直升机运输中队和 1 个教练机中队，此外还有 2 个防空中队。

空军装备有：

战斗机 52 架，其中包括：美制 F－16C/D 型"战鸟"战斗机 12 架（编成 1 个中队），英制"美洲虎"OS 型（单座）战斗机 20 架，OB 型（双座）战斗机 4 架（共编成 2 个中队），美制"鹰"MK103 型战斗机 4 架，MK203 型战斗机 12 架（共编成 1 个中队）。

运输机 16 架，其中包括：BAC–111 型运输机 3 架（编成 1 个中队），美制 C–130H 型"大力士"运输机 3 架（编成 1 个中队），英制 SC–7 型"空中货车"运输机 10 架（编成 1 个中队）。

教练机 26 架，其中包括：英制 AS–202 型"暴徒"教练机 4 架，MF1–17B 型教练机 8 架，瑞士制 PC–9 型教练机 12 架，SF–25 型教练机 2 架（共编成 1 个中队）。

直升机 41 架，其中包括：美制 AB–205（贝尔 205）型"喷气漫游者"直升机 19 架（将更新为 NH–90 型 20 架），美制 AB–212（贝尔 212）型直升机 3 架，英制"大山猫"MK300 型直升机 16 架（共编成 2 个中队）。

空空导弹有：美制"响尾蛇"AIM–9LM 型，美制"阿姆拉姆"AIM–120C 型。

空地导弹：美制"鱼叉"AGM–84D 型空舰导弹 20 枚，美制"小牛"AGM–65 型空地导弹。

此外，还有 2 个中队防空部队，装备有英制"轻剑"式地空导弹 40 枚、英制"盲射（Blindfire）"式雷达 6 部和英制 S713 型"园堡"（Martello）式机动雷达。

阿曼国内有 5 个空军基地：马西拉（Masirah）、西卜、萨拉拉（Salalah）、苏姆赖特（Thumrait）和海塞卜（Khasab）。马西拉空军基地原为英国空军飞机中转加油站，现在设有一所空军飞行学校，驻扎了 1 个"美洲虎式"战斗机中队、1 个"轻剑式"防空导弹中队、雷达监控站和教练机。美国经阿曼同意，已将此基地扩建为美军驻巴林第 5 舰队和快速反应部队的军械供应站、飞机维修基地和通信中心。西卜空军基地位于阿曼北部，机场为军民两用，还设有阿曼空军技术训练学校和伞兵学校。苏姆赖特

(Thumrait)空军基地位于阿曼南部,是一个进攻型的空军基地。海塞卜空军基地位于阿曼北部的穆桑达姆省首府,有一个军民两用机场,经过扩建,可停降C-130型运输机和"美洲虎"式战斗机等。萨拉拉空军基地位于阿曼南部,负责军事设备和物资的运输,担负运送边防部队的任务,萨拉拉机场为军民两用机场。BAC111和C-130运输机和C-130运输机不仅为阿曼军队服务,还为阿曼人民及行政部门服务。由皇家空军导航的"飞行博士"服务于那些陆路难以进入的地区。直升机可以随叫随到,处理紧急事故和从事救灾和搜救工作。

四 皇家卫队

阿曼皇家卫队是阿曼军队中的精英部队,前身是1973年组建的阿曼皇家警卫团。阿曼皇家卫队是阿曼现代化军事系统的一个重要的组成部分,具有高水平的作战能力。该部队兼具作战和仪仗功能,在体育竞赛和军事操练中进行演习和竞技。它的主要职责是保卫卡布斯苏丹、王族人员以及外宾的安全。1981年2月卡布斯苏丹发布命令,将皇家警卫团扩编为"苏丹警卫旅",1987年11月正式命名为"阿曼皇家卫队"。

阿曼皇家卫队包括皇家卫队旅、特种部队、皇家战舰中队和皇家飞机中队。皇家卫队旅和特种部队都是阿曼皇家卫队的重要组成部分。从兵种上说,皇家卫队包括步兵、装甲兵、坦克兵、防空兵、炮兵、仪仗队,以及负责管理和提供培训的机构。

阿曼皇家卫队正在改进和加强其现代化的作战能力,购进新式武器和更新设备,加紧训练和战备。

皇家卫队拥有阿曼皇家交响乐团和军乐队。皇家卫队的自由降落式跳伞队可以进行精彩的跳伞表演。卡布斯苏丹还亲自为皇家卫队设计了三种制服:普通士兵制服颜色是红色的,军乐队制服的颜色是绿色的,皇家卫队参加盛大庆典时穿黑色制服。

皇家卫队总兵力为 6400 人（包括司令部参谋人员），其组成情况是：

（1）特种部队约 1000 人。

（2）皇家卫队旅约 5000 人，装备包括：装甲人员输送车 73 辆（其中 92 式约 50 辆，VABVC1 型 14 辆，VABVDAA 型 9 辆），90A 式 122 毫米多管火箭炮 6 门，英制"轻标枪"式地空导弹 14 枚，法制"米兰"式反坦克导弹若干枚。

（3）皇家游艇中队 150 人，装备包括：皇家帆船（Zinat Al Bihaar 号）1 艘，皇家游艇 1 艘（有直升机停机甲板），运输舰 1 艘（Fulk Al Salamah），法制"超级美洲虎"AS-332C 型运输直升机 2 架。

（4）皇家飞机中队 250 人，装备包括：运输机 5 架（其中 B-747SP 型 2 架，DC-8-73CF 型 1 架，"湾流"Ⅳ 型 2 架），运输直升机 6 架（其中 AS-330"美洲虎"3 架，AS-332F"超级美洲虎"2 架，AS-332L"超级美洲虎"1 架）。

五 准军事部队

1. 阿曼皇家警察

阿曼皇家警察创建于 1970 年，是独立于国防部和内政部的单一实体，负责维持全国的治安工作。1967 年，阿曼只有 17 名警察，1970 年增至 109 人，2005 年增加到 9000 人左右。阿曼警察部队中具有大学和研究生学历者占很大比例。阿曼皇家警察部队设有 5 个部门：交通局、行动局、咨询与刑事调查局、民防局和消防服务局。此外，阿曼皇家警察部队还从事海边与内陆的巡逻任务。阿曼皇家警察的总部设在马斯喀特，下设 8 个警署，它们是：马斯喀特省警署、佐法尔省警署、穆桑达姆省警署、巴提奈区警署、扎希拉区警署、内地区警署、东部区警署、中部区警署。阿曼皇家警察还有许多专业部门：行动总

阿曼

署、刑侦调查总署、护照和居民留学总署、交通总署、海关总署、民政保卫总署、机场安全总署、检查总署、项目和维修总署、负责保护重要设施和外交机构的特别行动队、救护车队、海岸卫队、骑警队、空中警队、医疗机构、音乐机构、公共关系总署、社会服务总署和体育队等。阿曼皇家警察与皇家陆军、皇家海军、皇家空军和皇家卫队在某种程度上保持一种有限的默契合作。

阿曼皇家警察学院（ROPAN）建于1980年，是负责培训皇家警察的高等学府。2000年7月，阿曼王室发布命令，将皇家科学院更名为苏丹卡布斯警察学院。

2. 情报安全部门

卡布斯执政后，阿曼情报安全部门进行了一些重大的变动。在赛义德执政时期，阿曼情报部门是阿曼皇家空军的一部分。1974年，阿曼情报安全部门成为独立的机构，改名为阿曼研究部，向王宫办公厅负责安全情报的报告工作。阿曼情报安全部门的官员在赛义德时期以英国人居多，英国人成为阿曼情报机构的核心，现在情报安全部门中阿曼人增多。阿曼情报安全部门以前的工作重点是收集军事情报；1974年以后，主要关注政府官员的贪污腐败、经济发展中存在的问题以及宗教极端主义分子的活动。

3. 骑警队

主要在现代交通工具难以到达的地方从事警务工作。骑警队的交通工具是马和骆驼。

4. 海岸警察卫队

负责守卫阿曼苏丹国长达1700公里的海岸线，负责海上巡逻，防范非法移民和走私活动，并在天气不好的情况下协助航海工作。海岸警察卫队约400人，装备有各型巡逻艇52艘。

5. 空警联队

负责医疗和救援小组的运输工作。在发生自然灾害期间，空警联队为灾区的受害者提供救援服务。该联队拥有运输机4架

(其中英制 BN-2T "岛民"式 1 架，CN-235M 型 2 架，DO-228 型 1 架)、直升机 5 架 (其中贝尔 205A 型 2 架，AB-214ST 型 3 架)。

6. 治安部队

治安部队指的是 1981 年成立的南部"乡村治安部队"和 1983 年成立的北部"穆桑达姆治安部队"，成员来自阿曼本土，主要职责是维护当地的社会秩序。

7. 国民卫队（Firqat）

1970 年，阿曼国民卫队在萨拉拉附近成立，其主要任务是协助正规军维护阿曼南部地区的社会治安。国民卫队人数由最初的数百人发展到 5000 人，主要成员来自佐法尔，其中包括在佐法尔战争中的投诚人员。该卫队的基本单位是队，每队约有 100 人。

8. 陆军预备役部队

1981 年 9 月，卡布斯苏丹发布诏令建立陆军预备役部队。当年 11 月，陆军预备役部队正式成立，隶属国防部。预备役部队入伍人员必须是服役 5 年以上而正常复员的陆军士兵和军官，士兵的年龄不得超过 35 岁，军官年龄不得超过 45 岁，由自愿报名参加。陆军预备役部队由数千人组成，每年集训两星期，领取 300 里亚尔的报酬。受训期间，预备役官兵保留他们所在部门的职务和工资，并领取补贴。

第三节 军事训练

一 军事人员阿曼化

长期以来，外籍人员在阿曼军队中占有很大比例，几乎垄断了军队高层的领导权。卡布斯执政后，意识到这一问题的严重性。阿曼武装部队开始是在"信仰安拉，忠诚于

阿曼

苏丹卡布斯,坚决保卫国家"的信条指导下培养本国军事人才,逐步实现军队和警察系统的阿曼化。

海湾诸国由于国小力薄,外籍雇用兵在军队中占有较大的份额。如卡塔尔外籍军人占到70%;阿联酋外籍军人占到30%~50%。[1] 阿曼也不例外,20世纪80年代初,外籍军人在阿曼军队中十分普遍,其中英国人身居要职,总参谋长和陆、海、空军三军司令均是英国人,团级以上的指挥官几乎多由英国人担任。英籍军事人员有800多人,其中300多人是委派的,400多人为合同雇佣。国防部的400多名工作人员中,英国人占了46%,达180人。此外,阿曼军队中还有来自巴基斯坦、印度、埃及、约旦等国的军事人员近2000人,其中巴基斯坦1061人(军官19人)、印度262人(军官58人)、约旦25人(军官6人)、埃及10人(军官5人)。[2]

卡布斯苏丹的阿曼化措施主要包括以下内容:第一,培养和提拔阿曼籍军事干部。阿曼下级军官由本国军事学院负责培养,中、高级军官则被派往国外培养,如到英国、约旦、埃及和巴基斯坦等国深造。第二,建立军事学校,包括穆尔法特陆军训练中心、伊兹基炮兵学校、装甲兵学校、后勤学校,负责对士兵的军事技能训练。第三,卡布斯苏丹从巴基斯坦招募了3个俾路支团,并让士兵加入阿曼籍。

军队阿曼化开始于20世纪80年代初,英国人控制的高级军官逐渐由阿曼人代替。20世纪90年代,军队的阿曼化效果日益明显,阿曼军队的总参谋长和三军司令全部由阿曼人担任,旅长也多为阿曼人,阿曼已有一批本国的优秀飞行员和许多军事科技

---

[1] Anthony H. Cordesman, *After the Storm*: *The changing Military Balance in the Middle East*, Boulder, CO: Westview press, 1997, p. 273.

[2] 黄培昭、苏丽雅:《当代阿曼苏丹国社会与文化》,上海外语教育出版社,2003,第104页。

人才。英国人在阿曼军队中已不承担要职,他们只是以顾问身份发挥微弱的作用。

二 军事院校

阿曼的主要军事院校有:

卡布斯苏丹军事学院:主要培养阿曼陆军的初级军官,招收高中毕业生为学员。

军官训练学校:培养阿曼陆军现职军官。

指挥参谋学院:为阿曼武装部队最高学府,培养阿曼中、高级指挥官和参谋人员。1987年9月,该学院招收了第一批军官,学习期限为10个月,学习内容有:参谋职责、军事训练、社会学和地缘政治学等。

后勤学校:培养阿曼陆军后勤军官。

卡布斯苏丹空军学院:负责培训阿曼空军军官和飞行员,要求毕业生具备全面的飞行技术,能掌握维修飞机和电子仪器等复杂技术。

空军技术学院:培养阿曼空军技术军官和地勤人员。

空军指挥与控制学校:培养阿曼空军中级指挥官和参谋人员。

舰艇学校:培养阿曼海军舰艇指挥官和技术军官。

海军参谋学校:培养阿曼海军参谋人员,学校规模较小。

此外,还有陆军供给学校、鲁斯塔格伞兵学校、马西拉空军飞行训练学校、苏尔海军训练中心等。

三 军事体育和军乐队

体育是阿曼军事训练的基本组成部分,武装部队广泛开展体育训练项目,并拥有各种运动设施。阿曼军队每

年举行各种各样的体育竞赛活动,包括足球、篮球、曲棍球、游泳、田径、长跑和射击等比赛。武装部队的体育运动队包括:国家射击队、皇家警卫红色头盔队、国家自由跳伞队。跳伞队员除了执行各种既定任务之外,还参加各种各样的表演活动,他们已经代表阿曼参加过许多国际比赛,并取得优异成绩。2001年,阿曼与英国举行的国际军事锦标赛中,阿曼国家射击队取得优异成绩。阿曼空军的伞兵队参加了国际竞技,成绩突出。

阿曼皇家交响乐团和军乐团在其参加大型活动中赢得了国际认可。2003年,阿曼陆军军乐团参加了在英国爱丁堡举行的比赛。2004年7月,阿曼空军传统音乐团在英国举行了几场演出,并在英国广播公司三套节目中播出。阿曼空军军乐团分别于2001年9月和2002年5月在荷兰和德国演出。

第四节 对外军事关系

一 军火贸易

军火是利润丰厚的特殊商品,阿曼为此耗资巨大,它的国防开支的大部分用来购买军火。海湾战争结束以后的10年间,阿曼仅用来购买美国军火就花费9510万美元。在海湾合作委员会6国中,阿曼的国防开支并不大,但占GDP的比重却不小。2000年,阿曼军费为24亿美元,占GDP的13%。英、法、美等西方大国是阿曼的主要军火供应国。近年来阿曼的大宗武器进口情况如下:1993年,阿曼与英国达成2.27亿美元的军火购买协议,英国向阿曼提供"挑战者"-2型坦克36辆、装甲修理车4辆、"突击队员"型装甲车4辆、训练用坦克2辆。1994年,阿曼从英国进口装甲车80辆。1996年,从英国进口VT-83型快艇2艘。1997年,从法国进口VBL型装甲车51辆。同年9月,与英国DERA公司签约,出资4000万英镑,按"美洲虎"战斗机-97的标准对阿曼空军的15架"美洲虎"战斗机进行改造。1998年3月,从英国GKN公司购买"剪刀鱼"(piranha)-2轻型装甲车40辆。1999年,阿曼出资1亿多英镑,从英国维克斯防务公司购买"挑战者"-2型主战坦克20辆和5架"美洲虎"战斗机。同年6月,从英、意阿兰尼亚-马可尼公司购买"马特罗"(Martell)713D防空雷达。当月,又向瑞士皮兰图斯公司订购PC-9涡轮教练机12架。1999年,从英、法马特拉航空动力公司购买"西北风"地对空导弹系统若干套。2000年11月,从英国Alvis公司购买8×8型"剪刀鱼"式装甲车80辆。2001年3月12日,从美国雷神公司购买"陶"-2A导弹若干枚。[1]

二　与英国的军事关系

历史上,阿曼曾是英国的殖民地。二战中,英国在阿曼的萨拉拉、马西拉建立空军基地,并帮助建立和装备阿曼苏丹军队。为获取阿曼石油开采权,英国出兵帮助赛义德苏丹统一阿曼。

阿曼现任苏丹卡布斯·本·赛义德毕业于英国皇家军事学院,与英国有着不解之缘。1970年,他发动政变时曾得到英国的鼎力支持。1972年9月和1975年1月,卡布斯两次访英,英国向阿曼派出军官和并提供武器装备。在平息佐法尔叛乱期间,英国曾给阿曼大量的人力、物力援助。由于这种特殊关系,阿曼军队的建军思想、治军理念、战略和战术都与英军相近,阿曼军队内部和情报部门的许多工作人员也来自英国。1959年,英国帮助阿曼组建了空军,当时许多飞行员和地勤人员都来自英国。

---

[1] 王宏伟:《阿曼军火贸易》,《阿拉伯世界》2002年第2期,第31页。

阿曼

　　1970年后,阿曼与英国的军事关系迅速发展。英国向阿曼苏丹军队提供人员和军事物资。佐法尔战争以后,两国的军事合作并没有减弱的势头。在阿曼2万多人的军队中,英国人有3100人。1985年6月,两国签署了军事合作协议。1986年11月,两国各出兵1万人,举行了代号为"快剑行动"的陆、海、空联合军事演习。① 在1990～1991年的海湾危机期间,阿曼允许英军使用阿曼的空军基地。

　　阿英两国还经常进行联合军事演习,以协调作战能力。2001年10月8日,英国与阿曼进行了为期11天的"快剑行动-2"联合军事演习,参加人数为4万人,是1981年以来英军在海外举行的最大规模的军事演习,这次演习客观上也成了英国先进武器的演练场。为争取阿拉伯世界支持美、英打击在阿富汗的恐怖主义而出访中东的英国首相布莱尔,在2001年10月10日视察了驻扎在阿曼的英国部队。因此,在对阿曼的军火销售方面,英国自然是近水楼台。但是,冷战结束后,各国的军火需求量有所下降,国际军火市场出现萎缩,有限的军火买家面临众多军火生产商,选择余地更大。英国对阿曼的军火出口同样面临着法国、美国等国的竞争。2007年,英国在阿曼驻有陆军40人、海军20人、空军20人。

三　与美国的军事关系

　　随着军队的阿曼化和美国、法国、海湾合作委员会和印度参与中东事务,英国的影响日益减少。1975年以来,美国开始向阿曼供应武器装备。同年。卡布斯苏丹访问美国,同美国签署一项军事协定,美国向阿曼提供援助,阿曼允许

---

① 黄培昭、苏丽雅:《当代阿曼苏丹国社会与文化》,上海外语教育出版社,2003,第93页。

第五章 军事

美国使用马西拉岛上的英国军事基地。此后，美国向阿曼提供了反坦克导弹和舰艇等武器装备。

1979年苏联入侵阿富汗以及伊朗发生伊斯兰革命等事件，迫使阿曼制定了"联美抗苏"战略。1980年3月，阿曼外交事务大臣阿拉维访美。同年6月5日，双方签订了《军事合作协定》，协定规定：阿曼同意美国使用某些机场和港口设施；不在阿曼建立军事基地；不在阿曼驻扎军队；美国提供3亿美元贷款，帮助阿曼扩建空军基地，计划用5年时间完成；两国每年举行小型联合军事演习。1990年12月1日，两国同意《军事合作协定》延长10年，援助基金提高到每年2000万美元。阿曼与美国在防务合作与交流方面的关系也不断升温，美国凭借向阿曼兜售军火扩大它在中东的势力范围。1980年6月，美国通过向阿曼出售包括最新式战斗机在内的武器交易，取得了对马西拉岛、西卜和苏姆赖特空军基地以及马斯喀特、马特拉和萨拉拉港的使用权。1981～1993年，美国花费3.159亿美元修建了西卜、马西拉岛（Masirah）、哈萨卜（Khasab）和苏姆赖特（Thumrait）的军事基地。

20世纪80年代以来，两国一直在进行联合军事演习。1990年4月30日，在马斯喀特和华盛顿同时举行了阿曼"苏丹"号大型海船首航纽约15周年纪念活动，这是两国友好的一个象征。

海湾战争后，阿曼与科威特、巴林、卡塔尔、阿联酋一道同美国签署了《联合防务协定》，允许美国使用阿曼境内的军事基地，储存美国的武器装备。阿曼在马西拉和苏姆赖特两个岛上为美国海军和空军建立了军事设施。在海湾地区执行任务的美国B-52战略轰炸机、空中加油机和运输机以及部署在附近海域的美国军舰经常使用这些设施，此举是为了换取美国对阿曼的军事援助和安全承诺。阿曼在美国眼中具有特殊的战略价值，根据美国现存法律，北约南翼的9个国家可以以赠予方式得到美国的过

剩武器，其中5国在中东，即埃及、以色列、土耳其、摩洛哥和阿曼，其他4国是希腊、巴基斯坦、葡萄牙和塞内加尔。所以，阿曼能以低价购买或免费得到美国的过剩武器，如M60A3型主战坦克。

"9·11"事件以后，阿曼谴责了恐怖主义。作为回报，美国更加放宽了对阿曼出售军火的限制，决定向阿曼出售12亿美元的武器装备，包括12架洛克希德马丁公司生产的F-16C喷气战斗机、夜间攻击导航设备、激光炸弹瞄准仪，雷神公司生产的先进的中程空对空导弹，波音公司生产的渔叉反舰导弹及雷达设备。

四　与法国的军事关系

在海湾地区，伊拉克是法国武器的主要出口国。海湾战争中，伊拉克军队遭到重创，军备重建也受到遏制。在这种情形下，法国把目光投向了沙特阿拉伯、科威特、阿联酋和阿曼等国。法国推出一系列"优惠政策"来吸引其他阿拉伯国家购买军火，如将军火交易的部分利润反投资于进口国的民用建设，军火交易国有权分享法国军工产业的最新成果等。法国的上述举措收到明显成效，它成功地向阿曼出售了装甲车等装备，打破了英国垄断阿曼装甲车市场的局面。1989年是阿曼与法国关系的转折点：阿曼负责国防事务的副首相到法国视察，为购买法国武器做前期准备。5月，卡布斯苏丹访问巴黎，签署了两国军事合作协议。1992年两国海军一起演习。1993年，阿曼从法国购买了3艘P400型巡逻艇。[①]

[①] Calvin H. Allen and W. lynn Rigsbee Ⅱ, *Oman under Qaboos: From Coup to Constitution, 1970 – 1996*, London: Frank Cass, 2000, p. 208.

第六章

教育、科学、文艺、卫生

第一节 教育

一 教育方针

1970年卡布斯苏丹执政后非常重视教育，他认为："发展教育是一个国家提高国民素质的先决条件，高素质的人才是国家发展的基石。"他一直把教育作为政府优先发展的领域，并向全国发出号召，"要尽快开始人民教育和培训"。他强调，"教育是加强阿曼人为祖国服务能力的手段，教育、文化与觉悟是教育的基石，我们的首要任务就是建立学校，教育人民，开启文明之窗"。阿曼苏丹国的教育方针是：努力提高教育质量，培养学生的工作能力，以适应阿曼各方面的建设发展要求，尤其是适应劳动力市场形势的需要。努力发展职业教育，与国家飞跃发展的速度相协调，及时输送合格的人才，使教育实践与社会的规划相结合。

阿曼人从学前教育一直到大学都享受免费的国家教育。在卡布斯苏丹号召下，政府大力发展教育事业，阿曼教育事业在最近30多年里取得了突飞猛进的发展。

二 教育发展简史

1. 发展概况

阿曼的教育事业起步晚。1969~1970年间，阿曼全国只有3所学校，909名男学生，教师不超过30名，女孩不能接受教育。在此之前，整个国家基本没有教育可言，只有一些清真寺的阿訇为男孩子宣讲一些伊斯兰教知识和计算方法等。他们大多在树荫下、帐篷里授课，没有固定的教学场所和专门的教材，一般不允许女孩听课。

1970年后，卡布斯苏丹先后制定了"全民教育"，"女孩和男孩享有同等教育权利"，"开发人力资源，满足国家建设和社会发展的需要"等教育方针，把大量的石油收入投资教育领域，使教育事业获得迅速发展。1970~1975年教育经费为4290万美元。1975~1976年间，学校的数量增加到207所，学生人数也从909名增加到55752名，学生们从原来在树荫下学习进入教室。最重要的是，这一时期阿曼的女孩有史以来第一次在本国学校中接受教育。1976~1980年的第一个五年计划期间，政府投入教育经费9860万美元，占国家财政总支出的3.64%；1981~1985年的第二个五年计划期间，教育经费为2.4亿多美元，占国家财政总支出的5%。1980~1981年间学校的数量已达389所，男女学生共计107992名，与1975年相比分别增加了约88%和94%。到1985年底，全国有小学308所、初中195所、高中38所，共有学生21万多名、教师1万多名，当时全国人口只有100多万人；无论是平原地区、海滨还是山区，全国各地都建起了学校，国家对教育的投资和公民受教育的比例都是相当高的。1985~1986年，学校数量进一步增加，达606所；学生数量为22.2万人。到1989~1990年，学校的数量增加到759所；男女学生数量达32.7万名；男女教师的人数达1.4万人，其中3400

名男教师为阿曼人。

国家还鼓励私人投资办学，作为对公立学校的补充。私立学校受国家教育部监督，同样有比较完善的教育体系与内容，如包括学龄前教育，设置阿语、英语双语教学项目和在学校中设英语课程。阿曼除在本国发展教育外，政府还选派留学生到其他阿拉伯国家和友好国家深造。1973~1974年，出国留学的男女学生人数为273名；1976~1977年，出国留学生人数为509名；1980~1981年，出国留学生人数增加到939人，增长了84%；2004~2005年，阿曼国家公派和私人出国留学生人数共计12819名。

近年来，教育发展的速度更快了，2005年政府投入的教育经费为5.46亿里亚尔。2006年阿曼有各类学校1053所，在校学生56.3万名，教师4万名。2005年，接受过初级教育人数占全国总人口的76%，接受过中级教育的人数占全国总人口的75%；15岁以上的成人识字率达81.4%，15~24岁的青年识字率为97.3%。政府力图增加高等教育机构，还建立了一些技术和职业培训学院，并在佐法尔、苏哈尔和尼兹瓦各新建一所私立大学。2005年卡布斯苏丹宣布，家庭接受社会保障金的阿曼青年就读学士学位期间可以获得奖学金。①

2. 阶段性成就

阿曼教育在第二个五年计划期间（1981~1985年）实现了教育多样化的目标，普及了小学和初中教育，完善了学校设施，加强了对师资的培养；最为突出的进步是，根据阿曼的环境和特定的条件，自主制定了学校教学大纲。为了扩大对阿曼籍教师的培养，在第三个五年计划期间（1986~1990年），增建了一批中等教育学院，在卡布斯苏丹大学增设了伊斯兰知识教育学院。与

---

① 《2008年阿曼国家概况》，英国经济学家情报社，第14页。

此同时，新建了中等伊斯兰学校、中等工业学校、中等农业学校、中等商业学校等，为阿曼的商业、金融业和工业等领域培养了大量的阿曼籍人才。

阿曼除了由教育部、青年事务部管辖的学校外，还有由政府其他部门管辖以及民办和侨民捐资建成的一批院校，如隶属社会事务部的苏丹皇室书院和专业技术培训学校、培训中心，隶属国防部和警察署的学校，隶属卫生部、电信总局的学校，以及阿曼中央银行设立的学校等。

三 教育体制改革

为了适应国家整体发展的需要，1995年阿曼政府对教育体制进行改革，制定和实行了高标准的教学计划。

1. 现行教育体系

阿曼原来的教育体系分三个阶段（基础阶段：1~6年级，预备阶段：7~9年级，中级阶段：10~12年级），现改为两个阶段（基础阶段：1~10年级，中级阶段：11~12年级）。这一体系在许多阿拉伯国家已被采用。实施这一教育体系后，阿曼学生中等教育阶段毕业后就可以进入其他阿拉伯国家的大学学习，在阿拉伯世界以外的国家留学也不必再补习中学课程，还可以减少辍学率，保证所有学生都能完成10年的基础课程学习，提高人口的文化素质。

2. 采取新教学大纲和新教育模式

阿曼新教学大纲重视对数学和其他科学类课程的教学，并把过去4年级才开始教学的英语课程提前到1年级。新大纲还增设了信息技术、生命科学、环境科学等前沿学科的教学。为了保证学校教育与儿童的智力特点和发展需要相适应，基础阶段教育将原来以教师为中心、死记硬背的教学方法改为以学生为中心的教学模式。学校鼓励学生进行教学实践和科学实验，注重培养学生的自学能力。

3. 改进授课制度

在旧的授课制度中,实施两班制,分为上午班和下午班。每节课为35分钟,比国际通行的标准时间少5分钟,在整个中学学习阶段共减少480个学时。同时学生的课外活动、实验课和课外阅读的时间也都减少了,这对学生的学习非常不利。新授课制度废除了两班制,取消下午班,延长了学生在校活动的时间。

这一新的授课制度在阿曼推广速度很快。1998年9月只有17所学校实行这一制度,到2000年底就被100多所学校采用。到2001学年开学时,约有200所学校采用了新授课制度。

四 高等教育

在20世纪70年代,阿曼人接受高等教育只能通过申请外国奖学金获得去国外大学就读的机会。1986年9月建立的卡布斯苏丹大学是阿曼第一所高等学校。近几年,阿曼在高等教育方面取得了许多成就,为了进一步培养高素质人才,阿曼政府大力扶持高等教育事业,创造各种条件扩大高等教育的普及范围,并派人出国留学培养国内需要的各种人才。阿曼高等教育部负责管理留学生事宜,为留学生提供各种形式的资助。高等教育部为派出国外攻读硕士和博士学位的学生提供奖学金。2005/2006学年,获得全额或部分奖学金的留学生人数有250名。[①] 还有一些留学生是通过自费方式去国外就读的。留学生有的到其他阿拉伯国家,有的到阿拉伯世界以外的国家去学习,学习本国需要的专业知识,如医学、机械制造、科学、农学、经济学、商学、法学和教育学等。

受学校数量和规模的限制,阿曼本国的大学容纳不下所有的

---

① 《阿曼 2005~2006》,阿曼新闻部,第101页。

阿曼

中学毕业生,这就意味着很多人无法接受高等教育。作为一种激励措施,国家给那些学习成绩高达 90 分的学生提供去美国、英国、新西兰、德国、澳大利亚或法国留学的机会;获得 85~90 分的学生可以获得前往海湾国家学习的机会。2004/2005 学年,阿曼在国外就读的留学生共有 12819 名。同一学年,阿曼还有 1403 名学生在本国大学攻读硕士或博士学位。

1. 卡布斯苏丹大学

该校建于 1986 年,是阿曼第一所集教学、科研、社区发展和与国外研究机构合作为一体的综合性大学。卡布斯苏丹曾说:"这是按照世界上最先进的标准建立的大学,这是真的,没有半点虚夸。我们一定要继续保持这种高水平的办学方式。"

建立之初,卡布斯苏丹大学由 5 个学院组成,分别是:教育与伊斯兰知识学院、医学院、工程学院、科学院和农学院;后来于 1987 年建立了文学院,1993 年建成财经学院。该校的医学院有一所配备了 500 张床位的教学医院,可以为大众提供一流的医疗服务。该大学还配备设施良好的语言中心、计算机中心、教育提高中心和图书馆。

卡布斯苏丹大学的招生规模不断扩大,招生人数从 1986/1987 学年的 511 人增加到 2002/2003 学年的约 3000 人。[1] 2002/2003 学年在校学生人数为 8529 人。1997/1998 学年到 2001/2002 学年毕业生人数为 8571 人。2004/2005 学年,在校生约 1.3 万余名。2004 年的毕业生人数为 2320 人。[2]

阿曼皇家基金每年拨款 50 万里亚尔资助卡布斯苏丹大学的学术研究、应用研究和策略研究。卡布斯苏丹本人也向该校捐款。该大学的科研项目不断增加,建立了 10 个研究中心。

---

[1] 《阿曼 2003~2004》,阿曼新闻部,第 138 页。
[2] 《阿曼 2004~2005》,阿曼新闻部,第 101 页。

卡布斯苏丹大学与国外的大学及科研机构开展多样化国际合作与交流，如专家互访、课题研究合作、教师和学生互访、参加和承办国际研讨会、签订合作谅解备忘录等。与其签订类似协议的有阿拉伯联合酋长国、约旦、美国和澳大利亚等国的大学。

2. 伊斯兰经学与法学院

为了适应当前执法机构的需要和国际形势新的变化，培养伊斯兰经学与法学人才，1997年成立了伊斯兰经学与法学院。每年招收120名学生（男女兼收），学制四年，主要培养司法、伊斯兰教法和法律研究方面的人才。该学院设三个系：法律系、尤苏尔奥丁（宗教教义）系和伊斯兰文化系，具有授予伊斯兰经学学士学位和法学学士学位的资格。2001年首届毕业生人数为103名，2002年有104名学生毕业，2003/2004学年在校生170名。

2001年又成立了伊斯兰经学学校，为13~18岁的男生提供普通教育和专业的伊斯兰教课程。阿曼还有很多公立或私立的古兰经学校，每年招收上千名学生。

3. 技术工业大学

现在全国共有5所技术工业大学，它们分别是马斯喀特技工大学、萨拉拉技工大学、尼兹瓦技工大学、穆萨那技工大学、伊卜里技工大学，每年招收1500名大学生，主要开设商业研究、信息技术（计算机）工程、建筑学和科学实验等课程。

4. 私立大专院校

卡布斯苏丹鼓励私人投资兴建大专院校，但这些学校必须在政府指导下开设课程，培养国家需要的专业人才。国家对于开设私立院校提供资助，如国家赠予土地；每所院校可以接受相当于总资产50%的政府财政资助，最高可达300万里亚尔。这些院校免除税收。

从1996年至今，阿曼分别在尼兹瓦、佐法尔和苏哈尔成立了

阿曼

3所私立院校,还有15所私立学院分布在不同地区。它们的学科设置广泛,包含管理学、工程学、信息技术、经济学、会计学和其他技术性学科。1996年以来,私立大专院校得到很大发展,入学人数从1999/2000学年的2079人增加到2001/2002学年的5496人,2003/2004学年在校生人数增加到13788名。

和公立院校一样,私立院校与欧洲、美国和其他国家的一些大专院校签有学术交流协议。高等教育理事会和政府机构每年为私立院校1000名学生提供家庭社会安全奖学金,其资金来源于政府及其下属机构和一些阿曼公司。全额奖学金包括博士、硕士和本科课程奖学金。

五 特殊教育

为适应国家特殊人群接受教育的需求,阿曼于1974年成立了特殊教育机构,为聋哑人和盲人设立提供特殊教育的专科学校。为了让更多有智力障碍的孩子能够接受教育,智障儿童教育扩展计划将在8个行政省区的学校逐步得到实施,其最终目标是要把智障儿童的教育计划普及到所有初级学校。

马斯喀特智障教育中心帮助智障儿童解决在学习中遇到的问题,为智障教育专业老师提供适当的培训,并针对有特殊天分的智障儿童制定不同的因材施教方案。2002年1月开学的私立阿莫尔盲人学校设备齐全。11~35岁之间的盲人可以在卡布斯苏丹大学文学院学习。2004/2005学年,全国共有639名学生在3所特殊的专科学校就读。

六 成人教育

阿曼对成人教育和扫盲非常重视,为了使正规教育和非正规教育结合起来,国家还为那些失去学习机会的成年人开办了扫盲班。1973~1974 年,全国开办妇女扫盲班 18 个;到 1983 年增加到 183 个,参加学习的人数从 190 人增加到 4376 人;同期的男子扫盲班从 52 个增加到 185 个,参加学习人数从 1854 人增加到 3935 人。[①] 据统计,在 2002~2003 年间,有 6000 多人参加了 375 个扫盲班。在 2003/2004 学年开始实施扫盲计划工程,其目标是到 2015 年力争使成年人文盲率下降到 50%。

扫盲工作的重点是在偏远的农村地区,因此成人教育中心多在那些地方开设。大量来自内陆地区和南巴提纳地区的教师和持有教师资格证书的志愿者,经过两周的培训后,积极投入到扫盲运动中去。在 2004/2005 学年,全国成人教育中心共有 132 所,其中男校 12 所、女校 112 所、男女混合学校 8 所。全国有 32724 名学生就读于此,其中男性 17373 名、女性 15351 名[②]。2004/2005 年,阿曼发起了名为"村庄教育"的活动,以拜尔卡的穆瑞西村(Muraisi)作为试点,它将变成 100% 扫除文盲的一个典型。阿曼已成为获得阿拉伯教科文组织第一个扫盲服务奖的国家。

七 师资培训

为了提高阿曼教师的综合素质,国家加强了对教师的培训,为教师开设了培训中心。阿曼教师必须持有大学毕业证书。此外,阿曼与英国著名大学合作,对阿曼的教师进行英语培训。

阿曼从 1976 年开始对教师(包括女教师),特别是对从事初级教育的教师进行培训。1984 年只有 2 所师范大学开设了为

---

① 阿曼苏丹号召在全国普及教育,见新华社 1983 年 9 月 10 日电。
② 《阿曼 2004~2005》,阿曼新闻部,第 137~138 页。

期一年的培训班。到 1990 年，全国这样的大学增加到 9 所。

1984 年阿曼开始建立师范学院。师范学院接受普通高中毕业生，学制 2 年。6 所师范学院分布在阿曼各地，开设的课程主要有：伊斯兰教、阿拉伯语、数学、计算机、化学、生物、物理、地理、历史、生命科学及教师培训的相关学科。师范学院的教学目标是培养各类合格的教育人才，对教师的职业培训、教育和文化培训进行规范，使培训后的学员达到大学毕业的水平。

政府提供机会让教师到国外接受高等教育，2004~2005 年，有 7 名教师到国外攻读博士学位，另有 42 人参加国外的学士课程培训。教育部大力培养本国教师以取代外籍教师，以期早日实现教师阿曼化的目标。2002 年，教师的阿曼化比例为 71%，学校行政管理人员的阿曼化比例达到 96%。通过各种形式的培训和培养，2003/2004 学年阿曼 76% 的教师和 97% 的学校管理人员都实现了本土化。2004/2005 学年，在公立学校中，阿曼籍教师共有 28424 名，占教师总数的 81%。

第二节 人文科学

阿曼历史悠久，是考古学大有作为的地方。1972 年阿曼成立了历史协会，它主要从事与阿曼历史研究相关的学术活动，还协助民族遗产和文化部进行考古发掘、研究古迹、收集与整理历史文物、组织学术报告或展览等活动。阿曼现已成为联合国教科文组织的成员，有四处古遗址被列入世界文化遗产名录。

阿曼民族遗产和文化部的考古部门与卡布斯苏丹大学以及欧洲和美国的专家合作进行考古研究，先后在阿曼境内发现了一系列古代遗址，如对马哈里亚墓群（东部地区）的考古发掘。该墓群由108个古墓组成，其历史可追溯到铁器时代；发掘的文物有大小各异的波纹线装饰的陶罐，形状各异的珠子、铁箭头、青铜戒指、耳环、铁矛和石头制品。1981年4月，在阿曼工作的联邦德国考古队发现了包括公元前4000年前的铜制品在内的重要历史文物，这证实了阿曼古代的名字叫"马干"，即铜的起源地。

艾尔·苏瓦遗址的历史大约在公元前6000～前4000年期间。从这里出土的文物对于重新审定纪年的排列，推算石器出现的年代很有帮助。

拉斯·艾尔·吉兹遗址在公元前4000～前2000年，经历了四个重要时期。在这里出土了6座古墓，其历史可追溯到公元前3000年中后期的乌姆·艾尔·纳尔时代。

苏尔地区的瓦迪·莎巴遗址，出土了公元前4000年渔民居住的圆形住所。

百特遗址形成于公元前3000年，位于达哈拉地区。在这里发现了乌姆·艾尔·纳尔时期和铁器时期的古墓，考古发掘工作已经开始。

拉赫克时期的军事防御工事在瓦迪·艾尔·艾因被发现。在那里，还发掘出一些罕见的工艺品，如一块打磨矛梭的皂石。

在中部地区，发现了47处迄今10万～12.5万年之间的后冰河时代的遗址。

在尼兹瓦区的苏艾尔的泥砖墙中，发现了一个土陶罐。陶罐中有456枚大小不一的银币，银币的一面刻着"安拉的朋友阿里"，边缘上刻着"世上没有上帝，只有他的先知穆罕默德"；另一面刻着"真诚的信仰"，边缘上的字迹已无法辨认。据伊斯兰历法，这些银币产于不同时期，还有一些曾经用于装饰妇女的项链。

阿曼

在马斯喀特省布什尔的考古发掘，由海湾合作委员会成员国共同参与。在瓦迪苏克共出土了17座青铜器时代后期的古墓，出土的手工艺品有皂石容器、陶瓷壶、黄铜头盔和黄金首饰。

从阿曼乳香产地到出口地的乳香之路遗址，多少年来都是众多学者和游客流连忘返的地方。2000年阿曼有四处"乳香之路"被列入世界文化遗产，分别是：瓦迪·达凯、乌巴尔、克尔·罗里和艾尔·巴里德。

第三节 文学艺术

一 文化政策

阿曼是古老的文明古国，具有辉煌的古代文明，为人类文明作出了贡献。阿曼近代由于长期遭受葡萄牙、英国等殖民主义者入侵，文化发展受到严重阻碍，发展水平相对落后。现在阿曼政府重视文化艺术的发展，在继承和发扬本国文化的基础上，还广泛地与世界各国，尤其是与海湾合作委员会国家进行交流与合作。阿曼发展文化事业的指导思想是：信守伊斯兰教教义，继承和发扬本国的文化遗产，在不触犯伊斯兰教教规和民族传统的前提下，根据阿曼国情和特点吸收现代文明成果。

对外来文化阿曼采取的是审慎的态度，它"拒绝激进的思想意识和偏激的宗教潮流"，以"开放的心怀、自觉的意识面对一切有利于人类发展的东西"。2000年7月4日，根据卡布斯苏丹的诏令成立了"卡布斯苏丹伊斯兰文化中心"。该中心目前是阿曼伊斯兰文化的最高研究和指导机构，其职能是出版伊斯兰文化书籍，在人民中普及伊斯兰知识。

第六章 教育、科学、文艺、卫生

通过"走出去"和"请进来",通过签订一系列文化协议,阿曼积极发展与其他国家的文化交流关系。目前,阿曼在主要的西方国家都设有文化事务处,向驻在国宣传阿曼的传统文化,扩大阿曼文化在国际上的影响,并向国内介绍驻在国的文化和教育情况等。阿曼政府还努力发展与国际组织之间的文化合作,如联合国教科文组织、伊斯兰教科文组织和世界知识产权组织。阿曼参加了海湾合作委员会组织的民族遗产展,诗歌、文学、手工艺、艺术、书法展览,以及一些以文化为主题的讲座。

二 文学

诗歌是在阿曼传统文学中非常受民众喜爱和重视的一种文学形式,无论是在官方还是民间都较为流行。阿曼的诗歌种类繁多,有言志诗、离别诗、怀念诗、歌颂诗、宗教诗等,这些诗歌有的是阿拉伯语普通话诗歌,有的是方言诗歌。

阿曼政府和民间经常举办各类文学比赛,并于1988年11月8日成立阿曼文学会。文学会每年举办一系列的专题研讨会,为古典诗歌、民间诗歌、故事和散文的创作创造了条件,同时也为阿曼的戏剧研究、独特历史成因研究创造良好的环境,并担当出版社的职能。

民族遗产和文化部每年举办诗歌比赛。阿曼青年体育和文化总机构每年组织"文学聚会",对全国各地的阿拉伯语普通话和方言创作的诗歌和短篇小说等进行评比,从中选出优胜者。

2004年3月21日,阿曼举办了"世界诗歌日晚会",与会者都是来自阿曼和其他阿拉伯国家的诗人。同年4月,阿曼承办了为期4天的海湾诗歌节,这一节日每两年举行一次,由海湾国家轮流主办。

阿曼最著名的诗人是谢赫·阿卜杜拉·本·穆罕默德·塔伊

阿曼

(Abdullah bn Muhammad attai, 1927~1973年),曾任阿曼新闻、社会事务部大臣,也是阿曼最早写小说的作家。他创作了著名的长篇小说,获得阿曼甚至海湾地区"长篇小说创作先驱"的称号。

阿卜杜拉·本·阿里·哈利利(Abdullah bn Al khalili, 1922~2000年)在阿曼堪称与谢赫·阿卜杜勒·本·穆罕默德·塔伊相提并论的大诗人。他除了创作诗歌外,还进行短篇小说的创作,被评论界公认为阿曼写短篇小说的第一人。由于他在文学创作方面的巨大成就,阿曼"第一届文学聚会"授予他"文学聚会之盾"勋章。1989年第10届阿拉伯海湾国家首脑会议期间,为表彰他高尚正直的人格和品德,首脑们为他颁发了荣誉奖章。

女诗人中较为著名的是赛义黛·宾特·哈迪尔·法里西和哈希米娅·穆萨维。

马斯喀特每年初举办为期两周的国际图书博览会。在2004年的第9届国际图书博览会上,出售图书7万册,约7.5万人次前来参观。阿曼还参加了2004年10月举办的第56届法兰克福国际图书博览会。2003年10月,阿曼参加了摩洛哥举办的非斯文化周。

三 戏剧电影

戏剧在阿曼源远流长,但是发展尚不完善。在1974年阿曼全国只有3个剧团,分别是艾尔·艾里剧团、阿曼剧团和青年剧团。1980年在马斯喀特国际饭店,青年剧团为来自世界各地的观众首演了莎士比亚的《威尼斯商人》。1998年成立的萨拉拉艺术剧团,在阿布扎比举行的海湾国家艺术比赛中获得了一等奖。现在阿曼共有11个剧团。

马斯喀特电影节每年举办一次。世界戏剧节也在阿曼的首都马斯喀特举办过。

第六章 教育、科学、文艺、卫生

四 音乐舞蹈

阿拉伯民族擅长歌舞，载歌载舞是他们常见的表演形式。阿曼音乐受外来音乐的影响很大，特别是与桑给巴尔的音乐有着不解之缘。许多阿曼音乐伴有打击乐器，带有浓郁的非洲音乐韵味。阿曼乐器中的号和管乐器与非洲东海岸的乐器极其相似。阿曼的打击乐器以手鼓为主，节奏强烈明快，通常用羊皮或鱼皮制成，大小不同。管乐器称为"布克"，在阿曼南部地区、巴提纳地区和东部地区普遍使用，这是阿曼人在大海螺壳上以特别的方式切割而成的乐器，根据海螺及其洞口的大小不同，发出不同的音色。阿曼的弦乐器是一种源于非洲的碗状六弦琴，叫做"坦布拉"，它是苏尔城的传统乐器，由圆木块制成，专门为"努般"歌伴奏的。"努般"歌是一种圣歌，用阿拉伯语和斯瓦希里语混合演唱。

阿曼的传统音乐形式主要有：宣告战争和庆祝胜利的歌舞"自豪歌"；包含斗剑和对诗比赛的歌舞"拉兹哈"（Al Razha）；宗教庆典时吟唱的圣歌；贝都因人的无伴奏清唱；具有强烈悲伤情感的"哀歌"，其中"完恩"（Al wann）是阿曼音乐中最富强烈悲伤情感的表达形式；与大海有关的歌曲有《加拉特·马苏瓦赫》，主要描述水手拉船入海或靠岸时的情景；赞美真主和先知穆罕默德的《修巴尼亚》（Al-Showbaniiah），是在阿曼南部庆祝水手们胜利抵达时表演的歌舞。

为了更好地保存传统音乐，1984年成立了阿曼传统音乐中心（OCTM）。它隶属阿曼新闻部，负责对阿曼传统音乐、歌舞和相关艺术形式进行收集、录制、分类和记录，对音乐基础教育大纲的编写作出了不少贡献。它在保护国家和民间音乐遗产方面发挥了重要的作用，并得到联合国教科文组织的认可。阿曼成为第一个加入国际传统音乐委员会的阿拉伯国家。

阿曼

阿曼传统音乐中心 1994 年和 1995 年用阿拉伯文和英文出版了《阿曼传统音乐中心》系列出版物；1997 年用阿拉伯文出版了上、下两册《阿曼传统音乐和音乐学》并附有 99 分钟的录像带；用阿、英、德语出版的《妇女在阿曼音乐生活中的作用》附有 70 分钟的录像带；在 2002 年出版了《阿曼的传统音乐与阿拉伯遗产》和《阿曼传统音乐中心——观念与实现》，分别用阿拉伯语和英语两种文字出版。阿曼传统音乐中心还为阿曼电视台准备节目，1999 年播放了介绍阿曼音乐和舞蹈的 14 集电视系列片《阿曼传统音乐科学概论》。

阿曼传统音乐中心还积极参加国际交流活动，1989 年加入国际声像档案协会，阿曼成为加入该组织的第一个阿拉伯国家。阿曼承办了该协会 1997 年年度会议，有 22 个国家的代表参加；参加了该协会 1998 年在卡塔尔举办的第 2 届文化节。2003 年阿曼传统音乐中心参加了韩国世界音乐节、第 30 届联合国教科文组织音乐理事会大会和乌拉圭首都蒙得维的亚举办的国际研讨会。2004 年 12 月，阿曼与国际音乐理事会合作，举办了主题为"阿拉伯地区音乐发展与未来前景"的研讨会。

1985 年，根据卡布斯苏丹的指示组建了阿曼皇家交响乐团（ROSO），隶属于阿曼皇家卫队。经过外国专家的培训，该乐团于 1987 年举行了第一次演出。最初乐团的成员都是男性，1988 年后才陆续出现了女性成员。每年 9 月到第二年 6 月期间，该乐团定期在阿尔布斯坦皇宫酒店举办音乐会。阿曼皇家交响乐团 2000 年 10 月在比利时第一次举行海外演出，此后每年都把出国演出列入交响乐团的活动日程。

五　美术

1993 年阿曼美术协会（OSFAO）成立，它的会员经常参加一些国际活动，如参加埃及、印度、突尼斯、约

第六章 教育、科学、文艺、卫生

旦、科威特等国举办的美术展览和文化周。阿曼美术协会的现代工作室定期举办国外艺术作品展,还给年轻的艺术家和摄影师各种鼓励和帮助。阿曼美术协会摄影俱乐部的活动非常丰富,2004年1月举办了第10届年度摄影展。该俱乐部在1999年瑞士举办的国际摄影艺术联盟大赛中获得铜奖,2001年在意大利举办的第26届和2004年在匈牙利举办的27届大赛中都获得了银奖。

六 文化设施

阿曼苏丹国有悠久的历史,大量记载国家历史和文化的收藏品陈列在不同的博物馆中,并向公众开放。阿曼主要的博物馆如下。

阿曼博物馆 它位于马斯喀特,1977年对外开放,是阿曼第一家现代化的博物馆。它珍藏着公元前5000年的石器,古代的铜器和陶器,中国晚唐和宋代的瓷器,以及600多年前的《古兰经》手抄本等。该馆还有专门介绍法拉吉灌溉系统、造船业和手工艺制品等方面的展厅。

自然历史博物馆 1985年开馆,主要收藏了各种哺乳动物、昆虫、鸟类的标本,向公众介绍阿曼的各种动植物。通过展览,使阿曼人对野生动植物和环境保护产生了浓厚的兴趣,参观人数不断增多。该博物馆还修建了国家草药园和生态花园。

国家博物馆 主要介绍赛义德王朝5位苏丹的事迹,另有展厅展出阿曼各地的服装、珠宝和家用器皿。

儿童博物馆 阿曼人最欢迎的博物馆之一,它以各种生动形象的方式启发孩子通过自己动手,学习基本科学知识,培养学习兴趣。1998年阿曼有37496人参观了儿童博物馆。[①]

---

① 黄培昭、苏丽雅:《当代阿曼苏丹国社会与文化》,上海外语教育出版社,2003年,第244页。

阿曼—法国博物馆 前身是1896年法国领事的官邸，主要展出阿曼与法国关系的历史资料，早期法国外交官使用的家具、服装、照片等。

石油和天然气博物馆 1995年阿曼石油开发公司捐建，主要介绍石油发现的历史过程和有关石油的形成和开发的知识。

除了上述博物馆外，阿曼还有马斯喀特城门博物馆、阿曼中央银行货币博物馆、萨拉拉博物馆、苏哈尔城堡博物馆等。

第四节 医疗卫生

一 概况

1970年以前，阿曼全国仅有位于首都马斯喀特的两家小医院（病床12张），只有13名医生，医护人员总数还不到100人。当时，医疗条件十分恶劣，医疗费用昂贵。霍乱、伤寒、肺结核、天花等疾病肆虐，人均寿命不到50岁。1970年卡布斯苏丹上台后，认识到医疗卫生事业的发展对国民素质的提高和社会发展的重要性，大力发展医疗卫生事业，并致力于医务人员的本土化。在卡布斯苏丹执政期间，国家公共医疗事业飞速发展，极大地提高了医疗卫生水平。1986～1990年第三个五年计划的目标之一，就是在全国范围内普及医疗机构，提高人民的健康水平。截至2006年，全国共有59家医院、5000张病床、150个医疗中心，平均每1000人拥有一个医生。婴儿死亡率从1980年的64‰下降为2006年的10.25‰。[①] 在2002～2006年的5年里，政府将每年财政支出的5%投入医疗卫生事业的发展。

[①] 《2008年阿曼国家概况》，英国经济学家情报社，第14页。

第六章 教育、科学、文艺、卫生

2000年6月,世界卫生组织通过对全球191个国家医疗卫生制度的考察,得出结论,阿曼荣获"全面医疗保健"评选第一名。另外,阿曼对于主要疾病疫苗的管理控制能力已经位居世界第一,符合世界卫生组织和联合国儿童基金会所要求的"高效疫苗管理控制"的最新标准,并获得荣誉证书。2000年世界卫生组织年度报告指出,阿曼的医疗卫生水平取得巨大进步,在提供最佳的全面医疗护理上位居世界第8。由于医疗卫生条件不断改善,人民生活水平不断提高,阿曼的人均寿命也在逐步提高。1970年的人均寿命不到50岁,1982年为59.1岁,1990年为65.9岁,1999年为72.2岁,截至2006年底人均寿命已经达到74.3岁。

二 医疗卫生服务

阿曼政府给予阿曼人民全面和高效的医疗保障体系,全国各地都设有设备和技术先进的医院、综合诊所和康复中心,公民享受优越的免费医疗服务。在医疗方面,国家优先发展的是基础医疗保障系统,其次是二、三级医疗服务机构。在二、三级医疗服务机构中,医疗专家的水平较高,以处理较为复杂的病情为主,设有住院部;它的门诊涵盖面广,包括内科、外科、儿科、产科、整形外科、耳鼻喉科和眼科等。

到2004年末,阿曼医疗机构中共有19217名员工,其中12405名为阿曼人,占总人数的65%。2700名医生中有736名是阿曼人,占总人数的27%;药剂师137名和护士7457名,阿曼化程度占56%。[1]

由于传染病对公共卫生安全威胁很大,从1981年起,阿曼政府开始实施一系列免疫计划,预防威胁儿童健康的脑灰质炎、白喉、破伤风、百日咳、麻疹等各类传染病。1992年阿曼消灭

---

[1] 《阿曼 2005~2006》,阿曼新闻部,第108页。

了白喉。麻疹病人从 1995 年的 68 例减少到 2004 年的 18 例。到 2004 年为止，约 99% 的目标人群接受了预防脑灰质炎、白喉、破伤风、百日咳的疫苗注射；麻疹疫苗的注射率也达到了 98%，而 1981 年的注射率仅为 10%。自 1995 年以来，阿曼没有出现破伤风病例。阿曼已连续 10 多年没有发现脑灰质炎病例。自从 1991 年痢疾疫苗注射计划全面落实后，痢疾的发病率已经由 1990 年的 3.2 万例下降到 2004 年的 616 例。5 岁以下儿童腹泻的发病率从 1995 年的 49.7% 下降到 2002 年的 26.6%，下降了 46%；同期，急性呼吸道感染也下降了 46%。疟疾病例从 1990 年的 3.2 万例下降到 2002 年的 590 例。

第五节　体育

一　传统体育

阿曼人的传统体育活动是赛骆驼、赛马、猎鹰和斗牛等。每年国庆节要举行一次全国性骆驼大赛。骆驼大赛一般从黎明开始，因为赛程长，还要穿过一处沙漠，赛驼需要有相当好的耐久力。热情的观众会挤在卡车上跟着跑，当卡车快顶着骆驼屁股时，观众尽情欢呼，号角齐鸣，热闹非凡。赛马比赛是在马快速奔跑的时候，骑手从地上捡起他的武器。养鹰是阿曼人最喜欢的活动之一。每年秋高气爽的日子，各部落都有猎鹰大赛。谁养的鹰获得的猎物多，谁就能得到部落人的尊重，否则就被人耻笑。阿曼的斗牛比赛不同于西班牙斗牛，这里是按照牛的年龄、力量和体重将它们分成不同等级，让两头同等级的牛进行比赛，牛用犄角相顶，用力将对方顶翻在地或迫使对方逃跑。每头牛都拴着绳子，由专人看管，比赛时不许参赛的斗牛相互伤害。

二 现代体育

阿曼，足球是风靡全国的体育运动，十分普及。阿曼成立了国家足球队，足球运动员从各个足球俱乐部挑选出来，代表国家参加地区和国际性足球比赛。阿曼每年举办一次"卡布斯杯"足球赛，决赛一般在国庆节前夕举行，由卡布斯苏丹亲自向获胜者颁发奖杯。阿曼国家足球队在国际赛事中取得不俗的成绩。2000年在越南举行的亚洲16岁以下少年足球比赛中，阿曼少年足球队获得金杯。

阿曼曲棍球队成立于1977年。在50多年前，曲棍球运动就传入阿曼，现已成为仅次于足球的第二大球类运动。阿曼是国际曲棍球协会成员。排球是阿曼的第三大球类运动，1977年成立了国家排球队。

三 体育成绩

阿曼在体育运动领域取得不少成就。2003年，阿曼奥林匹克委员会成功组织了"2003奥林匹克日"，参加活动的体育组织有：足协、手球、篮球、曲棍球、排球、体操、游泳和网球等协会，还举行了保龄球、举重、剑术、乒乓球、自行车和水上运动等项目的比赛。2003年在各种国际比赛中阿曼共获得264枚奖牌。2004年阿曼体育代表队参加了在雅典举行的奥运会。2004年夏季，阿曼国家足球队取得在中国举办的亚洲杯足球赛资格。阿曼16岁以下足球队获得参加2004年1月在日本举行的该年龄段的亚洲杯赛资格。

阿曼的艾尔·卡博拉体育俱乐部在阿联酋举行的第8届海湾合作委员会俱乐部18岁以下冠军杯比赛中获得冠军，其中游泳队获得43枚奖牌，网球队获得13枚奖牌，田径队获得22枚奖牌，举重队获得49枚奖牌，排球队获得2枚奖牌，手球队获得

3枚奖牌。在卡塔尔举办的海湾合作委员会体育俱乐部大赛中，尼兹瓦俱乐部代表阿曼所有俱乐部参赛，获得第三名。

第六节 新闻出版

阿曼的新闻业起步晚。在1970年卡布斯苏丹执政前，阿曼处于闭关锁国的状态，全国没有任何传媒工具，人们只能靠传话来传递信息。从1970年开始，阿曼新闻媒体从无到有，在国家的大力扶持下迅速发展起来。现在多种新闻媒体已成为介绍国内外情况的重要渠道，为阿曼和世界各国之间架起了交流和沟通的桥梁。1984年5月，阿曼颁布了《出版法》。1996年颁布的《国家基本法》进一步强调了新闻媒体的地位，该法指出，报纸、印刷、出版自由依据法定条件和程序受到保护。

一　概况

20世纪80年代，阿曼的新闻业由新闻部统一管理。新闻部设大臣、次大臣和大臣新闻顾问等职位，下辖新闻司、广播电台司、电视台司和行政财政司。1980年5月，阿曼报刊局成立，主要负责出版和发行政治、文学、社会和文化等方面的报刊。

1997年，卡布斯苏丹颁布诏令，宣布组建阿曼新闻、通信、出版和广告公司（OEPNPA）。该公司是阿曼最大的传媒机构，是一个有独立财政和管理权的实体。它下辖的机构有阿曼通讯社、阿曼报社、阿曼广告与公共关系公司等。该机构重视人才培养和阿曼化，95%工作人员是阿曼人。

二　通讯社

阿曼通讯社是阿曼唯一的通讯社，简称阿通社，1986年根据苏丹诏令成立。阿曼通讯社属于阿曼官方新闻

第六章 教育、科学、文艺、卫生

社,所有雇员都是阿曼人。该通讯社设备先进,可通过卫星系统向阿曼各大报社和媒体提供新闻稿,发布涉及国内外的所有官方消息。该社的新闻接受和传送、采编和分析等设施都达到了国际先进水平。由于该通讯社出稿快,消息权威,现已成为阿曼媒体和舆论的先锋,在本国新闻界和群众中享有很高的信誉。该通讯社记者网站遍布国内外,通过这些记者网站与其他国家的新闻机构进行合作。从互联网上可看到阿曼通讯社发布的《阿曼》和《阿曼每日观察》。

与阿曼有新闻合作协议的国家有:卡塔尔、沙特阿拉伯、巴林、科威特、阿拉伯联合酋长国、埃及、约旦、也门、突尼斯、摩洛哥等。

三 报刊

1970年前,阿曼本国没有任何报纸。1971年阿曼首任新闻和旅游大臣、著名诗人谢赫·阿卜杜勒·本·穆罕默德·塔伊创办了阿曼历史上第一份报纸《祖国报》,从此拉开了阿曼报刊时代的序幕。阿曼现在出版发行的报刊已经增加到36种,其中日报有6种(3份阿拉伯语、3份英语),主要报纸有:

《阿曼报》(阿拉伯语) 官方报纸,1972年创刊,原来为周报,1980年起改为日报。主要刊登国内、地区和世界重大新闻。每周办特色周刊——《文化周刊》、《家庭周刊》等。工作人员以前多为埃及人、印度人,阿曼人近年有增多的趋势。该报发行国内外,发行量约2万份。

《祖国报》(AL-WATAN,阿拉伯语) 1971年创刊,是最早的私营报纸。原来为周报,1984年改为日报,每周有妇女和儿童周刊,经常发布自己的独家报道,发行量1万多份。

《阿曼时报》(TIME OF OMAN,英文日报) 创刊于

阿曼

1975年，是私营报纸。编辑是英国人，记者多为英国、印度和巴基斯坦人。主要报道阿曼国内经贸、文化、社会等消息和地区、世界重大新闻，发行量1万多份，在知识分子阶层影响面较广。

《阿曼每日观察报》（OMAN DAILY OBSERVER，英文日报） 与《阿曼时报》齐名，发行量1万份，在当地的外国社团中有较大影响。

《青年报》（阿拉伯语日报） 青年体育类报纸，前身是《青年杂志》。

主要的刊物有：

《商业》 阿拉伯语、英语月刊，主要刊登阿曼工商界的活动和工商业广告等。

《尼日瓦》 阿拉伯语文化、文学、历史类季刊，基本代表了阿曼最高、最新的社会科学研究成果。作者多为研究领域的知名学者和教授，在知识阶层和大学生中影响很大。

《阿曼问题研究》 1975年创刊，主要刊登考古学家和历史学家关于阿曼和阿拉伯半岛邻国议题的学术文章，现已将刊登内容扩展到自然历史等方面，受到广泛认可。

《中央银行》 阿拉伯语、英语月刊。它是阿曼中央银行的机关刊物，主要内容是刊登中央银行的月度统计和阿曼财政金融界的消息。

《家庭》 1974年创刊，是海湾地区最早的阿拉伯语妇女杂志。原为周刊，1986年改为半月刊。属于社会文化家庭类杂志，刊登内容侧重阿曼家庭、妇女和儿童，很受知识女性的欢迎。

《阿曼妇女》 1980年创刊，阿拉伯语月刊，阿曼妇女协会机关刊物，主管部门是社会发展部。

另外还有许多不同的组织出版的专业刊物。

四　广播电视

1. 广播电台

阿曼第一座小型广播电台1970年始建于拜特·法拉宫。该电台只有1000瓦功力，仅能覆盖首都马斯喀特。此后陆续增加和扩建了一些广播电台。1974年萨拉拉电台建成，并于1975年扩建，它专为南部地区服务。1979年建成人造卫星地面站。现有两个电台通过人造卫星并联广播，每天用阿拉伯语播音19.5小时，用英语播音15个小时。后来全国各地又增设了一些广播电台，使阿曼全国形成了一个广播网。1982年开始调频广播。现在全国已经有25家设备精良的广播电台，分别用中波、短波和超短波广播。

2. 电视台

阿曼彩色电视传播的历史从1974年马斯喀特电视台建立开始。1975年萨拉拉电视台建立，开始为南部地区的居民服务。1979年上述两家电视台通过人造卫星并联，实现了电视节目的互换。到20世纪90年代，阿曼全国有20多家电视台，构成了一个强大的电视网络。

现在阿曼已经建立了现代化的数字演播室，用于地面和卫星数字广播电视的传输，成为阿拉伯地区第一个使用卫星传输电视节目的国家。通过阿拉伯卫星、奈尔斯卫星、热鸟4号卫星、亚洲卫星35号、通信卫星5号、西班牙卫星IC和NSS7系统向世界发送节目。自2002年始，阿曼电视台通过地面发送系统就可以为当地观众提供国内外的新闻及体育赛事、协商委员会的辩论、阿曼与国外的连续剧等电视节目。阿曼首都马斯喀特已经在推行数字化电视。

随着电视节目制作技术的提高，阿曼与其他国家的合作也更加密切了。2004年3月，阿曼新闻部和阿拉伯卫星交流传播组

阿曼

织（Arabsat）交换了协议，把阿曼的广播电视节目传送到亚洲、非洲、北美洲和南美洲。还与 Globe Cast 签订了向澳大利亚和新西兰传送节目的合同。随着科技的发展，所有新闻中心的设备都已经实现了现代化和数字化。现在还可以利用互联网传送广播电视节目。

2003 年，在第 9 届开罗广播电视节上，阿曼电视台获得了几项银奖和铜奖。在突尼斯举办的第 11 届阿拉伯广播电视节上，阿曼电视台也获得了一些奖项。2004 年 9 月，国际奥委会授予阿曼新闻部"新闻和体育奖"，表彰阿曼电视人在促进体育运动和奥林匹克运动中作出的贡献。

五　互联网

自 1996 年底互联网引进阿曼后得到迅速发展，现已形成了一套完整的系统。2003 年阿曼协商委员会第五次选举的全过程通过互联网向网民报道。通过给选举委员会发送电子邮件，网民就可以提出自己的问题，并能够得到阿拉伯语和英语的回复。2003 年，阿曼网共有 188 多万名来访者，平均每天有 5 万多人浏览该网。

互联网成为阿曼展示和介绍本国的又一个平台，有关阿曼的政治、经济、文化和社会发展的信息在第一时间展现在世界面前。阿曼新闻部建立了自己的阿拉伯语、英语网址：www.omanet.com，定期发布和更新阿曼的重要事件和消息。

第七章

外　交

第一节　外交政策

一　外交原则

无论从阿拉伯地区政治还是从国际政治角度来说，阿曼都是国际交往体系中一个重要的单元。阿曼具有自己独特的历史、迥异的文化传统和现实的国家利益，卡布斯苏丹根据这些因素在对外交往中坚持以下原则：奉行中立和不结盟原则，主张在联合国宪章、国际法准则的基础上，加强同世界各国的友好与合作；在和平共处、互相尊重主权、独立、不干涉别国内政的基础上，同所有国家建立友好关系；通过不同文明间的对话方式解决国与国之间的分歧；反对使用武力或以武力相威胁，干涉主权国家的内政；不主张采用断交、抵制等过激手段处理国家间的关系；改善同周边国家间的关系，推动地区安全合作，加强阿拉伯国家之间的团结，建立安全与稳定的地区秩序和国际秩序。

阿曼在海湾、阿拉伯地区及国际社会中拥有重要的地位，这主要体现在阿曼已经扩大的对外交往体系及其在海湾、阿拉伯地区和国际组织中发挥的积极作用。2002年11月4日，卡

阿曼

布斯苏丹在阿曼委员会年度会议上说:"我们的外交政策对任何一个国家都是友好的。我们始终站在正义、公平和和平的一方。我们呼吁各个民族和平相处,各种文化相互理解,根除那些产生仇恨的不公平、非正义的根源。这是人类的共同利益之所在。"①

冷战期间,阿曼执行亲西方的对外交往政策,反对苏联和以色列的扩张和霸权。后冷战时代,阿曼致力于推进中东和平进程。伊拉克战争后,美国鼓吹"人权高于主权",搞"新干涉主义",阿曼反对美国的霸权行径和单边主义,主张国际关系民主化,在联合国框架内公开、公正和公平地解决国际社会的重大问题。

长期以来,阿曼对中东地区和国际重大问题形成了自己的外交原则和鲜明立场。

(1) 阿曼充分肯定联合国在维护世界和平方面的作用,支持联合国体制和机构的改革。

(2) 卡布斯苏丹认为,世界已经成为一个整体,要抛弃狭隘的地域观念,用全球化的开阔的眼光同世界交往。他强调,应利用冷战后变化了的国际形势,建立一个平等、均衡、合理的国际新秩序。

(3) 在全球化和南北经济合作问题上,阿曼认为世界经济结构已发生了变化,对发展中国家的发展带来了消极影响。阿曼一方面呼吁调整和改革现存的国际经济秩序;另一方面要求发展中国家联合自强,实现繁荣和发展。

(4) 阿曼极力推进中东和平进程,支持联合国安理会第242号和第338号决议,主张在联合国有关决议和"土地换和平"的原则基础上实现中东地区全面、持久的和平。

---

① 《阿曼 2004~2005》,阿曼新闻部,第62~63页。

第七章 外 交

二 外交目标与形成因素

阿曼的外交政策有着清晰的目标，赢得世界人民的赞赏和尊重。首先，阿曼奉行睦邻友好、不干涉他国内政、相互尊重国家主权的原则，与一切国家建立外交关系。其次，遵循联合国宪章和国际法准则，支持一切旨在为地区和世界和平作出贡献的地区性组织和国际组织。最后，支持阿拉伯国家联盟的主张和举措，鼓励阿拉伯国家为解决地区事务分歧所进行的建设性对话，努力实现本地区公正、全面的和平。同时，支持亚洲、非洲及其他各大洲一切正义的事业。根据上述原则和目标，阿曼展开全方位外交。早在1984年，卡布斯苏丹就提出"广交友，少树敌"的口号，在兄弟国家与友好国家之间进行建设性对话。负责外交事务的大臣尤素夫·阿拉维也多次强调："我们的外交是建立在真诚、相互尊重和有效合作基础之上的。""阿曼的大门向所有国家开放，只要它们同阿曼在真诚、相互尊重和有效合作的基础上进行交往，我们就不排斥与任何国家建立友谊。"[①]

卡布斯苏丹时期的外交政策是以务实和自主为主要特征。国外有的学者将阿曼外交政策的演变分为五个阶段：巩固时期（1971～1975年）、转型时期（1976～1980年）、成熟时期（1981～1985年）、务实阶段（1986～1994年）和自主阶段（1995～）。[②] 考察阿曼外交史不难看出，阿曼的历史遗产、集权的政治传统以及经济的依附性发展等因素，在卡布斯苏丹的外交政策形成中起着重要作用。阿曼外交政策的出发点是世界眼光的，但是由于现实经济模式的局限，使之只能在理论上是全球性

[①] 黄培昭、苏雅丽：《当代阿曼苏丹国社会与文化》，上海外语教育出版社，2003，第78页。

[②] Joseph A. Kechichian, *Oman and the World*, Santa Monica, Rand, 1995, p. 180.

的，而在现实层面上却表现出地区主义的局限。这一外交模式的形成受到以下因素的制约。

首先是阿曼历史的影响。从历史变迁的轨迹来说，阿曼具有相对独立的外交传统，包括与英国、美国、中东地区国家和印度的交往历史。这就使卡布斯苏丹可以在引领外交方面比其他国家更容易突破陈规。阿曼与英国、美国等西方国家构建战略盟友关系，与以色列恢复正常关系，与伊朗实行和平相处的"平衡战略"。

其次是战略地位的地缘位置。阿曼地处阿拉伯半岛东南端，历史上是沟通印度、非洲和欧洲的交通要冲，这种独特开放的地缘位置，使阿曼形成外向型外交政策。与此相比，阿曼的邻国，例如沙特阿拉伯和科威特由于历史和地缘位置的孤立，其外交则表现出内向型特征。

最后，石油也是决定阿曼外交政策的因素之一。在阿曼没有发现石油以前，阿曼苏丹没有资金购买先进的武器，所以在外交上阿曼倾向于同大国结盟，实现对外防御的实用政策。阿曼有了石油收入以后，外交上的独立自主意识日益明显，外交风格显示出多元化特征。

三　外交成就

阿曼与世界大多数文明主体有着悠久而丰富的交往历史。自古代起，阿曼就因其独特的地理位置，有着得天独厚的贸易优势和繁荣的贸易网络，其贸易范围一直延伸到远东的东南亚及印度次大陆。阿曼人还曾远航中国、美国、东非海岸、中非及南非。近年来，阿曼稳步推进了与东非国家的贸易交往。

由于阿曼独立自主的和平外交政策得到了国际社会的广泛认可，其国际影响力与日俱增。自1970年以来，阿曼同世界上大多数国家建立了外交关系，到2007年，与阿曼建交的国家已达138个。

阿曼还加入了海湾、阿拉伯、伊斯兰等地区和国际组织。

第七章 外 交

1981年5月25日，阿曼加入阿拉伯海湾合作委员会；1971年9月29日，阿曼加入阿拉伯国家联盟；1971年10月7日，阿曼加入联合国；1972年2月29日，阿曼加入伊斯兰会议组织；1973年9月5日，阿曼参加不结盟运动；1997年3月，阿曼加入环印度洋联盟；2000年11月，阿曼加入了世界贸易组织。

阿曼首都马斯喀特是海湾地区最有活力的城市之一，吸引着许多外国人到这里旅游和访问。阿曼官方和民间组织也积极走出国门，阿曼的代表团经常访问友好国家，并积极参加国际组织的活动。2001年12月，第22届海湾合作委员会会议在马斯喀特举行。这次会议决定，以海湾合作委员会经济协议来取代1981年10月采用的统一经济协定，并确定了海湾合作委员会关税同盟的截止日期。2003年1月，共同的关税税率比2005年原定截止日期提前。对于海湾合作委员会外的外国货征收5%的税率，成员国还设定实行统一货币的最迟截止日期为2010年1月。

四 对有关国际事件的立场

1. 对中东和平进程的态度

阿曼一直致力于推进马德里和会以来的中东和平进程。卡布斯苏丹支持巴勒斯坦解放组织，并给予它政治上的支持和物质上的援助。阿曼支持以东耶路撒冷作为巴勒斯坦国的首都，呼吁巴勒斯坦难民回归家园，认为以色列应该妥善解决巴勒斯坦难民问题，呼吁美国和国际社会在巴勒斯坦问题上发挥积极作用。卡布斯苏丹在阿曼29周年国庆庆典的演讲中强调了阿曼对于中东和平进程的承诺："我们相信和平，并且我们努力实现和平；同时，我们要在全面公正和相互尊重的基础上，加强我们与各个国家之间的友好往来。我们坚定并一贯支持所有的正义行动，特别是巴勒斯坦人民为获得他们的权利和建立他们的国家而进行的斗争。我们希望中东和平进程将给各方带来公正的解

阿曼

决方法。我们恳求国际社会尽最大的努力,来解决导致苦难和威胁和平的突出问题。我们很高兴消除不公正局面,实现各国之间的安全、稳定、友谊和合作。"①

阿曼支持在国际法框架内为推进中东和平进程所做出的各种努力。阿曼呼吁所有国家共同努力,把巴勒斯坦人民从以色列压迫的苦难中解放出来,反对以色列对巴勒斯坦实施的非法政策及其对巴勒斯坦神圣土地的侵犯。阿曼反对以色列在巴勒斯坦的殖民政策及其修建隔离墙的行为,认为这些单方面强行实施的行为均与国际法相违背,违反了和平准则及其与巴勒斯坦进行的严肃谈判。阿曼谴责针对以色列、巴勒斯坦平民的暴力行径,支持巴勒斯坦争取民族权利的斗争。阿曼还呼吁国际社会采取措施使以色列服从联合国的决议,站在公正的立场上,以和平的方式解决阿以冲突问题。

2. 对伊拉克的政策

阿曼和萨达姆统治时期的伊拉克恢复了外交关系,并建立自由贸易区,表达了双方进一步合作的期望。在海湾战争期间,阿曼呼吁国际社会和联合国结束对伊拉克的经济制裁。2002年3月,在贝鲁特召开的阿拉伯国家联盟峰会上,阿曼主张调解伊拉克和科威特之间的矛盾。阿曼认为,伊拉克对国际社会制裁的解决方案要表现出柔韧性和灵活性。

伊拉克战争后,阿曼要求美国保持伊拉克的领土完整,支持伊拉克人民渴望稳定、成立自由选举政府和自行解决其政治事务的权利。随着伊拉克问题的不断明朗,阿曼政府的态度也非常务实。阿曼欢迎伊拉克在安理会第1546号决议的基础上建立伊拉克临时政府,并表示希望伊拉克最终能建立一个独立稳定的新政府。阿曼支持伊拉克政府为实现国家稳定和民族团结所作的努

---

① 《阿曼 2002~2003》,阿曼新闻部,第56页。

力，主张通过对话和政治途径促成伊拉克国内各派的和解，避免发生流血冲突。阿曼政府坚信伊拉克重建离不开国际社会的支持，尤其是联合国应该在伊拉克重建中发挥至关重要的作用。阿曼政府强调，如果伊拉克想保持领土完整和国家独立，就必须避免国内的纷争。阿曼呼吁国际社会援助伊拉克的战后重建，伊拉克应在世界上恢复其国际地位。

3. 对恐怖主义的态度

卡布斯苏丹的治国理念虽然一直扎根于伊斯兰教宗教哲学范畴，但他对伊斯兰教中的极端主义派别一直持反对态度。早在1985年阿曼国庆节时，他就表达了强烈反对宗教极端主义的鲜明立场。他认为极端主义和狂热主义思想是"现代穆斯林思想的失败。"他说："制造混乱的是恐怖主义，他们政治上的动机在于让别人遵循他们的意志。他们这样做破坏了伊斯兰教的形象。"[①] "9·11"事件以后，阿曼一直谴责恐怖主义，深信"任何形式的、任何起因的恐怖主义必将威胁整个人类的和平和安宁。"呼吁全世界共同打击恐怖主义，主张召开国际反恐会议。

第二节 同地区组织和联合国的关系

一 加入阿拉伯国家联盟和联合国

成为阿拉伯国家联盟大家庭中的一员，是卡布斯苏丹建立新政权后积极着手的第一件大事。他组织了一个以教育大臣绍德·本·阿里·哈里为团长的外交代表团，先后到沙特阿拉伯、伊拉克等11个阿拉伯国家进行外交游说，以争取这些国家支持阿曼加入阿拉伯国家联盟（简称"阿盟"）。1971年

---

① Rosalind Miller, "Our Man in Oman", *The Washington Post*, November 19, 1995.

3月，阿曼政府第一次提出加入阿盟的申请，因遭到南也门政府反对，阿盟在当年9月才正式对阿曼的申请进行讨论。

1971年5月，阿曼提出加入联合国的申请，联合国的阿拉伯使团作出的回应是：成为联合国成员必须同加入阿盟挂钩，在阿盟作出是否接纳阿曼的决定后，再讨论阿曼加入联合国问题。沙特阿拉伯与阿曼一直在领土问题上存在夙愿，因此反对阿曼加入任何国际组织。为了争取沙特阿拉伯的支持，阿曼苏丹积极与沙特阿拉伯寻求妥协，沙特阿拉伯最后同意阿曼加入阿盟。1971年9月29日阿曼成为阿盟成员国。10月4日，安理会建议联合国大会接纳阿曼为正式成员国。10月7日，阿曼正式成为联合国的第131个成员国。

阿曼曾担任过联合国安理会非常任理事国，一直拥护联合国宪章、宗旨和原则，主张一切主权国家平等相处，加入联合国的国家不受任何歧视，并进行广泛的国际合作。21世纪初，阿曼要求增加安理会成员国，支持联合国体制和机构的改革。对于联合国维和行动，阿曼强调维和重点应放在人道主义援助范围，健全维和机制，维和军队介入地区冲突与危机时要采取慎重态度。

二 与海湾合作委员会的关系

20世纪70年代末和80年代初，中东地区局势骤然紧张。一方面，伊朗、伊拉克和沙特阿拉伯为谋求阿拉伯地区霸权而剑拔弩张；另一方面，苏联入侵阿富汗和两伊战争爆发使该地区陷入动荡不安。面对两伊战争所带来的海湾危机，阿曼认为，海湾地区的安全结构应包括政治、经济、安全和文化等各个方面，希望通过海湾合作委员会与海湾国家一起维持海湾地区的安全局势。

1981年2月，在阿曼的提议下，海湾各国在利雅得召开部长级会议，商讨成立海湾合作委员会（GCC，以下简称海合会）

的有关事宜。3月,海湾六国外长又在马斯喀特集会并达成协议。5月,海湾六国正式成立海湾合作委员会。阿曼强调会员国的平等地位,反对将海合会定位成反对伊朗的军事集团。卡布斯认为,如果将海合会定位为北约式的组织,会被伊朗认为是一个敌对的集团,有损于地区稳定。对于卡布斯来说,海合会建立的主旨是各国实现海湾乃至中东地区的安全,而不是战略结盟。

阿曼一直希望保护霍尔木兹海峡的战略航道。1981年8月末,在塔伊夫举行的海湾国家外长会议上,阿曼再次以书面形式强调海湾国家加强与美国等西方国家合作的必要性,提出了如与美、英建立联合舰队,举行联合军事演习等主张,得到了各成员国的支持。1982年1月,海合会提出建立快速反应部队的建议。1983年10月,海合会举行了名为"盾牌"行动的军事演习。1984年6月,海合会决定采纳阿曼在8年前提出的设想,即对本国沿海12英里以内的地区进行管理。

阿曼积极参加海合会的活动。1986年3~4月,阿曼参加了海合会国家的海军和空军演习。阿曼苏丹的代表在海合会发表声明:阿曼准备采取必要措施保证在海湾地区的航行自由,阻止任何破坏活动。

1988年两伊战争结束后,海湾地区的紧张局势暂告缓和。阿曼参加了阿拉伯半岛防护部队,鼓励海合会成员国之间加强军事合作。阿曼的这一立场在1989年12月的海合会第10次会议上得到了会员国的肯定和赞同。

1991年12月,阿曼苏丹卡布斯在科威特召开的第12次海合会首脑会议上建议,将半岛防护部队扩大到10万人,由海湾六国分别派兵组成,统一领导,统一指挥,统一训练,统一使用,遭到海合会拒绝。海合会建议半岛防护部队增加到2.5万人。在伊朗购买了俄罗斯潜艇后,阿曼与美国和英国进行了反潜艇演习。1993年,阿联酋与伊朗在阿布穆萨岛屿问题上发生冲

突。1995年4月,阿曼外交事务大臣阿拉维(Alawi)批评伊朗在阿布穆萨岛上建立军事设施,希望第三方如国际法院等机构介入解决事端。

阿曼对海合会的经济政策感到失望,反对海合会内部废除进口税和各种关税,阿曼将之看做是保护工业基础,特别是保护塑料、水泥和炼铝工业的手段。与其他国家相比,阿曼工业化较落后,缺乏支撑本国工业化的支柱产业,为了给本国企业补助津贴,阿曼政府需要这些关税收入。自1987年以来,阿曼赞成海湾各国实行进出口关税标准化,各国工业协调发展,制止工业生产中的铺张浪费。

1988年3月,海合会与欧盟签署贸易条款,欧盟帮助海湾国家扩大能源、工业和农业部门的生产能力。1990年6月,阿曼政府签署冻结海合会与欧盟关税的条款。阿曼作出以上决定主要出于两点考虑:第一,在阿曼看来,海合会与欧盟建立联系的主要获益者是为沙特阿拉伯的石油化工产品进入欧洲市场大开方便之门。阿曼认为,海合会的利益不要因为沙特阿拉伯而牺牲其他国家的利益。其次,卡布斯苏丹认为,欧盟与海合会的任何亲密合作,只会使海湾地区原本经济发达的沙特阿拉伯和科威特的经济更加繁荣,而对阿曼于事无补。

1992年,阿曼主持了第一届欧盟—海合会部长级会议,为促进两个组织间的经济联系积极献策。1994年4月,阿曼发起主办了能源论坛,研究海合会与欧盟之间的合作。1995年10月,阿曼主持了海合会—欧盟工业会议,讨论了经济合作的前景。

近几年,阿曼积极参加了海合会举行的重要会议。阿曼与海合会其他成员国在政治、经济和军事等各方面都有着十分密切的合作关系。2004年12月和2005年12月,阿曼苏丹卡布斯率代表团参加了第25次(在巴林首都麦纳麦召开)、第26次(在阿联酋首都阿布扎比召开)海合会首脑会议。2006年5月,阿曼副首相法赫德出席在沙特阿拉伯首都利雅得召开的海合会第 8 次首脑磋商会议。同年 12 月,阿曼苏丹卡布斯出席在利雅得召开的第 27 次海合会首脑会议。2007 年 12 月,海合会第 28 次首脑会议在阿曼召开。

第三节 周边外交

由于历史和政治原因以及在石油资源和领土上的纠葛,再加上大国的插手,阿曼的周边环境极为复杂。卡布斯执政后,阿曼同周边国家(也门、伊朗、沙特阿拉伯和阿拉伯联合酋长国)存在各种矛盾。卡布斯苏丹积极寻求与周边国家改善关系,为实现"睦邻外交"而努力。

一 与也门的关系

1967 年民主也门独立后,因意识形态不同以及民主也门支持阿曼国内的反政府武装——佐法尔游击队,两国关系一直处于敌对和紧张状态。1978 年民主也门发生亲苏政变,1979 年民主也门与苏联签订《友好合作条约》,阿、也两国关系进一步恶化。总部设在亚丁的佐法尔游击队经常到阿曼国内进行破坏活动,阿曼将最强劲的军队布置在阿、也两国边界,曾多次发生边界冲突。1981 年 8 月,埃塞俄比亚、利比亚和民主也门建立《亚丁三方同盟》,阿曼受民主也门的安全威胁日益严重。

1979 年 11 月,阿曼和民主也门在阿盟总部突尼斯举行谈判,但没有取得任何结果。海湾合作委员会委托科威特和阿联酋调解阿曼与民主也门两国的关系。1982 年 10 月 27 日,阿曼与民主也门两国外长在科威特签署《建立正常关系和消除各种争端协议》,即《科威特原则宣言》。《宣言》内容包括:第一,互不干涉内政,互相尊重主权,两国建立正常关系,和平解决两国边界分歧,反对任何有损于两国友好的敌对行为。双方同意由科

威特和阿联酋组成技术委员会解决边界问题。第二，双方不允许外国军队利用任何一方领土向另一方进行侵略和挑衅。第三，停止敌对宣传。第四，互换外交代表。1983年10月27日，双方同意在互相尊重主权和互不干涉内政的基础上，建立了大使级外交关系。1985年8月，双方互派常驻大使。

1986年2月，亚丁发生政变，民主也门新政府表现出与阿曼亲善的迹象。1987年1月，两国外长互访，召开部长级会议，扩大合作领域。1988年10月，民主也门总统访问阿曼，两国签署了在贸易、工业、司法、伊斯兰教和交通等领域的合作协定。

1990年5月，南北也门实现统一，阿曼对统一后的也门新政府表示祝贺。在海湾战争中，也门支持萨达姆政府统治下的伊拉克，受到各方指责。但阿曼认为，这是也门国家安全和国家利益的需要，对也门的行为表示理解。1992年10月，也门和阿曼签署了稳定两国关系的边界条约，并于当年12月得到两国政府的批准。1993年10月，卡布斯苏丹到也门参加签订边界协议纪念会议。1994年，也门发生内战，阿曼同海合会成员国谴责也门北方领导人通过武力解决内部争端。卡布斯苏丹还进行了对也门内战的调解活动，后以失败告终。在随后的也门内战中，阿曼抵制了海合会卷入也门内战的要求。1994年9月，也门新总统萨利赫（Salih）访问阿曼。2003年3月21日，阿曼和也门两国外交部发表联合声明，反对以美国为首的多国部队发动伊拉克战争，并希望战争能够尽快结束。2007年6月7日，阿曼苏丹卡布斯与也门总统萨利赫互通电话时表示，也门准备向阿曼提供一切力所能及的帮助，与阿曼共同应对热带风暴造成的灾难。

二 与伊朗的关系

伊朗和阿曼作为海湾水域的友好邻邦，有着相同的经济利益、相同的宗教信仰以及深厚的文化底蕴。两国在

第七章 外 交

保障霍尔木兹海峡安全中发挥着重要而又敏感的作用。阿曼与伊朗隔海相望，两国水域相距不超过 24 海里。由于地缘接近，两国在历史上贸易频繁，经济联系紧密。

阿曼一直认为，伊朗是海湾地缘政治安全的必要组成部分，强大而具有悠久历史的伊朗应该是海湾安全主体之一。[①] 1971 年两国正式建立外交关系。1973 年和 1977 年，两国国王互访，商议维护霍尔木兹海峡和海湾安全的具体架构。1972 年，伊朗派出约 600 人的军队，协助阿曼防守霍尔木兹海峡的加纳姆岛和阿拉伯海的库里亚·穆里亚岛。阿曼还允许伊朗在霍尔木兹海峡的鲁乌斯·吉巴尔（Ruus al Jibal）地区建立观察哨。1973 年 12 月，在卡布斯苏丹的要求下，伊朗派出 3000 人的军队协助阿曼镇压反政府的佐法尔游击队。1979 年，伊朗发生了伊斯兰革命，两国关系趋冷。在伊朗与美国发生危机期间，阿曼持中立立场，希望双方持克制态度，不赞成美国制裁伊朗。

1980 年，两伊战争爆发，阿曼实行中立外交政策，既没有与伊朗断绝外交关系，也没有公开表示支持伊拉克。两伊战争期间，伊朗飞机和船只侵入阿曼领域，阿曼基本保持克制和沉默的态度。1987 年 5 月，阿曼外交事务大臣阿拉维访问伊朗。随后，伊朗外交部长阿里·阿克巴尔·韦拉亚提（Akbar Velayati）访问阿曼。1987 年 9 月，阿拉伯各国外长在突尼斯举行了谴责伊朗的会议，阿曼拒绝参加该次会议。

当然，伊朗也给阿曼带来一些挑战和摩擦：第一，阿曼担心，伊朗对外输出革命的战略会影响阿曼国内的稳定。第二，伊朗军力不断增强，从国际关系"安全困境"此消彼长的原则上威胁了阿曼的安全。1983 年，伊朗以关闭霍尔木兹海峡相威胁，

[①] Carol J. Riphenburg, *Oman: Political Development in a Changing World*, London: Praeger Publishers, 1998, p. 196.

阿曼

不断侵犯阿曼领海。阿曼迅速作出反应,要求加强海军力量。1993年,伊朗宣布它的领土将扩展到阿曼领土,伊朗海军不断在阿曼附近进行军事操练。阿曼批评伊朗不愿意接受联合国安理会的第598号决议,但反对联合国和国际社会对伊朗实施武器禁运,认为这不利于两伊停火。

阿曼与伊朗两国高级官员多次实现互访。20世纪80年代,阿曼外交事务大臣阿拉维两次访问德黑兰,会见拉夫桑贾尼,商谈伊朗与海合会合作的可能性。1989年11月,伊朗外长韦拉亚提进行回访,阿曼承认1975年两伊之间的边界协议。20世纪90年代初期,阿曼与伊朗的关系表现出积极发展的态势。伊朗海军代表团访问阿曼,显示出两国愿意加强友好关系。阿曼成为伊朗与其他海湾国家,特别是与沙特阿拉伯和伊拉克改善关系的中介者。阿曼与伊朗的经济关系也很密切:1989年初,在马斯喀特首次举行伊朗贸易展览会。1990年5月,阿曼石油大臣访问德黑兰,建立两国部长级合作委员会。1993年12月,阿曼皇家海军司令访问德黑兰并发表声明,两国将继续保证霍尔木兹海峡的安全。1995年5月,两国签署了文化相互理解备忘录。2006年11月,伊朗外长穆塔基与阿曼外交事务大臣阿拉维就地区和国际变化以及双边问题交换了看法。2007年5月,阿曼石油开发公司与伊朗国家石油公司签署理解备忘录,阿曼从伊朗日进口液化天然气10亿立方米;两家公司计划联合开发亨加姆-巴哈(Hinjam-Bukha)油田位于伊朗领土的部分。理解备忘录还规定成立一家营销液化天然气的阿曼伊朗合资公司。

三 与沙特阿拉伯的关系

在卡布斯苏丹执政以前,阿曼和沙特阿拉伯的关系十分冷淡。两国有着相当长的陆地边界线,但存在分歧,在"布赖米绿洲问题"上也存在争议。1935年,沙特阿拉伯政

第七章 外 交

府声称拥有佐法尔和鲁卜哈利沙漠的领土主权。在英国人的调停下，1938年两国划定边界线。1949年，沙特阿拉伯政府又对布赖米绿洲提出主权要求，并于1952年派兵占领绿洲的阿曼村落。1955年，阿曼赶走沙特阿拉伯军队。另外，沙特阿拉伯一直支持"阿曼教长国"，为阿曼伊玛目提供庇护。

卡布斯执政后，阿曼和沙特阿拉伯的关系逐渐缓和。1971年12月和1973年4月，卡布斯苏丹两次会见沙特阿拉伯费萨尔国王。沙特阿拉伯考虑到阿曼与英国的友好关系，以及在地区安全层面建立外交关系的相互需要，放弃了对"阿曼教长国"的支持，宣布承认阿曼苏丹国。沙特阿拉伯还给阿曼提供了1.5亿美元的财政援助，支持阿曼政府镇压佐法尔游击队。① 随后，沙特阿拉伯以项目援助和购买军事设备的方式提供了1200万美元的经济援助。1972年，沙特阿拉伯军事人员到佐法尔任观察员，阿曼军队去沙特阿拉伯接受训练。1973年，沙特阿拉伯国防大臣表示："如果阿曼面临外来侵略，沙特阿拉伯军队将进行干预。"② 1974年，沙特阿拉伯放弃对布赖米绿洲的领土要求，两国发展关系的障碍基本消除。

在1975~2005年的30年间，沙特阿拉伯为阿曼提供了4亿美元的经济援助。③ 1979年苏联入侵阿富汗和伊朗发生伊斯兰革命，进一步拉近了阿曼和沙特阿拉伯之间的关系。1984年和1985年，两国进行联合海军演习，为两伊战争带来的潜在危险做准备。1989年12月和1990年3月，卡布斯苏丹和法赫德国王

---

① 黄培昭、苏丽雅：《当代阿曼苏丹国社会与文化》，上海外语教育出版社，2003，第94页。
② Calvin H. Allen and W. Lynn Rigsbee, *Oman under Qaboos: from Coup to Constitution*, London: Frank cass, 2000, p. 192.
③ Calvin H. Allen and W. Lynn Rigsbee, *Oman under Qaboos: from Coup to Constitution*, London: Frank cass, 2000, p. 193.

阿曼

签署了两国边界协议，1995年7月得到正式批准，1996年进行了边界划分。

阿曼和沙特阿拉伯在对外政策上并不总能达成一致，反映了两国国家利益的不同。两伊战争期间，阿曼并没有追随沙特阿拉伯支持伊拉克。阿曼一方面与伊拉克保持有限接触，另一方面要求伊朗在两伊战争后重返海湾共同体。海湾战争后，阿曼希望伊朗回归海湾共同体，这使沙特阿拉伯十分恼火。在1996年的也门内战中，阿曼支持北也门的阿里·阿卜杜拉·萨利赫政府，沙特阿拉伯则支持也门民主共和国。

21世纪以来，双方合作和达成共识的领域日益宽阔。2005年6月，阿曼苏丹卡布斯访问沙特阿拉伯，就进一步发展和加深两国在各个领域的合作关系达成共识。2006年，沙特阿拉伯国王阿卜杜拉访问阿曼。阿曼外交事务大臣阿拉维访问沙特阿拉伯。关于伊拉克问题，沙特阿拉伯和阿曼表示支持伊拉克临时政府，反对外国干涉伊拉克内部事务，呼吁其他各方遵循这一原则。在中东和平进程和巴勒斯坦问题上，沙特阿拉伯和阿曼强烈要求以色列停止侵犯巴勒斯坦人民的行径，停止在巴勒斯坦土地上扩建犹太人定居点和建立隔离墙。双方还呼吁国际社会统一立场，加强合作，共同努力，对付和消灭威胁世界和平的恐怖主义。

四 与阿联酋的关系

在历史上，阿联酋与阿曼本无明确的国家边界。1960～1961年，英国人沃尔克通过调查在阿曼和阿布扎比之间画出一条边界线，成为两国的疆界。1964～1965年，英国人又对边界线做了进一步调整，但仍存在一些问题。阿联酋独立前，居民出国护照上注明的是阿曼国籍。直到今天，阿联酋军警中仍有1/3是阿曼人。

卡布斯苏丹执政后，阿曼承认阿联酋是一个具有国家主权的政治实体。1979 年和 1980 年两国代表互访,阿联酋总统扎耶德是卡布斯执政后的第一个造访阿曼的外国领导人。阿联酋曾支持阿曼政府镇压佐法尔游击队。在海湾地区政策上,双方立场一致。1973 年,阿联酋向阿曼提供 2 亿美元的军事援助,1978 年又提供 4 亿美元用于佐法尔地区的石油开发。[①] 经济援助进一步拉近了两国的政治关系。1984 年,阿曼与阿联酋签署军事协议。1985 年,双方又签署了安全协议。1990 年,阿联酋总统扎耶德再次访问阿曼。1991 年,两国互换大使。为了解决边界与水资源问题,两国成立了阿联酋—阿曼高级委员会。1992 年,两国同意对方公民可以自由出入境。

双方的贸易交往内容也十分丰富。阿联酋在阿曼的非石油产品出口中长期占 80% 左右的比例。为了援助阿曼国内的建设,阿联酋主动接受阿曼 50% 关税的条件。2005 年阿曼苏丹卡布斯访问阿联酋,阿联酋总统扎耶德访问了阿曼。同年 9 月,阿曼和阿联酋合资建设一座总投资达 20 亿美元的大型炼铝厂,该炼铝厂于 2005 年下半年开工建设,2007 年底完工,设计年生产能力为 65 万吨。2006 年,阿联酋副总理哈姆丹、副总统兼总理穆罕默德先后访问了阿曼。

五 与科威特、巴林、卡塔尔的关系

阿曼与科威特的关系总体友好,但偶尔也发生小摩擦。直到 1971 年 6 月,"阿曼教长国"的伊玛目还在科威特设有办公处,成为影响两国关系的主要障碍。20 世纪 70 年代,双方交往主要集中在经济与文化层面。两伊战争后,国防和安全主导了双方关系的主体内容。科威特高级代表团访问

[①] Calvin H. Allen and W. Lynn Rigsbee, *Oman under Qaboos: from Coup to Constitution*, London: Frank cass, 2000, p. 195.

阿曼，阿曼空军参加了海合会在科威特举行的军事演习。1989年 3 月，科威特内政大臣访问阿曼首都马斯喀特，讨论安全与警察训练等问题。伊拉克从科威特撤军后，双方关系向积极的方向发展，但是双方在以下方面存在分歧：其一是在也门内战期间，科威特附和沙特阿拉伯的立场，引起阿曼的反感；其二是阿曼要求海合会改善与伊朗的关系，遭到科威特的反对；其三是阿曼与伊拉克发展信任性的防御关系，使得科威特难以接受。2004 年 2 月和 4 月，科威特首相萨巴赫两度访问阿曼。2005 年，阿曼苏丹卡布斯访问科威特。2006 年，科威特埃米尔访问阿曼。

1972 年，阿曼与巴林正式建立外交关系。1992 年，阿曼和巴林举行大臣级会谈。同一年，两国将股票交易与促进商业发展联系起来。1992 年，阿曼成为巴林和卡塔尔边界协议的调解者。2004 年 1 月，巴林国王哈马德·本·伊萨访问了阿曼。

20 世纪 90 年代初期，阿曼与卡塔尔的关系平稳发展。1992 年，阿曼与卡塔尔组成联合大臣委员会，为两国的经济层面合作提供了高层次的交往平台。1995 年 9 月，阿曼和卡塔尔内政大臣签署了关于安全和旅游问题的协定。2004 年 1 月，卡塔尔埃米尔哈马德·本·哈利法访问了阿曼。2005 年，阿曼苏丹卡布斯访问了卡塔尔。2006 年，卡塔尔第一副首相兼外交大臣哈马德访问了阿曼。

第四节　与中东其他国家的关系

一　与埃及的关系

埃及是最早与阿曼建交的国家之一。1972 年 11 月，卡布斯苏丹访问埃及。20 世纪 70 年代初，埃及向阿曼提供了科学技术和文化援助,特别是在教育领域提供了援助。1978年,阿曼支持埃及与以色列签署《戴维营协议》。1979年埃以和平协议签署以后,绝大多数阿拉伯国家与埃及断绝了外交关系,只有阿曼、苏丹和索马里没有与埃及断绝外交关系。1979年3月,阿曼拒绝参加将埃及驱逐出阿盟的阿盟首脑会议。

20世纪80年代,卡布斯苏丹和埃及总统穆巴拉克频繁互访。在此期间,双方对阿拉伯地区的热点问题,如两伊战争、阿以冲突和巴勒斯坦等问题上基本达成共识,这不仅代表了两者政治理念的一致,而且也反映了卡布斯和穆巴拉克亲密的个人关系和两国相似的外交政策。两伊战争期间,卡布斯和穆巴拉克在对伊朗的态度上存在分歧。两伊战争后,阿曼在埃及和伊朗之间进行斡旋、调解,为缓和埃伊两国关系作出了很大努力。1991年海湾战争后,在阿曼的促和下,1993年5月穆巴拉克访问了伊朗。2002年6月22日,埃及总统穆巴拉克和卡布斯苏丹在红海旅游胜地沙姆沙伊赫举行会谈,双方强调必须打破以色列和巴勒斯坦之间以暴对暴的怪圈。2003年5月24日,双方在同一地点一致谴责了在一些阿拉伯国家发生的恐怖事件,并表示坚决反对一切形式的恐怖主义。2004年2月,埃及总统穆巴拉克访问了阿曼。2005年,阿曼苏丹卡布斯访问了埃及。

二 与约旦的关系

1972年,阿曼与约旦建立外交关系。佐法尔战争期间,约旦向阿曼提供大量的军事援助。20世纪80年代,两国一直维持友好关系。1990~1991年的海湾战争期间,约旦支持伊拉克入侵科威特,使自己在阿拉伯世界陷入孤立的境地,但这并没有破坏阿曼与约旦的外交关系。1992年1月,约旦国王侯赛因访问阿曼,试图通过阿曼修复与其他阿拉伯国家的关系。2000年7月24日,约旦外交大臣哈提卜和到访的阿曼外交

事务大臣阿拉维表示，双方希望戴维营三方（美国、巴勒斯坦和以色列）会谈能促进中东实现全面和平。2004年1月，约旦首相费萨尔访问阿曼，转交了约旦国王阿卜杜拉二世致卡布斯苏丹的亲笔信。2005年3月，约旦国王阿卜杜拉二世访问阿曼。2007年6月，阿曼财政部秘书长在参加约旦—阿曼混合委员会后对外宣布，阿曼将向约旦出口部分原油。

三 与叙利亚的关系

20世纪70年代以前，阿曼与叙利亚几乎不存在外交关系。1970年，阿曼代表团访问叙利亚，但是直到1987年12月两国才正式建交。1990~1991年的海湾战争期间，两国在海湾战争问题上立场一致，外交关系日益接近。1992年4月，叙利亚总统阿萨德访问阿曼。同年10月，阿曼内政大臣穆罕默德·哈尔巴（Harba）访问叙利亚，双方就安全、打击毒品犯罪等问题达成合作协议，两国达成交换安全和警察人员，共享情报服务等项目。

四 与伊拉克的关系

20世纪80年代以前，伊拉克一直为阿曼反政府武装佐法尔游击队进行训练，供给武器。1971年，伊拉克反对阿曼加入阿盟。[①] 1976年佐法尔战争结束后，伊拉克和阿曼正式建立外交关系。1981年，在安曼举行的阿盟峰会上，卡布斯苏丹会见伊拉克总统萨达姆，后者同意结束对反政府武装佐法尔游击队的支持。两伊战争爆发后，伊拉克试图团结阿拉伯世界，阿曼自然也是它争取团结的重点对象国。

---

① Carol J. Riphenburg, *Oman: Political Development in a Changing World*, London: Praeger Publishers, 1998, p. 207.

第七章 外 交

阿曼在两伊战争中实行中立的外交政策。1982 年,阿曼象征性地为伊拉克提供 1000 万美元的军事援助,随后两国建立了经济和技术合作联合委员会。① 1990 年 1 月,阿曼负责安全和国防的副首相访问伊拉克。

1990 年 8 月,伊拉克入侵科威特后,阿曼反对伊拉克的侵略行为,与国际社会保持一致立场。卡布斯苏丹认为,伊拉克入侵科威特为国际社会树立了一个危险的先例,是对联合国权威的直接挑战。他强烈要求伊拉克政府执行联合国决议,从科威特撤军。随后,阿曼撤走驻科威特大使馆。在英美联军解放科威特后,阿曼军队加入半岛防护部队,但并没有断绝与伊拉克的外交关系。此后,阿曼积极为伊拉克重回阿拉伯世界和海湾共同体奔走,呼吁伊拉克与联合国和国际社会合作。1995 年 6 月,阿曼外交事务大臣阿拉维发表声明:"伊拉克的根本利益在于与联合国特别委员会进行合作,因为只有特委会宣布伊拉克没有大规模杀伤性武器,禁运才能够解除。事实证明,伊拉克政府在某些领域还没有完全合作。"②

伊拉克战争以后,阿曼支持伊拉克保持领土完整,支持伊拉克人民渴望稳定、自由选举政府和自行解决其政治事务的权利。随着伊拉克问题的不断明朗,阿曼政府的态度也非常务实。阿曼欢迎伊拉克在联合国安理会第 1546 号决议的基础上建立伊拉克临时政府,认为这是为伊拉克重建迈出的积极的一步。阿曼欢迎美国政府将主权移交给伊拉克临时政府,并希望能建立一个独立而稳定的伊拉克。阿曼政府认为,伊拉克的重建离不开国际社会的支持,联合国应该在政治进程和伊拉克重建中发挥其至关重要

---

① Calvin H. Allen, *Oman Under Qaboos: From Coup to Constitution*, London: Frank Cass, p. 205.
② Calvin H. Allen, *Oman Under Qaboos: From Coup to Constitution*, London: Frank Cass, p. 205.

的作用。阿曼政府还强调,如果伊拉克想保持领土完整与国家独立,就必须避免国内的教派纷争。

五 与巴勒斯坦解放组织的关系

在赛义德·泰穆尔统治期间,阿曼与巴勒斯坦解放组织之间没有任何联系。卡布斯苏丹执政以后,阿曼政府公开支持巴勒斯坦人民的合法权利。但随后因巴解组织支持佐法尔游击队,使双方反目,阿曼拒绝承认巴解组织。佐法尔战争以后,阿曼没有与巴解组织或及其领导人阿拉法特进行接触。

卡布斯苏丹认为,巴以冲突与阿曼国家利益关系不大,因此阿曼一直采取超然态度,尽可能置身事外,避免引火烧身。阿曼也没有对以色列进行经济制裁,或者将自己与阿拉伯国家拒绝阵线的活动联系起来,以免卷入延续持久的阿以冲突。

1988 年,巴勒斯坦宣布建国。阿曼承认了巴勒斯坦建国的合法性,两国关系取得了突破性进展。1989 年 1 月,巴解组织主席阿拉法特首次访问阿曼。1990 年,阿拉法特再次访问阿曼,感谢卡布斯苏丹对巴勒斯坦解放事业的支持,阿曼同意在马斯喀特建立巴勒斯坦驻阿曼大使馆。在海湾战争中,巴解组织对伊拉克的支持并没有对两国关系产生影响。阿曼外交事务大臣阿拉维说:"巴勒斯坦人民对伊拉克的支持,这一做法应该持一种现实主义的态度来看待。"[1] 1996 年 5 月,阿曼向巴勒斯坦民族权力机构提供 700 万美元的援助,帮助巴勒斯坦度过经济困境。2002 年 1 月 20 日,阿曼外交事务大臣阿拉维在摩洛哥首府拉巴特重申,阿曼将一如既往地支持巴勒斯坦民族权力机构主席阿拉法特和巴勒斯坦人民。

---

[1] Minister Forsees, "Long Period of Gulf Stability", *Oman Daily Observer*, 3 March 1991, pp. 1 – 2.

六　与以色列的关系

90年以前,阿曼与以色列没有交往。1991年海湾战争和马德里和平会议之后,两国开始接触。1993年,阿曼和以色列在联合国的代表第一次接触,这是两国关系解冻的破冰之举,开启了发展两国关系的阀门。

1994年12月27日,以色列总理拉宾访问阿曼,与卡布斯苏丹举行会谈,尽管拉宾的阿曼之旅仅仅24个小时,但是这一事件标志着阿曼与以色列恢复外交的意图与决心。1995年6月,以色列外交部长西蒙·佩雷斯和阿曼外交事务大臣阿拉维举行会谈,阿拉维承认以色列是一个国家。1995年9月,阿拉维与佩雷斯讨论的话题核心转向贸易问题,这是两国建立正式关系的基础。1996年4月,以色列总理佩雷斯访问阿曼,双方的关系进一步增强。2001年8月27日,阿曼外交事务大臣阿拉维敦促以色列立即停止一切侵犯巴勒斯坦人民的行为,重新回到中东和平的谈判桌旁。同年11月27日,在阿曼首都马斯喀特举行的一次海湾国家外长会议上,阿曼外交事务大臣阿拉维称,"以色列政府的政策是中东和平与稳定的最大威胁"。

七　与利比亚、阿尔及利亚、摩洛哥、突尼斯的关系

由于卡扎菲支持阿曼反政府的佐法尔游击队,阿曼和利比亚的交往有限,两国关系十分冷淡。

阿曼与阿尔及利亚的关系也很低调,1994年7月,阿曼驻阿尔及利亚大使被绑架,这一事件主要是阿尔及利亚国内政治斗争的结果,而不是阿曼外交政策的失误。

摩洛哥与阿曼保持外交关系,因为两国国情有许多相似之处:如君主制,实施亲西方外交政策和温和的政治治理政策,特别在阿以冲突问题上立场一致。1993年,摩洛哥向阿曼提供

阿曼

考古援助。1995年两国签订了技术和经济协议，增进了双方的合作。

阿曼与突尼斯间的合作开始于20世纪70年代，主要在教育领域，突尼斯每年向阿曼提供1300名中学教师。

第五节　与印度洋周边国家的关系

一　与环印度洋区域合作联盟的关系

由于地理位置、历史联系和经济发展等诸多因素的影响，阿曼和印度洋周边地区国家的联系十分密切。南亚国家与阿曼长期存在着贸易往来和政治沟通，成千上万的印度和巴基斯坦劳工为阿曼经济发展作出了贡献。南亚地区也是阿曼国家和地区安全力量的主要来源之一，阿曼皇家军队的主体曾是巴基斯坦地区的俾路支人和斯里兰卡人。印度洋是阿曼与环印度洋周边国家之间文明交往的一条重要的海上交通纽带。

环印度洋区域合作联盟组织成立于1997年，阿曼是这一联盟的14个创始国之一，并被授权在2001～2003年领导该联盟的工作。20世纪90年代，阿曼与环印度洋国家关系形成多国、多边外交架构。该联盟成员国试图最大限度地优化运用各国资源，其中包括石油、天然气、煤炭、土地、水资源、技术和服务等。1995年，澳大利亚、印度、肯尼亚、毛里求斯、阿曼、新加坡和南非在毛里求斯召开第一次联盟国政府间会议。1995年6月，澳大利亚主持了有23个国家参加的印度洋地区国际论坛，会议组成了印度洋咨询商业网络和印度洋研究网络。1996年9月，该联盟国政府间会议在毛里求斯再次召开，印度洋地区区域合作的态势在这次会议上最终形成。阿曼已经多次主持了旨在改善环印度洋地区联盟会议。为保持该地区的

第七章 外　交

持续平稳发展，促进成员国之间多元化贸易和经济合作，阿曼主张消除该联盟成员国间的贸易禁令，支持该联盟组织的一系列活动。

二　与印度的关系

1970年以前，阿曼和印度之间的交往还处于初始阶段。1979年苏联入侵阿富汗后，印度成为阿曼与苏联交往的重要桥梁。1985年11月，在阿曼国庆节之时，印度总理拉吉夫·甘地访问阿曼。1989年，阿曼和印度签署联合军事演习的协议，并在1993年付诸实施。20世纪90年代，印度的公司获得了阿曼石油开发公司4年的钻井合同，阿曼石油开发公司也与印度石油公司签订了在印度建设炼油厂的合同。

2002年，阿曼与印度建立了巩固的军事关系，当时两国签署了防御关系协议，并使阿曼成为海湾地区第一个与印度建立这种军事关系的国家。同年，阿曼与印度举行了海上联合军事演习。2003年，印度与阿曼签署了一份谅解备忘录，向阿曼提供印度生产的军事装备，为阿曼维修舰只和其他军事装备，并为阿曼军事人员提供在印度军事院校进行培训。2003年4月，两国海军在阿拉伯海举行了联合军事演习。2004年5月22日，阿印双方召开军事会议，就增强两国防御关系进行了讨论。同年年底，两国进行了联合军事演习，促进了双方的军事交流。

三　与巴基斯坦的关系

1971年，阿曼与巴基斯坦正式建交，但两国的经济联系并不紧密。1981年，巴基斯坦总统齐亚·哈克（Zia ul-Haq）访问阿曼，双方签署了文化协议，商讨建立阿曼—巴基斯坦合作委员会，以促进两国的经贸关系。但是，双方的进出口贸易逆差较大，阿曼每年向巴基斯坦出口额仅200万美

元，而巴基斯坦对阿曼的出口额达到 3100 万美元。① 1994 年 4 月，阿曼同意在旁遮普（punjab）地区修建年产 600 万吨的精炼厂和两条输油管道。② 1995 年 1 月，阿曼的塔沃（Tawoo）公司赢得了在卡拉奇港口建立城市发电厂工程，合同金额为 4 亿美元。③ 后来，两国又组成了阿曼－巴基斯坦联合股票持有公司与船舶服务公司。④

四 与东非国家的关系

阿曼与东非国家的历史可以追溯到伊斯兰教产生前的时代。历史资料表明，在公元 1 世纪前，阿曼人就已到非洲东海岸定居。随着伊斯兰教的兴起，大量的阿曼人移居到非洲东海岸。当时，阿拉伯人用武力在非洲建立了阿拉伯酋长国，并在一些城市传播伊斯兰教。阿曼人将阿拉伯和伊斯兰文明带到了大湖高原以及非洲的中部国家。阿曼与坦桑尼亚，特别是与桑给巴尔的关系更为亲密，两者联系主要是通过 18 世纪到 1964 年的阿曼阿兹德家族。

在亚鲁巴王朝时期（1624～1744 年），阿曼帮助东非国家赶走入侵者，两者关系在各个领域进一步加强。赛义德·本·苏尔坦时期（1806～1856 年），将桑给巴尔作为阿曼的第二首都。当时的桑给巴尔政治稳定、经济繁荣，阿曼国家在这里统治了长达一个多世纪。

阿曼的势力范围辐射到东非北部的摩加迪沙等地，阿曼在这些地区建立了行政、司法、农业、对外贸易机构及船业体系。阿曼的影响也在当地人的服饰、饮食、风俗习惯、文化以及社会生

---

① 1992 年 7 月 30 日 *Times of Oman*。
② 1994 年 4 月 28 日 *Times of Oman*。
③ 1995 年 1 月 29 日 *Times of Oman*。
④ 1995 年 2 月 1 日 *Times of Oman*。

活中有所体现。

卡布斯苏丹执政后，阿曼加强了与东非国家的双边关系。桑给巴尔革命后，许多住在桑给巴尔的阿曼人返回阿曼本土。20世纪90年代，他们成为阿曼的主要投资者。1987年，阿曼在桑给巴尔设立了总领事馆。1993年，阿曼支持桑给巴尔参加伊斯兰组织会议。2001年夏，阿曼公司参加了在坦桑尼亚举办的达累斯萨拉姆国际展览会，签订了价值达100万美元的贸易协议。

第六节　与西方国家的关系

一　与英国的关系

英国一直将阿曼视为维护自己在印度洋霸权地位的战略前哨，排挤其他西方大国染指该地区。阿曼同英国在历史上一直保持着特殊关系，早在18世纪，英国就在阿曼建立基地。当时，阿曼只能依靠出口椰枣和水产品获取少量收入，政府财政困难，只能依靠英国政府津贴度日。英国人实际上已经控制阿曼政府。阿曼政府和军队中的高级官员都是英国人，苏丹的继位和退位都必须得到英国政府的承认。1970年，卡布斯发动政变也得到了英国政府的辅助。1970年后，卡布斯苏丹强调巩固同英国的"传统友谊"。1973年，英国国防大臣和外交大臣先后访问阿曼，答应增加技术援助。1979年和1981年，英国女王和首相先后访问阿曼，表示加强与阿曼合作的必要性。1982年，英国和阿曼强调两国间的"历史友谊"和"特殊关系"。1982年6月，双方在马斯喀特签署《谅解备忘录》，建立委员会和两国政府间大臣级官员定期磋商制度。

英国是阿曼的主要贸易对象，双方的经济合作成为两国关系的重点。1988年，双边贸易额为1.21亿里亚尔，占阿曼进口额

的13%、出口额的5.8%。1983年,英国向阿曼提供3.6亿美元贷款。1982年,阿曼同英国签署了由英国承担的价值5.2亿美元的卡布斯苏丹大学建设工程等项目的合同。英荷壳牌石油公司在阿曼石油开发公司中占有34%的股份。1986年,英国向阿曼提供水利和下水道工程计划。1987年,英国外交大臣提姆·兰顿抵达阿曼,向阿曼提供卫生、教育、农业、渔业和水利建设等方面的援助,每年约30万英镑。1989年,阿曼和英国建立经济合作代理处。[①] 2006年,阿曼皇家武装部队参谋长访问英国。2007年1月23日,英国石油公司与阿曼政府签署协议,将在阿曼中部开发哈赞和马卡拉姆两处天然气田,可产出天然气约30万亿立方米,预计于2010年左右投产。

二 与美国的关系

阿曼与美国的关系可追溯到1832年,那一年两国签订了《友好通商条约》。该条约规定,允许美国在阿曼投资和贸易,美国船舰可在阿曼港口停泊。1837年,美国在阿曼设立了领事馆。1840年,阿曼向美国派驻外交使节。1843年,阿曼在美国设立了领事馆,阿曼是第一个与美国建交的阿拉伯国家。1958年12月,阿曼与美国签订了《友好、经济关系和领事权条约》。

卡布斯苏丹执政后,两国关系进一步发展。1972年,两国外交关系升格为大使级,双方互派大使。随后,美国通过国际组织以及美国—阿曼联合委员会与阿曼进行经济和技术合作。1973~1982年,双方的合作包括教育、医疗、农业和渔业等领域共计35个项目。1980年8月,双方通过签订协议,建立联合

---

① 杨翠柏:《卡布斯苏丹时期的阿曼研究》,《西北大学博士论文》,1996,第49页。

经济委员会和常设工作小组，美国向阿曼每年提供 500 万到 1500 万美元援助。1988 年，美国的阿曼援助代理处筹资 3770 万美元在阿曼全国建立了 91 所小学；1989 年，又投资 4250 万美元支持改善阿曼的水资源开发和利用。

"9·11" 事件后，阿曼表达了对美国的同情，谴责恐怖主义。卡布斯苏丹支持美国的反恐行动。阿曼新闻大臣表示，阿曼政府将支持任何"消除恐怖主义根源的行动"。但是阿曼反对美国反恐扩大化。2001 年 10 月 11 日，阿曼外交事务大臣阿拉维发表声明，美国不要将阿富汗战争扩大到其他国家或地区，打击国际恐怖主义不仅需要采取军事手段，还必须采取政治手段。

2004 年 4 月，阿曼外交事务大臣阿拉维访问美国，分别会见了美国副总统、国务卿和国防部长。同年 10 月，美军中央总部司令约翰上将访问阿曼。2005 年 11 月，美国助理国务卿格雷访问阿曼。同年 12 月，美国副总统切尼、中央总部司令阿布扎伊德访问阿曼。2006 年 4 月，美国军控和安全事务副国务卿罗伯特·约瑟夫访问阿曼；阿曼外交事务大臣阿拉维访问美国。

进入 21 世纪以来，两国的经济交往成果斐然。2004 年，美国对阿曼的商品出口额达 3.3 亿美元。2005 年，两国双边贸易额超过了 10 亿美元。巨大的贸易交往使得双方在建立自由贸易关系方面达成共识，2006 年 1 月 19 日，美国贸易代表波特曼和阿曼工商大臣马格布勒·本·阿里·本·苏尔坦签署了《美国—阿曼自由贸易协定》。该协定的签署将取消美国和阿曼之间的关税和贸易壁垒，扩大两国之间的贸易。2006 年 6 月 29 日，美国参议院以 60 票同意、34 票反对批准了《美国—阿曼自由贸易协定》的实施议案。同年 9 月 26 日，美国总统布什正式签署了《美国—阿曼自由贸易协定》。两国《自由贸易协定》的签署，有望进一步对美国开放阿曼的农产品、工业品和服务市场，一旦《自由贸易协定》生效，双方所有工业产品和消费品的出口都将

免税。阿曼将对美国的农产品出口的 87% 实施零关税,其余进口产品的关税也将在 10 年内逐步减免;美国则将立即对阿曼的农产品出口全部免税。该协定将加强美国与阿曼之间的经济关系,是美国构建中东自由贸易区的重要步骤之一。

三 与日本的关系

阿曼和日本的交往主要在经济方面。日本需要阿曼的石油和天然气,阿曼则从日本获得石油收入和其他投资。1979 年后的若干年中,阿曼原油的一半产量出口日本,阿曼也是日本产品的第三大销售国。1989 年,日本通过进出口银行向阿曼提供 1.93 亿美元的贷款,用于阿曼 1986~1990 年的经济发展项目。

海湾战争以后,日本的中东能源供给安全问题变得更加严重。1990 年,日本首相访问阿曼,希望进一步加强能源领域的合作。1993 年 11 月,阿曼液化天然气公司与日本签署了购买阿曼炼油公司设备的合同,价值为 3600 万美元。1993 年,阿曼出资 18 亿美元给日本政府,为阿曼设计工业化计划。2004 财政年度,日本进口阿曼原油 4080 万桶,占日本原油总进口量的 2.7%。由于 2006 年阿曼新炼油厂投入生产,阿曼政府从 2006 年 1 月起对日本直接购买阿曼原油的数量下调 20%。

四 与法国、联邦德国的关系

早在 1800 年,阿曼就与法国建立外交关系。后来由于世界经济状况、阿曼的贸易交往及国际关系在 20 世纪初期发生变化,两国关系趋冷。1970 年,卡布斯苏丹执政后,阿曼与法国的关系逐步发展。1983 年,阿曼-法国联合委员会成立,阿曼从法国武器制造商购买了"飞鱼"(exocet)导弹和"超级美洲狮"直升机。1989 年 5 月,卡布斯苏丹访问巴黎,两

第七章 外　交

国签署了军事合作协议，双方讨论的话题涉及石油、电信和农业等经济问题。随后，法国Thomson-CSF公司与阿曼政府签订了一笔6700万美元的合同，以改进阿曼的电视网络。1992年1月，法国总统密特朗访问阿曼。1994年10月，阿曼—法国联合委员会签署协议，保护法国在阿曼的投资。1995年6月，法国的Total公司增加了其在阿曼石油开发公司的投资份额。2004年1月，法国外交部长德维尔潘访问阿曼，会见了卡布斯苏丹，转交了法国总统希拉克致卡布斯苏丹的亲笔信。同年4月，法国新任国防部长米歇尔·阿里奥－玛丽访问阿曼。2005年12月，法国国防部长玛丽再度访问阿曼。

　　阿曼和联邦德国的关系主要体现在经济方面。20世纪80年代，联邦德国建筑公司在阿曼竞标，获得许多工程。1985~1987年，联邦德国西门子公司与阿曼签署了电信合同。1987年，联邦德国霍赫提夫（Hochtief）公司与阿曼合资修建了乌丹（Wudam）海军基地。

第七节　与中国的关系

一　中国与阿曼的关系源远流长

　　阿曼与中国的交往历史悠久。中古时期，阿曼航船经常航行于海湾与中国的南海之间，中国的航船也经常远航印度洋。早在汉代，中国的货物就曾经运销苏哈尔，这是中国与阿曼交往的最早历史记录。阿曼最早运到中国的物产有乳香、椰枣，还有珍珠和良马。乳香通过阿曼南部的佐法尔从海上运到中国，这种香脂贸易将中国和阿曼紧紧联系在一起。公元3~4世纪时，椰枣树已见于中南半岛，唐代更由波斯人、阿曼人移植到广东，称波斯枣，实际上是最初从东非和阿曼经过海上交通传

入中国的椰枣树。椰枣在广东岭南地区的繁殖,是中国和阿曼经济交往和园艺科学技术交流的历史见证。南北朝时期,阿曼的商人曾到洛阳从事丝绸贸易。

从公元 507 年开始,中国与阿曼一直维系着直接的贸易关系。唐朝初年,阿拉伯帝国尚未建立,由于传统的政治关系,阿曼还被当作波斯的一部分。当时阿曼和中国通过海上往来频繁,阿曼商人络绎不绝来到中国南部沿海,广州成了他们最大的侨居地。公元 879 年,广州和苏哈尔、佐法尔之间的商业往来达到了极盛。这年 9 月,黄巢率领起义的农民军攻进广州城,侨居广州的伊斯兰教徒、犹太教徒、基督教徒和拜火教徒都受到牵连,伤亡 12 万人。此后,两国的商业往来减少。北宋统一中国后,实行奖励海外贸易的经济政策。从 10 世纪中叶到 12 世纪上半叶,中国和阿曼的商贸关系进入第二个高潮期,此时不仅苏哈尔和广州之间恢复了直接贸易,阿曼南部的佐法尔也成了中国航船经常访问的海港。从苏哈尔到广州的航线被称为"香料之路",苏哈尔城被称为"通往中国的门户"。

1260 年元朝建立以后,中国和伊尔汗国的海上交通迅速发展,因此中国和阿曼的贸易有了新的起色。当时阿曼向中国出口的物产除马匹、珍珠、椰枣外,乳香、龙涎和木香也是重要的输出物品。

明朝初年,中国在印度洋上展开了规模宏大的贸易和外交活动,以郑和率领的船队七下西洋威震印度洋,使中国和阿曼的友好往来达到又一个高潮。郑和在第一次航行(1405 年 12 月~1407 年 9 月)中,便经过阿拉伯海到达佐法尔和霍尔木兹等地。第三次航行(1409 年 12 月~1411 年 6 月)时,船队也到过佐法尔,还访问了阿曼以北的霍尔木兹和巴林地区的哈萨海岸。以后的在第六次航行(1421 年 12 月~1422 年 8 月)和第七次航行(1431 年 1 月~1433 年 7 月)中,船队都到过佐法尔。这期间,霍尔木兹是郑和船队每次必到的地方。佐法尔成了中国船队在印度洋西部停靠的港口。佐法尔也多次派使者来到中国,1421年,佐法尔使者随霍尔木兹、亚丁等16国使团到北京。1423年,佐法尔使者再度参与16国使节团来华,人数多达1200人。1433年,佐法尔国王阿里又派使者赴北京,到1436年才和亚丁、霍尔木兹等使节一同回国。此后中国和阿曼的直接往来陷于停顿。

二 中国与阿曼建立外交关系

在中华人民共和国成立初期的头10年,中国未能与包括阿曼在内的海湾和阿拉伯半岛国家建立外交关系。20世纪50年代末,中国与苏联的同盟关系破裂,海湾地区开始成为中国外交政策的重点之一。在此期间,中阿双方还有一些间接的贸易往来,主要是阿曼进口中国的一些商品。

1976年佐法尔战争结束以后,阿曼政局稳定,制约两国外交关系的最大障碍被清除。1978年5月,阿曼苏丹国与中华人民共和国在伦敦签署建交协议。协议写道:"1978年5月25日,中华人民共和国政府和阿曼苏丹国政府决定建立大使级外交关系,并互换大使。中华人民共和国坚决支持阿曼苏丹国政府维护国家利益,发展经济。阿曼苏丹国政府认同中华人民共和国政府是中国人民的唯一合法政府。两国政府同意在互相尊重国家主权和领土完整,互不干涉内政,平等互利以及和平共处的原则上发展两国的友好关系。"《人民日报》为此发表了社论,社论强调了中国政府对海湾国家的立场:"中国政府一再声明,所有国家不论大小都是平等的主体。每个国家都可以根据自己的愿望,选择自己的政治和经济发展模式……中国和阿曼外交关系的确立为两国诸多领域的合作开辟了广阔的前景,它也有助于中国与阿拉伯国家和人民进一步发展友好关系。"1978年4月,中国第一任驻阿曼大使袁鲁林到达马斯喀特就职。卡布斯苏丹任命苏伯西

(Subayhi)为阿曼驻中国大使。同年6月,阿曼外交事务大臣扎瓦维(Zawawi)访问中国。

苏联入侵阿富汗以后,中国赞成阿曼反对苏联入侵阿富汗的立场和声明。1980年7月21日的《北京日报》指出:"阿曼在反对霸权主义立场上旗帜鲜明,公开谴责苏联的入侵和扩张政策,认为苏联的南部战略威胁了阿曼和其他国家与世界。"中国政府欢迎美国和阿曼缔结军事协议以及对阿曼军队的援助。中国支持阿曼与英国签署协议,向阿曼提供更多的武器,包括喷气式战斗机、导弹和扫雷艇。

三 中国与阿曼多层次友好交往

从1980年以来,中阿两国领导人进行了频繁的互访,促进了两国关系的发展。

1980年10月,中国副总理姬鹏飞访问阿曼。

1982年,阿曼负责国防和安全事务的副首相法赫尔(Fahr)访问中国。

1983年10月,中国国务委员兼外交部长吴学谦访问阿曼,并正式邀请卡布斯苏丹访问中国。

1984年7月,卡布斯苏丹的特别代表赛义德·苏维尼(Thuwainu)访问中国。11月,中国司法部长邹瑜访问阿曼。12月,由中国人民解放军副参谋长何正文率领的军事代表团访问阿曼。从此,阿曼和中国的军事贸易额增加。

1985年11月,中国副总理姚依林访问阿曼,参加了阿曼国庆15周年庆典。

1986年7月,阿曼外交事务大臣阿拉维访问中国。

1987年3~4月,阿曼劳工和社会事务大臣穆斯塔赫·本·艾哈迈德·马欣(Mustahil bin Ahmad Maashin)访问中国。

1988年9月,阿曼外交事务副大臣海沙姆(Haitham)访问中国，赞扬中国在两伊战争中所发挥的积极作用。

1989年12月，中国国家主席杨尚昆访问阿曼。在两国元首的会谈中，卡布斯苏丹感谢中国在通过联合国安理会第598号决议中所起的重要作用；中国赞赏阿曼的外交政策，强调中国和阿曼在国际事务上具有共同的看法。

1999年，中国李鹏委员长率领的全国人大代表团和以李瑞环主席为首的全国政协代表团分别访问阿曼。

2000年1月，中国副外长吉佩定访问阿曼，会见了阿曼外交事务大臣阿拉维，转交了国家主席江泽民致卡布斯苏丹的亲笔信，并与阿曼外交代理次大臣巴德尔进行政治磋商。7月，阿曼武装部队参谋长卡勒巴尼中将访华，受到中国国务院国务委员兼国防部长迟浩田上将的会见，与傅全有总参谋长进行会谈。10月，中国外经贸部副部长孙广相率中国政府经贸代表团访问阿曼，与阿曼工商部次大臣阿里共同主持了第4届中阿经贸混合委员会会议，签署了会议纪要。10月31日，中国国家主席江泽民接受阿曼新任驻华大使侯斯尼递交的国书。11月6日，中国新任驻阿曼大使赵学昌向卡布斯苏丹递交了国书。

2001年4月，外交部部长助理张业遂率中国政府代表团出席在阿曼首都马斯喀特举行的环印度洋区域合作联盟第三届部长理事会会议，会议期间阿曼外交事务大臣阿拉维会见了张业遂部长助理一行。同月，应中国外经贸部部长石广生邀请，阿曼石油和天然气大臣鲁姆希访华，吴仪国务委员会见，石广生部长与其会谈。同年6月，阿曼外交事务次大臣巴德尔访华，中国外交部长唐家璇会见，外交部副部长杨文昌与巴德尔举行了中阿外交部第13轮政治磋商。9月，值阿曼"苏哈尔"号仿古船驶抵广州20周年和中华人民共和国成立52周年之际，阿曼驻华大使侯斯尼向中国副外长杨文昌转交了阿曼苏丹卡布斯赠送给江泽民主席的"苏哈尔"号船模型。10月，江泽民主席致函卡布斯苏丹表

示感谢。

2002年3月,卡布斯苏丹在阿曼东南部城市萨拉拉会见了中国国务委员吴仪,希望同中国在政治、经济、贸易等各个领域进一步发展合作关系;吴仪向卡布斯苏丹转交了中国国家主席江泽民的亲笔信;吴仪还会见了阿曼内阁事务副首相法赫德,同他就进一步发展双边关系和共同关心的地区问题交换了意见。

2003年10月23日,中共中央政治局常委、中共中央纪委书记吴官正会见了阿曼内阁事务副首相法赫德,表明双方的互利合作进入了新的发展阶段。12月5日,中国国家副主席曾庆红会见了来华访问的阿曼外交事务大臣阿拉维,双方就一些国际问题交换了意见。

2004年6月,中国外交部长李肇星在青岛会见了前来参加亚洲合作对话第三次外长会议的阿曼外交事务大臣阿拉维,双方签署了《中阿两国外交部战略磋商谅解备忘录》。7月,阿曼国民经济兼财政事务大臣马基参加海湾合作委员会联合代表团访问中国。9月,中国外交部长李肇星访问阿曼,会见了阿曼苏丹卡布斯和国民经济兼财政事务大臣马基,并与外交事务大臣阿拉维举行会谈。

2005年6月,中国国务院副总理曾培炎访问阿曼,与阿曼副首相法赫德举行会谈,双方签署了能源、通信等领域的合作协定。9月,阿曼内阁事务副首相法赫德访问中国,会见了中国国务院总理温家宝和副总理曾培炎,中国国家副主席曾庆红与法赫德副首相举行会谈,双方就双边关系及共同关心的国际和地区问题交换了意见。

2006年2月,中国外交部副部长吕国增访问阿曼,举行两国外交部首轮战略磋商。5月,阿曼外交事务次大臣巴德尔来华出席中阿合作论坛第二届部长级会议。6月,中共中央政治局委员、广东省委书记张德江访问阿曼。

第七章 外　交

2007年3月，阿曼外交事务次大臣巴德尔访问中国，举行两国外交部第二轮战略磋商。

中阿两国在文化、教育、新闻、体育、宗教、考古等方面的交流也取得了成就。

1981年，中阿两国签订了文化合作协定，制定了两国艺术家和民间剧团互访机制。

1980年5月，阿曼宗教和伊斯兰事务部代表团访问中国。几个月以后，中国伊斯兰教协会代表团回访阿曼。

1982年6月，阿曼青年代表团访问中国，签署了两国青年访问、交流和合作协议。

1991年7月，阿曼民族遗产和文化大臣费萨尔访华，参加阿曼"苏哈尔"号仿古木船航抵广州10周年庆祝活动，并主持"阿曼文化周"活动。11月，中国文化部代部长贺敬之访问阿曼，主持"中国文化周"活动。

2004年1月，中国国家宗教局局长叶小文访问阿曼，分别会见了阿曼内阁事务副首相法赫德和宗教事务大臣萨利米。

2005年11月，阿曼教育大臣叶海亚来华出席联合国教科文组织第5届全民教育高层会议。同月，中国北京大学校长访问阿曼。12月，中国人民对外友好协会会长陈昊苏访问阿曼，促进了两国人民间的友好交往与合作。

2006年4月，阿曼旅游大臣拉吉哈访问中国，与中国国家旅游局签订了《关于中国旅游团赴阿曼旅游实施方案的谅解备忘录》。6月，阿曼民族遗产和文化部次大臣苏尔坦率团来华参加阿拉伯艺术节；阿曼奥委会青年代表团访问中国。11月，阿曼卡布斯苏丹大学校长访问中国。

2007年6月28日"中国阿曼友好协会"成立，以促进两国关系的全面发展，特别是在文化交流方面。

中阿两国自1978年建交以来，两国的经济技术合作有了一

定的发展，中国向阿曼提供了医疗、体育、餐饮、渔业、农业和加工业等方面的劳务合作。截至 2000 年底，中国在阿曼累计签订承包劳务合同 87 份，合同额 5374 万美元，完成营业额 3987 万美元，2000 年末在阿曼承包劳务人员 187 人。[1]

中国向阿曼出口的主要商品是纺织品、机械设备、粮油、轻工产品、服装、小五金，两国贸易额不断增长。中国对阿曼的出口额由 1976 年的 585 万美元快速增长到 1983 年的 906 万美元和 1986 年的 1000 万美元。1997 年，阿曼从中国的进口额为 5019.2 万美元，占阿曼进口总额的 0.99%，比 1996 年增长近 30%。1998 年，由于受到油价下跌和中国减少进口原油的影响，中阿两国贸易额下降 45.3%，约 7.5 亿美元。但在 1998 年，中国对阿曼出口额达 3942 万美元，创历史最高水平。1999 年两国贸易额跌至 6.6 亿美元。[2] 2004 年，两国贸易额达到 43.9 亿美元，其中阿曼向中国出口额达 42.8 亿美元，进口额 1.1 亿美元。2005 年，两国贸易额为 43.3 亿美元，其中中国进口额 41.3 亿美元，主要是原油；出口额 1.91 亿美元，主要是机电产品、钢铁及其制品、高新技术产品、纺织品等。2006 年，两国贸易额上升至 64.7 亿美元，其中中国进口额 61.3 亿美元，出口额 3.4 亿美元。

1993 年，阿曼成为中国重要的原油供给国之一。1995 年以后，中国从阿曼进口的原油继续增加，两国签署合同由 1995 年的 2 万桶/天增加到 1996 年的 10 万桶/天。1997 年阿曼成为中国第三大原油出口国。

1997 年，中国政府开始进口阿曼出口的液化天然气，并在中国沿海建设了液化天然气接收终端。

2003 年，中国成为阿曼第一大原油进口国。

---

[1] 2001 年 12 月 14 日《国际商报》，第 4 版。
[2] 黄培昭：《中国和阿曼关系》，《阿拉伯世界》2000 年第 2 期，第 14 页。

中阿双方相互投资旺盛。阿曼现有中国企业50多家，分布在电信、建筑、服务、石油开采等领域，这些领域将成为推动中阿合作的热门行业。阿曼政府大力提倡其私营企业与中国企业合作，两国在石油、天然气、矿产、公路建设、通信、计算机及其程序开发方面的合作潜力巨大。

中国企业在阿曼的投资飞速增长，到2004年底，中国投资者在阿曼已经设立了5家大型投资企业，它们分别是中石油、中石化、天津水泥工业设计研究院、威海华岳建设发展有限公司、宁波燎原灯具股份有限公司。中阿双方已在各个领域签署了许多协议，如技术、卫生、文化、宣传、航空运输等领域的合作，保护相互投资的协议，避免两国双重征税协议。中国石油化工集团和阿曼石油部在2003年签署了协议，给予中国公司在阿曼南部地区开发石油和进行石油贸易的权利。为了加强两国关系，中阿两国还成立了部长级混合委员会，定期举行会议，商讨两国间贸易、投资和技术合作方面的问题及追踪协议的执行情况等。2004年1月，中国与阿拉伯国家联盟共同成立了"中阿合作论坛"，成为加强中国与包括阿曼在内的阿拉伯国家集体对话与合作的新机制。2004年6月，在中国青岛签订的中阿战略协议是中阿外交史上的一个里程碑。这些活动丰富了中国和阿曼全面交往的内涵，提升了双方的合作水平，进一步推动了两国在各个领域的合作与交流，促进了双方的共同发展。

主要参考文献

一 英文文献

Anthony H. Cordesman, *After the Storm: The changing Military Balance in the Middle East*, Boulder, CO: Westview Press, 1997.

B. Lewis, *The Arabs in History*, London: 1970.

Carol J. Riphenburg, *Oman: Political Development in a Changing World*, London: Praeger Publishers, 1998.

Christine Osborne, *The Gulf States and Oman*, London: Croom Helm, 1977.

Charles O. Cecil, "Oman's Progress toward participatory government", *Middle East Policy*, spring 2006.

Calvin H. Allen and W. lynn Rigsbee Ⅱ, *Oman under Qaboos: From Coup to Constitution 1970—1996*, London: Frank Cass, 2000.

David Smiley, *Arabian Assignment*, London: Leo Cooper, 1975.

David Townsend, *Arabian Assignment*, London: Leo Cooper, 1975.

Dale Eickelman, "At the Desert Court of Sultan Oaboos", *Middle East Journal*, Vol. 38, No. 1, Winter 1984.

EIU, *Country Profile 2008——Oman*.

EIU, *Country Profile 2005——Oman*.

EIU, *Oman, Country Report*, December 2007.

EIU, *Oman, Country Report*, October 2008.

Francis Owtram, *A Modern History of Oman: Formation of the state since 1920*, London: 2004.

G. f. Hourani, *Arab Seafaring Nation in the Seminar for Arabian Studies*, London: 1972.

H. , Jr. Calvin. Allen, *Oman: The Modernization of the Sultanate*, Boulder: Westview Press, 1987.

Isam Al-Rawas, *Oman in Early Islamic History*, Ithaca Press, 2000.

Isam Al-Rawas, *Oman in Early Islamic History*, Ithaca Press, 2000.

Ian Skeet, *Muscat and Oman: The end of an Era*, London: 1994.

John Townsend, *Oman: The Making of a Modern State*, London: Croom Helm, 1977.

J. C. Wilkinson, *Water and tribal Settlement in South-East Arabia: A study of the Aflaj of Oman*, Oxford: Clarendon Press, 1977.

J. C. Wilkinson, "The Julanda of Oman", *Journal of Omani Studies*, Vol. 3.

John Townsend, *Oman: The Making of a Modern state*, New York: St. Martin's Press, 1977.

Judith Miller, "Creating Modern Oman: An Interview with Sultan Qaboos", *Foreign Affairs*, 76, May-June 1997.

Joseph A. Kechichian, *Oman and the World*, Santa Monica, Rand, 1995.

Lee Siegel, "This Oasis in Southern Oman is No Mirage",

Washington Post, February 10, 1992.

Minister Forsees, "Long Period of Gulf Stability", *Oman Daily Observer*, 3 March 1991.

Patricia Risso, *Oman and Muscat: An Early Modern History*, New York: St. Martin's Press, 1986.

Qaboos, *The Royal Speeches of HM Sultan Qaboos bin Said 1970 - 1995*, Muscat: Ministry of Information, 1995.

Rosalind Miller, "Our Man in Oman", *The Washington Post*, November 19, 1995.

Times of Oman 30 June 1992.

Times of Oman 28 April 1994.

Times of Oman 29 January 1995.

Times of Oman 1 February 1995.

Wendell Phillips, *Oman: A History*, Longman Group Ltd. 1971.

二 阿拉伯文文献

《阿曼 2007~2008》,阿曼新闻部。

《富裕之路》,阿曼新闻部,2001。

三 中文文献

〔苏〕安·瓦·施瓦柯夫:《战斗的阿曼》,北京人民出版社,1973。

袁鲁林、萧泽贤:《赛义德王朝的兴衰与当代阿曼的复兴》,《西亚非洲》1992年第6期。

《阿曼 2002~2003》,阿曼新闻部。

《阿曼 2004~2005》，阿曼新闻部。

刘竞、安维华主编《现代海湾国家政治体制研究》，中国社会科学出版社，1994。

黄培昭、苏丽雅：《当代阿曼苏丹国社会与文化》，上海外语教育出版社，2003。

王宏伟：《阿曼军火贸易》，《阿拉伯世界》2002 年第 2 期。

杨翠柏：《卡布斯苏丹时期的阿曼研究》，1996。

黄培昭：《中国和阿曼的关系》，《阿拉伯世界》2000 年第 2 期。

韩志斌：《阿曼"参与型政治"的发展》，《西亚非洲》2008 年第 8 期。

钟志成：《中东国家通史》海湾五国卷，商务印书馆，2007。

郭应德：《阿拉伯史纲》，中国社会科学出版社，1991。

金宜久主编《伊斯兰教史》，中国社会科学出版社，1990。

彭树智主编《阿拉伯国家史》，高等教育出版社，2005。

后 记

本书比较系统和翔实地介绍了阿曼的地理、历史、政治、经济、文化教育、社会生活、外交等方面的基本国情，是一本综合性的著作。阿曼作为海湾地区的重要国家，国内相关的学术研究成果还不多。写作本书也是作者对阿曼社会逐渐认知的过程，本书在广泛吸收国内外资料的基础上，经过两位作者的梳理与理解，多次修改才逐渐成形。

在本书完稿之际，感谢中国社会科学院西亚非洲研究所的赵国忠研究员和温伯友研究员，北京大学的安维华教授，中国前驻阿曼大使袁鲁林。作为审读专家，他们严谨的治学态度和精益求精的敬业精神，是我们晚生后辈学习的榜样。有这些国内长期从事中东研究的专家给予把关，使作者避免了不少错误，保证了本书的质量。还要感谢阿曼苏丹国驻华大使馆的满建丽女士，她在资料提供方面给予了大力帮助。

本书分工如下：仝菲撰写了第一、四、六章，韩志斌撰写前言、第二、三、五、七章。

虽然几经研修，但由于作者对该国的研究基础薄弱和研究水平所限，书中肯定存在着不足，企盼学术界同仁和读者不吝斧正。

仝 菲　韩志斌
2009 年 5 月 20 日

《列国志》已出书书目

2003 年度

《法国》，吴国庆编著

《荷兰》，张健雄编著

《印度》，孙士海、葛维钧主编

《突尼斯》，杨鲁萍、林庆春编著

《英国》，王振华编著

《阿拉伯联合酋长国》，黄振编著

《澳大利亚》，沈永兴、张秋生、高国荣编著

《波罗的海三国》，李兴汉编著

《古巴》，徐世澄编著

《乌克兰》，马贵友主编

《国际刑警组织》，卢国学编著

2004 年度

《摩尔多瓦》，顾志红编著

《哈萨克斯坦》，赵常庆编著

《科特迪瓦》，张林初、于平安、王瑞华编著

《新加坡》，鲁虎编著

《尼泊尔》，王宏纬主编

《斯里兰卡》，王兰编著

《乌兹别克斯坦》，孙壮志、苏畅、吴宏伟编著

《哥伦比亚》，徐宝华编著

《肯尼亚》，高晋元编著

《智利》，王晓燕编著

《科威特》，王景祺编著

《巴西》，吕银春、周俊南编著

《贝宁》，张宏明编著

《美国》，杨会军编著

《国际货币基金组织》，王德迅、张金杰编著

《世界银行集团》，何曼青、马仁真编著

《阿尔巴尼亚》，马细谱、郑恩波编著

《马尔代夫》，朱在明主编

《老挝》，马树洪、方芸编著

《比利时》，马胜利编著

《不丹》，朱在明、唐明超、宋旭如编著

《刚果民主共和国》，李智彪编著

《巴基斯坦》，杨翠柏、刘成琼编著

《土库曼斯坦》，施玉宇编著

《捷克》，陈广嗣、姜琍编著

2005 年度

《泰国》，田禾、周方冶编著

《波兰》，高德平编著

《加拿大》，刘军编著

《刚果》，张象、车效梅编著

《越南》，徐绍丽、利国、张训常编著

《吉尔吉斯斯坦》，刘庚岑、徐小云编著

《文莱》，刘新生、潘正秀编著

《阿塞拜疆》，孙壮志、赵会荣、包毅、靳芳编著

《日本》，孙叔林、韩铁英主编

《几内亚》，吴清和编著

《白俄罗斯》，李允华、农雪梅编著

《俄罗斯》，潘德礼主编

《独联体（1991~2002）》，郑羽主编

《加蓬》，安春英编著

《格鲁吉亚》，苏畅主编

《玻利维亚》，曾昭耀编著

《巴拉圭》，杨建民编著

《乌拉圭》，贺双荣编著

《柬埔寨》，李晨阳、瞿健文、卢光盛、韦德星编著

《委内瑞拉》，焦震衡编著

《卢森堡》，彭姝祎编著

《阿根廷》，宋晓平编著

《伊朗》，张铁伟编著

《缅甸》，贺圣达、李晨阳编著

《亚美尼亚》，施玉宇、高歌、王鸣野编著

《韩国》，董向荣编著

2006年度

《联合国》，李东燕编著

《塞尔维亚和黑山》，章永勇编著

《埃及》，杨灏城、许林根编著

《利比里亚》，李文刚编著

《罗马尼亚》，李秀环编著

《瑞士》，任丁秋、杨解朴等编著

《印度尼西亚》，王受业、梁敏和、刘新生编著

《葡萄牙》，李靖堃编著

《埃塞俄比亚　厄立特里亚》，钟伟云编著

《阿尔及利亚》，赵慧杰编著

《新西兰》，王章辉编著

《保加利亚》，张颖编著

《塔吉克斯坦》，刘启芸编著

《莱索托　斯威士兰》，陈晓红编著

《斯洛文尼亚》，汪丽敏编著

《欧洲联盟》，张健雄编著

《丹麦》，王鹤编著

《索马里 吉布提》，顾章义、付吉军、周海泓编著
《尼日尔》，彭坤元编著
《马里》，张忠祥编著
《斯洛伐克》，姜琍编著
《马拉维》，夏新华、顾荣新编著
《约旦》，唐志超编著
《安哥拉》，刘海方编著
《匈牙利》，李丹琳编著
《秘鲁》，白凤森编著

2007 年度

《利比亚》，潘蓓英编著
《博茨瓦纳》，徐人龙编著
《塞内加尔 冈比亚》，张象、贾锡萍、邢富华编著
《瑞典》，梁光严编著
《冰岛》，刘立群编著
《德国》，顾俊礼编著
《阿富汗》，王凤编著
《菲律宾》，马燕冰、黄莺编著
《赤道几内亚 几内亚比绍 圣多美和普林西比 佛得
　角》，李广一主编
《黎巴嫩》，徐心辉编著
《爱尔兰》，王振华、陈志瑞、李靖堃编著

《伊拉克》，刘月琴编著
《克罗地亚》，左娅编著
《西班牙》，张敏编著
《圭亚那》，吴德明编著
《厄瓜多尔》，张颖、宋晓平编著
《挪威》，田德文编著
《蒙古》，郝时远、杜世伟编著

2008 年度

《希腊》，宋晓敏编著
《芬兰》，王平贞、赵俊杰编著
《摩洛哥》，肖克编著
《毛里塔尼亚　西撒哈拉》，李广一主编
《苏里南》，吴德明编著
《苏丹》，刘鸿武、姜恒昆编著
《马耳他》，蔡雅洁编著
《坦桑尼亚》，裴善勤编著
《奥地利》，孙莹炜编著
《叙利亚》，高光福、马学清编著

2009 年度

《中非　乍得》，汪勤梅编著
《尼加拉瓜　巴拿马》，汤小棣、张凡编著
《海地　多米尼加》，赵重阳、范蕾编著

图书在版编目（CIP）数据

阿曼/仝菲，韩志斌编著.—北京：社会科学文献出版社，2010.4
（列国志）
ISBN 978-7-5097-1250-4

Ⅰ.①阿… Ⅱ.①仝…②韩… Ⅲ.①阿曼-概况 Ⅳ.①K938.8

中国版本图书馆 CIP 数据核字（2009）第 240884 号

阿曼（Oman） ·列国志·

编 著 者／仝 菲　韩志斌
审 定 人／安维华　袁鲁林

出 版 人／谢寿光
总 编 辑／邹东涛
出 版 者／社会科学文献出版社
地　　址／北京市西城区北三环中路甲 29 号院 3 号楼华龙大厦
邮政编码／100029　网址／http：//www.ssap.com.cn
网站支持／（010）59367077
责任部门／《列国志》工作室　（010）59367215
电子信箱／bianjibu@ssap.cn
项目经理／宋月华
责任编辑／朱希淦
责任校对／吕伟忠
责任印制／郭 妍　岳 阳　吴 波

总 经 销／社会科学文献出版社发行部
　　　　　（010）59367080　59367097
经　　销／各地书店
读者服务／读者服务中心（010）59367028
排　　版／北京中文天地文化艺术有限公司
印　　刷／三河市尚艺印装有限公司

开　　本／880mm×1230mm　1/32
印　　张／9.375　字数／241 千字
版　　次／2010 年 4 月第 1 版
印　　次／2010 年 4 月第 1 次印刷

书　　号／ISBN 978-7-5097-1250-4
定　　价／35.00 元

本书如有破损、缺页、装订错误，
请与本社读者服务中心联系更换

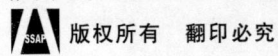

SSAP　版权所有　翻印必究

《列国志》主要编辑出版发行人

出 版 人	谢寿光
总 编 辑	邹东涛
项目负责人	杨 群
发 行 人	王 菲
编辑主任	宋月华
编 辑	（按姓名笔画排序）
	孙以年　朱希淦　宋月华
	宋培军　周志宽　范　迎
	范明礼　袁卫华　徐思彦
	黄　丹　魏小薇
封面设计	孙元明
内文设计	熠 菲
责任印制	岳 阳　郭 妍　吴 波
编 务	杨春花
责任部门	人文科学图书事业部
电 话	(010) 59367215
网 址	ssdphzh_cn@sohu.com